Horst Bosetzkys Passion für die Berliner Bahnen ist bekannt und zieht sich wie ein roter Faden durch sein gesamtes schriftstellerisches Werk. Diesen Band, entstanden aus drei eigenständigen Veröffentlichungen, die zwischen 1997 und 1999 erschienen sind, hat er nun ganz seinem Lieblingsthema gewidmet: den U-, S- und Straßenbahnen. Verkehrsmittel der Berliner, Bühne des großstädtischen Lebens und Spiegel der Stadt- und Technikgeschichte – Bosetzky greift zahlreiche Facetten auf und entwirft sein ganz persönliches Bild der Berliner Bahnen von den vierziger Jahren bis heute. ›Berliner Bahnen‹, das sind Erinnerungen des Autors an seine Kindheit und Jugend in den Kriegs- und Nachkriegsjahren bis in die unmittelbare Gegenwart. Humorvoll, nachdenklich und immer höchst unterhaltsam erzählt der Autor von seinen Erlebnissen mit anheimelnden S-Bahn-Wagen und furchterregenden Bahnhöfen, von phantasieanregenden Hinweisschildern und den Gefahren, denen der Fahrgast täglich ausgesetzt ist. »Unwillkürlich lernt man aus dem persönlichen Blickwinkel eines Zeitzeugen allerlei über Berliner Nachkriegsgeschichte, Verkehrswesen und Familienleben.« (Jan Gympel im ›Tagesspiegel‹)

Horst Bosetzky, unter dem Namen *-ky* auch als einer der erfolgreichsten deutschen Krimi-Autoren bekannt, ist Soziologieprofessor in Berlin. Neben zahlreichen Kriminalromanen, mit denen er sich an die Spitze der deutschen Spannungsliteratur geschrieben hat, verfaßt er Jugendbücher, Hör- und Fernsehspiele, historische Romane sowie seine siebenteilige Familiensaga.

Horst Bosetzky

Berliner Bahnen

Deutscher Taschenbuch Verlag

Von Horst Bosetzky
sind im Deutschen Taschenbuch Verlag erschienen:
Wie ein Tier (20021)
Brennholz für Kartoffelschalen (20078; auch als dtv großdruck 25170)
Sonst ist es aus mit dir! (70425)

Dezember 2000
Deutscher Taschenbuch Verlag GmbH & Co. KG,
München
www.dtv.de
Die Texte wurden folgenden Bänden entnommen und
vom Autor für die vorliegende Ausgabe überarbeitet:
›Noch jemand ohne Fahrschein? Straßenbahn-Erinnerungen‹
›Einsteigen bitte, Türen schließen! S-Bahn-Erinnerungen‹
›Tegel – Zurückbleiben bitte! U-Bahn-Erinnerungen‹
(© 1997, 1997, 1999 Jaron Verlag GmbH, Berlin)
Bildnachweise: siehe Seite 283
Umschlagkonzept: Balk & Brumshagen
Umschlagfoto: © Günter Schneider
Satz: Fotosatz Reinhard Amann, Aichstetten
Gesetzt aus der Sabon 10/11,75˙ (QuarkXPress)
Druck und Bindung: C. H. Beck'sche Buchdruckerei,
Nördlingen
Gedruckt auf säurefreiem, chlorfrei gebleichtem Papier
Printed in Germany · ISBN 3-423-20380-3

Inhalt

»Tegel – Zurückbleiben bitte!«
U-Bahn-Erinnerungen

»Noch jemand ohne Fahrschein?«

Straßenbahn-Erinnerungen

»Einsteigen bitte und durchtreten!«

Bücher über die Berliner Straßenbahn gibt es viele und viele sehr gute, und sie sind angefüllt mit allen verfügbaren Daten über Streckenführungen und -eröffnungen, Wagentypen und Betreiberfirmen, Ober- und Unterleitungssystemen, Haltestellenschildern, Museumsfahrzeugen und vielem anderen mehr – doch etwas kommt bei ihnen allen viel zu kurz: die Menschen.

Schön, man sieht sie still und starr auf den Fotos, aber das ist auch alles, sie sprechen nicht und handeln nicht. Dabei ist doch die Straßenbahn nichts ohne ihre Fahrer, Schaffner, Betriebstechniker, Verwaltungsleute und natürlich und vor allem ihre Fahrgäste. Sie erst sind es, die ihr Leben einhauchen, und Straßenbahn ist immer auch eine Sache des Gefühls und nicht nur der (Verkehrs-)Technik.

Wie arbeiten die Fahrer und Schaffner, was bewegt sie und ihre Fahrgäste beim innerstädtischen Reisen, welche Filme laufen vor ihrem inneren Auge ab, wenn sie sich von A nach B begeben? Beim reinen Sachbuch ist das wie bei der Modelleisenbahn: Was die Fahrzeuge, die Gebäude und die Gleise betrifft, so sind sie alle wunderschön gestaltet, höchst realistisch bis hin zur winzigsten Aufschrift und zur letzten Niete, und die Züge rasen oder schleichen, je nachdem, von einem Ende der Anlage zur anderen, nur die Menschen bewegen sich nicht, sie sind aus Plastik und stehen oft jahrzehntelang unter freiem Himmel auf einem Bahnsteig herum.

Dagegen hilft nur die Literatur, das »erinnernde Erzählen«, und das eben gibt es nicht in den vorliegenden Büchern über die Berliner Straßenbahn. Darum habe ich niedergeschrieben, was ich als Kind und als Erwachsener in und mit der Straßenbahn so alles erlebt habe.

Für mich als eingeborener Berliner ist dies ein wichtiges Stück »oral history«, Spurensicherung. Bevor ich Sie, liebe Leserin, lieber Leser, nun bitten darf, einzusteigen in die Elektrische, die Straßenbahn oder die Tram(-bahn) – ganz wie Sie wollen –, muß und möchte ich Ihnen noch einen kurzen Überblick über die Geschichte der Berliner Straßenbahn geben. Wer sich genauer informieren möchte, der greife bitte zu der hinten angegebenen und überaus empfehlenswerten Literatur auf S. 277 (sofern er sie nicht schon lange besitzt und somit diesen kurzen Vorspann ruhig überschlagen kann). Also ...

Am 22. Juni 1865 begann alles mit der ersten Pferdestraßenbahnlinie zwischen dem Brandenburger Tor und Charlottenburg. Und nachdem Werner Siemens am 16. Mai 1881 die erste elektrische Straßenbahn der Welt ins Rollen gebracht hatte, wurden noch vor der Jahrhundertwende in weit größerem Rahmen elektrische Straßenbahnlinien in Betrieb genommen, die zuerst Berlin mit der Gewerbeausstellung in Treptow verbanden.

Bis 1920, als sie sich alle zu einer Firma vereinigten, gab es dann fast zahllose Straßenbahngesellschaften, so unter anderem: die Große Berliner Straßenbahn, die Städtischen Straßenbahnen Berlin, die Westliche Berliner Vorortbahn und die Südliche Berliner Vorortbahn, um nur die größten zu nennen. Am 1. Januar 1929 schließlich wurde die BVG gegründet, und die Blütezeit der Berliner Straßenbahn begann. Von Heiligensee im Norden bis zur Machnower Schleuse im Süden, vom Spandauer Johannesstift im Westen bis zur Woltersdorfer Schleuse und Schmöckwitz im Osten bzw. Südosten spannte sich ein dichtes Liniennetz, ein Spinnengewebe aus Schienen und Weichen lag über der Stadt. Das absolute Rekordjahr war 1942, denn da wurden auf 82 Linien und 567 Streckenkilometern mit bzw. in 1617 Trieb- und 1284 Beiwagen 917,7 Millionen Fahrgäste befördert.

Und 1942, etwa vier Jahre war ich damals alt, setzen meine Erinnerungen an die Berliner Straßenbahn ein ...

Die Elektrische kommt

Beginnen möchte ich mit einem Geständnis. Vielleicht versteht das nicht jeder – und jede erst recht nicht –, aber immer, wenn ich eine Straßenbahn sehe, dann gerate ich in eine erhebliche Erregung. Mein Blick geht starr in ihre Richtung, ich vergesse die Welt rings um mich herum und gerate ins Träumen. Ja, es ist eine quasi erotische Beziehung, die ich zur Straßenbahn habe, und eine Lust, in ihr zu sein, und hätte ich die Wahl zwischen einem Topmodell von Karl Lagerfeld und einem T-24-Modell von Fröwis[1], so würde ich mich mit Sicherheit für letzteres entscheiden.

Aber fangen wir von vorn an. Daß ich in einer Straßenbahn gezeugt worden bin, ist nicht gänzlich auszuschließen, aber auch durch nichts gesichert. Immerhin spräche dafür, daß mein Vater ein ziemlicher Schelm gewesen ist und schon gedacht haben könnte: Warum denn nicht im Triebwagen einmal den Trieb wagen. Aber wie denn, damals im Jahre 1937, wo die Wagen durchweg noch sehr klein gewesen sind und immer ein Schaffner aufgepaßt hat?

Woher mag sie also rühren: meine tiefe Liebe zur Straßenbahn? Etwas Frühkindliches muß es sein, da bin ich mir sicher. Und wo die erste Begegnung zwischen einer Straßenbahn und mir als Baby stattgefunden haben muß, da kann es keinen Irrtum geben: in Neukölln, in der Sonnenallee, das heißt der damaligen Braunauer Straße. Auch auf die Frage, welche Linien dort in dieser Zeit gefahren sind, gibt es eine Antwort[2]: Es waren dies die 4, 5, 6, 12, 15, 95, 98 und 148. Einige von ihnen sind die Straße in ihrer ganzen Länge entlanggefahren, andere nur das kurze Stück zwischen Pannier- bzw. Reuterstraße und Hermannplatz, einige haben sie nur kurz gekreuzt, alle aber habe ich, als die Sinne zu diesem Zweck herangereift waren, wahrgenommen und immer von neuem erwartet. Am Hermannplatz kamen noch weitere Linien hinzu: die 21, 27, 47, 58 und 63. Eine stattliche Auswahl also, und durch sie habe ich die Zahlen von eins bis neun gelernt (ohne ›Sesamstraße‹).

Und wie Kinder heute Automarken, so habe ich damals schnell die einzelnen Wagentypen[3] unterscheiden gelernt, ohne dabei natürlich zu wissen, unter welchen Bezeichnungen die BVG sie gebaut und registriert hatte.

Mein Lieblingstriebwagen war der T 24. Meine Vorliebe für ihn muß aus den ersten Lebensjahren herrühren, denn meine Schmöckwitzer Oma hatte ein ebenso breites Gesicht wie dieser Triebwagentyp, und was bei ihm die Nieten, das waren bei ihr die vielen Warzen.

Mit einem T 24 der Linie 95 kam sie immer von Schmöck-

Der Zug, mit dem die Schmöckwitzer Oma kommt. Die Sonnenallee in Neukölln mit einem Wagen des Typs T 24 auf Linie 95 im Juni 1963. (© Deutsches Technikmuseum Berlin, Historisches Archiv)

witz zu Besuch nach Neukölln, und ich stand manchmal stundenlang an der Haltestelle Sonnenallee/Ecke Fuldastraße, um auf sie zu warten und ihr beim Tragen zu helfen, insbesondere zu Weihnachten.

Die Prägung auf Straßenbahnen ist also, wie auch anders, durch Assoziationen mit angenehmen, lustbringenden Gefühlen erfolgt. Mit der Straßenbahn ging es zu meiner innig geliebten Oma nach Schmöckwitz. Zuerst von der Haltestelle an der Fuldastraße bis zum Bahnhof Baumschulenweg mit der 95 oder der 98 und dann nach einer zwanzigminütigen S-Bahnfahrt weiter mit der 86, meiner Lieblingslinie. Dies im Kinderwagen, an der Hand meiner Mutter oder auf dem Arm meines Vaters. Und in der großen Reisetasche dieser Großmutter habe ich dann auch gesessen und Straßenbahn gespielt. Am schönsten war es, wenn sie dazu gesungen hat: »Bimm, bimm, die Elektrische kommt mit dem Kontrolleur, und wer keinen Groschen hat, der läuft hinterher.«

Aber nicht nur zur Schmöckwitzer Oma ging es mit der Straßenbahn, sondern auch zur Kohlenoma, das war die mit dem Kohlenkeller in der Manteuffelstraße. Zu der kam man Ende der dreißiger Jahre mit der 95 oder 98 bis Reuterstraße und dann mit der 4 über Pflüger-, Friedel-, Grünauer Straße und Görlitzer Bahnhof zur Wiener Straße. Die 4 war der »Ost-West-Ring«.

Glück hatte ich auch mit meiner Tante Trudchen, denn die wohnte in Siemensstadt, und diesen Stadtteil konnte man damals von Neukölln aus mit der Linie 12 erreichen, ohne auch nur einmal umsteigen zu müssen. Höhepunkt war dabei die Fahrt durch den östlichen Lindentunnel, also unter Unter den Linden hinweg. Die Straßenbahn als U-Bahn, das war die absolute Sensation für mich.

Immer wieder quälte ich als Kind meine Eltern mit dem Wunsch, zu Prauses zu fahren. »Wieso denn das? Die haben doch gar keine Kinder, mit denen du spielen kannst!« Nein, hatten sie nicht, aber sie wohnten in der Boxhagener Straße im ersten Stockwerk eines Vorderhauses, und von da hatte ich einen herrlichen Blick auf die Fahrleitung, die Stromabnehmer und die Dächer der vorüberfahrenden Straßenbahnen. Andauernd kamen die 13 und die 76 vorüber.

Eine nicht unwesentliche Rolle in unserer Familie spielte auch die Linie 68, die wir nehmen mußten, um zu meiner Tante Claire nach Lichtenberg zu kommen. Sie war eine Schwester meiner Schmöckwitzer Oma und galt als »meschugge«, also leicht verrückt, war jedenfalls durch und durch ein Original, und ich habe versucht, ihr in meinem Kriminalroman »Blut will der Dämon« ein kleines Denkmal zu setzen. Natürlich verstand ich anfangs nicht, warum die Erwachsenen immer kicherten, wenn es hieß, es sei schon ganz richtig so, daß Tante Claire an der 68 wohnte. Nun, es war die Straßenbahnlinie, welche die beiden stadtbekannten Berliner Nervenheilstätten, damals »Irrenanstalten« genannt, auf direktem Wege miteinander verband: Herzberge im Osten und Dalldorf, heute Wittenau, im Norden.

Und dann war da auch noch, ganz wichtig, die Linie 48, die zwischen Nordkapstraße und Neukölln, Schulenburgpark, im Einsatz war. Als ich knapp vier Jahre alt war, bin ich Anfang 1942 bis Mitte 1943 mit ihr tagtäglich morgens zur Arbeit gefahren und abends wieder zurück, das heißt mit meiner Mutter zu ihrer Arbeitsstelle in der Firma »Schaudin & Co«. Mit Büromöbeln wurde dort gehandelt, und die Chefin war ebenso die älteste Freundin meiner Mutter wie meine Patentante, was dazu führte, daß ich mich im Ladenlokal fast wie zu Hause fühlen konnte. Das tat ich dann auch und lag stundenlang im Schaufenster, genau an der Ecke Oranien- und Kommandantenstraße, um mich an den vorbeifahrenden Straßenbahnen so richtig sattzusehen. Es waren, wenn ich mich recht erinnere und die Unterlagen nicht trügen, neben der 48 noch die Linien 27, 47, 65, 92 und 93. Es war also an dieser Stelle eine ganze Menge los. Unvergeßlich war für mich der Tag, als einer der für Warschau bestimmten Triebwagen vorbeikam, einer vom Typ TF 40, denn zeigten alle anderen Straßenbahnen vorn wie hinten viermal ihre Liniennummer an, so gab es hier nur einen Nummernkasten mit einer einzigen Zahl, hoch oben auf dem runden Dach. Die 98 war es, da möchte ich wetten.

War anfangs der T 24 mein Lieblingstriebwagen, so favorisierte ich später wie wohl alle Jungen die Triebwagen, bei denen die Fahrer nicht mehr stehen mußten, sondern schon eingebaute Sitze hatten, also insbesondere die TM 36 und die Stube-und-Küche-Triebwagen T 33 U. Standen wir an einer Haltestelle und sahen in der Ferne einen Wagen dieses Typs herankommen – zudem noch auf der Linie, die wir nehmen wollten –, dann fieberten wir und sahen uns nach allen Seiten um, »sichernd« wie Tiere beim Nahen ihrer Beute. Gab es da Konkurrenten, Gegner, Feinde, eben andere Jungen, die so aussahen, als seien sie scharf auf die freien Fahrersitze im hinteren Führerstand …? Wenn ja, dann war zu entscheiden, ob sie stärker waren als man selber. Konnte man es wagen, mit ihnen zu kämpfen? Dabei gab es eine Menge intervenierender Variablen: Hatte man selbst Vater, Mutter, Großeltern, Tanten, Onkel oder starke Freunde dabei, die einem helfen konnten, und wie war es um die Truppenstärke des Feindes bestellt? Wer hatte die günstigste Ausgangsposition, stand also näher an der Tür, wenn die Straßenbahn hielt? Und welche Strategie sollte man wählen: Gleich drängeln und sein Interesse am Sitz deutlich bekunden, oder so tun, als interessierte einen das Ganze herzlich wenig, um damit den Gegner in Sicherheit zu wiegen und ihn dann mit einem überraschenden Vorstoß von hinten zu überrumpeln? Oft aber waren solche Überlegungen mehr als müßig, denn wenn die Bahn heranrollte, stellte sich heraus, daß auf dem begehrten Platz schon längst einer saß. O diese Enttäuschung! Der ganze Tag war einem versaut. Aber schnell war die nächste Entscheidung zu treffen: Sollte man sich abwenden, stolz wie ein Löwe, der vergeblich nach dem Gnu gesprungen war, oder sollte man sich direkt hinter dem Sitz postieren und hoffen, daß sein Besitzer alsbald aussteigen würde …? Meistens ging ich in die Warteschleife.

Wenn einem aber die Eroberung des Sitzes und anschließend die Simulation des Straßenbahnfahrens gelang, dann ergab das jenes »FLOW-Gefühl«, von dem die Psychologen heute meinen, es sei das Glück schlechthin. Bei Mihaly Csikszentmihalyi ist es der Prozeß des völligen Aufgehens im Leben, des Einswerdens mit einer Tätigkeit, neben der alle anderen bedeutungslos sind, eine Hochstimmung einmaliger Art. Die nun war natürlich am größten, wenn der Triebwagen solo fuhr, einem also kein Anhänger die Sicht versperrte. Bis ans Ende der Welt hätte man so fahren mögen, und wenn das »Horst, komm, wir steigen aus!« meiner Mutter ertönte, war das immer sehr bitter für mich, ein schlimmer Interruptus, zumal ich sie längst vergessen hatte.

Oder war es doch schöner, vorn neben dem Fahrer zu stehen und quasi aktiv mitzufahren, als hinten auf seinem verlassenen Platz allein zu sitzen und zu träumen? Man müßte, um das zu entscheiden, eine großangelegte Meinungsumfrage in Auftrag geben. Der Platz vorn neben dem Fahrer, sozusagen auf Tuchfühlung mit ihm, war nicht weniger umkämpft. Dabei gab es zwei Möglichkeiten: links von ihm oder rechts von ihm. An seiner linken Seite zu stehen war auf alle Fälle sicherer, denn rechts war die offene Tür, und man mußte immer Angst haben, rauszufallen und entweder beim Sturz unter die Bahn zu geraten und beide Beine einzubüßen oder aber auf der Fahrbahn von einem Lastwagen erwischt und plattgemacht zu werden. Allerdings ließ sich von rechts aus die Prozedur des Weichenstellens besser verfolgen, wenn der Fahrer das Fenster aufschob, nach dem Weicheneisen angelte und dann, weit aus dem Wagen gelehnt, ewig herumfummeln mußte, um das schmale Rechteck zwischen Schiene und Weichenzunge zu finden. Auch war für diesen Stellvorgang ein enormer Kraftaufwand vonnöten.

Wo auch immer plaziert, links oder rechts vom Fahrer, man identifizierte sich voll mit ihm, war ganz er, wenn es durch die Straßen ging. Starr standen die Männer vor einem, ein paar Köpfe größer, schräg im Halbprofil wie Götter anzuschauen, Statuen, in Stein gehauen, so unendlich souverän. Jede Bewegung der Kurbel war richtig, die Geschwindigkeit immer den Gegebenheiten angepaßt, alles voll berechenbar. Und wie wichtig sie waren, wie schon die geringste Ablenkung, die auf sie zukam, für uns alle in der Katastrophe enden konnte, ersah man ja daraus, daß die Unterhaltung mit ihnen während der Fahrt strengstens untersagt war, wie oben über dem Führerstandsfenster ebenso drohend wie mahnend geschrieben stand. Im Winter trugen sie dicke Stiefel aus Filz und sahen so aus, als würden sie Blei in den Sohlen haben, um nicht umzufallen, wenn es in die engen Kurven ging. Wenn ich heute den Fahrer meiner LGB-Tram mit dem Magneten unter den Füßen an seinen Führerstand stelle, muß ich immer an diese Männer denken.

Aber auch die Schaffnerinnen und Schaffner waren Figuren, mit denen wir uns so weit identifizierten, daß wir stundenlang zu Hause herumliefen und Eltern wie Besucher nervten: »Noch jemand zugestiegen?« oder »Noch jemand ohne Fahrschein?« Richtige Fahrscheine hatten wir natürlich keine, dafür rissen wir aber die länglichen Reste wirklicher Fahrscheine ab, das heißt, die auf dem Block verbliebenen und mit einer Klammer an einer Pappunterlage festgehefteten Teile bzw. Reste. Die mußte man sich mit einer wahrhaft klassischen Frage beschaffen: »Schaffner, haste mal'n Block?« Manchmal sagten die Älteren auch noch »Kondukteur« zum Schaffner. Das essentielle Requisit eines Schaffners war aber der Schnell- oder Galoppwechsler, jene wunderbare, auf dem Bauch getragene Apparatur, in deren Schächte man oben Münzen steckte und unten per Hebeldruck wieder herausholen konnte. So ein Wunderding zu besitzen war der Traum eines jeden Jungen (bei den Mädchen weiß ich es nicht so genau). Für mich ist dieser Traum auch in Erfüllung gegangen: zum 50. Geburtstag habe ich einen Schnellwechsler geschenkt bekommen. Auch nur halb mit Münzen gefüllt, ist er verdammt schwer und zieht einem, da er ja mit einem Lederriemen über der Schulter getragen wird, das Genick ganz schön nach unten. Fast zwei Kilo wiegt mein Exemplar. Von rechts nach links sind einzuwerfen: Ein-Mark-Stücke, Fünf-Pfennig-Stücke, Groschen, Fünfzig-Pfennig-Stücke und Zwei-Mark-Stücke. Kommt man mit den Münzen durcheinander oder fallen sie nicht so in den Schacht, daß sie gleich umkippen und richtig auf den horizontal gestapelten Vorgängerinnen zu liegen kommen, gibt es ein mühseliges Gestochere. Hinter dem Blech der Geldschächte sitzen noch eine Geldtasche aus Leder mit zwei Fächern für die anfallenden Scheine und rechts der Halter für den Stempel. Der stammt aus Westberliner Nachkriegszeiten, wo die Fahrscheine auf diese Art und Weise zu kennzeichnen waren.

Meine größten Auftritte als Schaffner hatte ich 1943/44 im Luftschutzkeller, wo ich in den Bombennächten durch die Reihe der Kauernden ging. »Noch jemand ohne Fahrschein?« »Ins Jenseits, wat?« brummte da so mancher.

Neben dem Kassieren oblag den Schaffnern natürlich das Abklingeln. Dazu rissen sie an einem Lederriemen. Und natürlich hatte ich über unsere Küchentür, die Küche war der T 24, eine Strippe zum Abklingeln gehängt. Meine Versuche, eine längliche Öffnung in die Küchentür zu sägen, wie es sie in den echten Triebwagen gab, wurde leider im Keime erstickt und mit Bonbonentzug geahndet. Solche rechteckigen Löcher, in Halshöhe etwa, gab es bei vielen Triebwagen in den beiden hölzernen Türen, die das Wageninnere von den Plattformen vorne und hinten abschotten sollten. Solange man dort noch keine Schiebe- oder Teleskoptüren eingebaut hatte, war es im Herbst und Winter trotz der schon lange vor meiner Zeit erfolgten Rundumverglasung immer zugig und kalt. Um nun die Wärme im Wageninneren zu halten, war der Schaffner bemüht, die Türen zu den Plattformen sowenig wie möglich zu öffnen, und riß daher, wenn er die auf den Plattformen stehenden Fahrgäste abkassieren wollte, nur einen Messingschieber zurück, um durch die besagte längliche Öffnung hindurch seine obligatorische Frage zu stellen: »Noch jemand ohne Fahrschein?«

Oft aber waren die Schaffnerinnen und Schaffner mit dem Ruf »Durchtreten bitte, in der Mitte ist noch so viel Platz!« am Jammern, denn die Berliner neigten mehrheitlich dazu, immer an den Türen stehenzubleiben. Ob dieses Verhalten mit ihrer sprichwörtlichen Eile oder mit klaustrophobischen Ängsten zu erklären ist, mag offen bleiben. Wahrscheinlich mit beidem, denn stand jemand eingekeilt mitten im Wagen, hatte er trotz aller artspezifischen Fähigkeiten zum Drängeln wenig Chancen, am Ziel rechtzeitig rauszukommen, bevor schnell wieder abgeklingelt wurde.

Und noch dreierlei hatten die Schaffner zu erledigen, das für uns Kinder in höchstem Maße faszinierend war: Das Umsetzen der Türen, das Umdrehen der Rollenstromabnehmer und das Kuppeln der Wagen am Ende des Rangiervorganges. Die meisten Triebwagen, zum Beispiel der T 24 und der T 25, die Maximum-Triebwagen TD, die TF 21 S und die T 08/24 wie auch alle älteren Beiwagen, unter anderem B 10/27 I, II und III, B 21, B 24 und B 25, besaßen nur sogenannte Umsetztüren. Alle waren Zweirichtungsfahrzeuge, und da es kaum Wendeschleifen gab, mußte beim Kehren an den Endstellen schwer gearbeitet werden. Die Türen waren auf der Seite, auf der nicht ein- und ausgestiegen werden sollte, oben mit vierteiligen Klapp-Fenstern verschlossen, in den kühleren Jahreszeiten zumindest. Im Sommer standen sie offen, und man konnte sich weit hinauslehnen, alles viel besser sehen und sich vom Fahrtwind kühlen lassen. Das war eine herrliche Sache, auch wenn man zumeist Schmutz in die Augen bekam und kräftig reiben mußte. Im unteren Teil der Einstiege sollte das Hinausfallen durch eine Art Schott verhindert werden, das in die Türrahmen eingeklinkt wurde. Beim Richtungswechsel nun mußten die Schaffnerinnen und Schaffner diese schweren Türverschlüsse von der einen Seite auf die andere schleppen und die Fenster darüber zu- bzw. aufklappen. Bei alten Maximum-Triebwagen waren zudem noch die grünen Ledersitze umzuklappen, so daß die Fahrgäste, wenn es zum Ausgangspunkt zurückging, wieder alle in Fahrtrichtung saßen. War das erledigt, hatten die Beiwagenschaffner Pause, der Triebwagenschaffner aber mußte noch die Seiltrommel abziehen, die den Stangenstromabnehmer hielt, dann mit einem Zug am Seil die Rolle vom Fahrdraht nehmen und mit Trommel und Seil um den Triebwagen herumgehen und das Ganze auf der anderen Seite in umgekehrter Reihenfolge wiederholen. Erst 1948 begann die Umstellung auf den Scherenstromabnehmer. Für mich war das ein so abenteuerliches Schauspiel, daß ich es immer wieder nachahmte und mir nur das eine wünschte: auch einmal erwachsen zu sein und einen so abenteuerlichen Beruf zu haben.

Auch das Kuppeln war aufregend. Eh das alles wieder paßte und fixiert werden konnte! Der Höhepunkt des Kehrens aber war es, wenn Schaffner und Fahrer die Beiwagen selber schieben mußten. Selten fluchte einer, fast immer hörte man sie scherzen. Oft waren die Schaffnerinnen und Schaffner ausgesprochen witzig und riefen zum Beispiel »Heringsdorf«, wenn sie an einem Fischmarkt hielten. Als sich einmal eine Frau übergeben mußte, hielt ihr die Schaffnerin die Handtasche hin.

Weniger begehrt hingegen war der Beruf des »Ritzenschiebers«. So hieß das ausgemergelte Männlein, das mit seinem Kratzutensil, einer Gießkanne und einem schmalen Besen unterwegs war, um die Rillenschienen zu säubern. War man in der Schule nicht fleißig genug, hieß es immer: »Wenn de nischt lernst, wirste Ritzenschieber.« Oder »Gullytaucher«, da hatte man die freie Auswahl.

Etwas lukrativer war der Posten des Mannes, der auf einem Hocker saß und nichts anderes tat, als Weichen zu stellen.

Ganz besonders faszinierend aber waren die Männer, die während des laufenden Verkehrs die Schienen reparierten, das heißt, Schweiß- und Schleifarbeiten auszuführen hatten. Auf einem kleinen Schemel hockten sie und hatten sich gegen Autos und Menschen mit kleinen, kaum kniehohen Verschlägen aus Zeltbahn abgesichert. Die hoben sie dann an und trugen sie wie eine Krinoline ein paar Meter weiter, wenn eine Straßenbahn im Anrollen war. Den Strom für ihre Aggregate bezogen sie aus der Oberleitung, die sie mit Hilfe einer langen hölzernen Stange und eines dicken Kabels angezapft hatten. Ich hatte immer Angst, daß sie einen Schlag kriegen und verschmoren würden. Ihre Flamme, in die man niemals sehen durfte (»Sonst wirst du blind!«), war vom blauweißen und heißen Licht der Sterne. Die hatte man dann auf der Netzhaut, wenn man die Augen schloß. Sehe ich heute den Sirius, muß ich oft an diese Szene denken. Die Schweißer selber hatten ja ihre Brillen und ihre Schilde, und oft spielte ich das an unserm Gasherd nach, was sie da machten. Genauso schön aber war der Funkenregen, wenn dann die Schleifscheiben zu rotieren begannen: Wie zu Silvester kam mir das vor.

Viel mit der Straßenbahn zu tun hatte auch ein Nachbar meiner Schmöckwitzer Oma: Der war nämlich Schildermaler. Gleich nach dem Kriege hatte er die Zielschilder auch mit russischer Schrift zu bemalen, wobei ihm die kyrillischen Buchstaben viel Mühe machten. Nachher konnte er das deutsche N nur noch falsch herum schreiben, also der Querbalken von links unten nach rechts oben. Vorn und hinten an Trieb- und Beiwagen hatte er zur Warnung an die alliierten Autofahrer viersprachig zu malen: »Don't pass by the left! Ne pas doubler par gauche! Не перегонять слева! Nicht links überholen!«

Gleich nach dem Kriege war sowieso am meisten los. Öfter mal mußte man aussteigen und durfte dann zusehen, wie die erwachsenen Fahrgäste und das Personal den ganzen Straßenbahnzug über einen stromlosen Abschnitt schoben. Die meisten Fenster waren mit Holz und Pappe vernagelt, nur kleine Sehschlitze gab es noch. Das war immer ein bißchen unheimlich. Oft war es auch dunkel in den Wagen, weil die Leute die Glühbirnen rausgeschraubt und geklaut hatten. Nachher steckten sie dann alle in Drahtgittern, die starke Ähnlichkeit mit Maulkörben hatten. Immer wieder fehlte auch das Kunstleder auf den Sitzen. Meine Schmöckwitzer

Oma hatte einmal ein großes Stück rotes Sitzleder aus einem T 24 gegen einen Stubben aus ihrem Garten eingetauscht, um mir daraus Hausschuhe zu nähen. Gern trug ich sie nicht. Vielfach fuhr man nur durch eine einzige Trümmerwüste, zum Beispiel mit der 21 durch die Gegend am Lehrter Bahnhof, wenn wir zum Fußball ins Poststadion wollten.

Das alles wurde natürlich zu Hause und im Garten nachgespielt. Irgendwie war es meinem Vater, als er aus der Kriegsgefangenschaft heimgekehrt war, gelungen, per Tausch gegen eine alte Radioröhre an etwa vier Meter H0-Schienen und einen Güterwagen heranzukommen. Das war ein zweiachsiger Bierwagen aus weiß bedrucktem Blech mit Bretterimitation. Darüber hinaus zierten ihn ein Mohrenkopf und die Aufschrift »Tucherbräu Nürnberg«. Dieser Wagen nun war mein T 24, der mal als 86 zwischen Grünau und Schmöckwitz und mal als 95 zwischen Hermannplatz und Baumschulenweg im Einsatz war. Auf den Knien schob ich ihn immer von neuem hin und her. Später kam ein Langholzwagen hinzu: mein Maximum-Triebwagen. Im Garten in Schmöckwitz setzte ich dann U-Bahnwagen, die mir mein Vater aus Sperrholz gebastelt hatte, als Straßenbahn ein. Der Gleisbau kostete viel Zeit und Kraft: Zuerst war mit dem Spaten die Trasse durch den Zuckersand zu ziehen. Sie wurde dann mit »Beton« ausgegossen, also »Eierpampe«. War die in etwa ausgehärtet, wurden mit einem Zweiachser meterweise Rillenschienen hineingefräst. Das bewährte sich durchaus. Man mußte nur aufpassen, daß die Erwachsenen nicht mit einem Fußtritt alles wieder zunichte machten.

Auf unserem Balkon in Neukölln hatte ich mir den Führerstand eines T 24 nachgebaut. Dieser Balkon hing wie ein Schwalbennest an der Fassade unseres Hinterhauses, und vom dritten Stockwerk aus hatte man einen weiten Blick über drei Hinterhöfe. Die Kurbel war ein Teil des am Blumenkasten angeschraubten Fleischwolfs meiner Mutter und ließ sich wunderbar bedienen. Einmal gelang es mir auch, aus einer Ruine den Teil einer herabgefallenen Decke nach

Hause zu schleppen. Wenn man mit dem Hammer den Stuck abschlug, kam jede Menge Draht heraus, den ich zum Bau einer Fahrleitung nutzte. Zwar war der Wohnzimmerteppich total versaut und der Balkon nicht mehr benutzbar, aber ich war stolz auf das Spinnennetz, das ich da gezogen hatte. Ein Schneebesen diente als Stromabnehmer. Zwar wurde ich später zur Strafe eine Stunde in die Toilette gesperrt, aber trotzdem war es schön.

Selbstverständlich war die Straßenbahn auch eine ständige Versuchung, »Dummheiten« zu machen. Harmlos war es, Groschen auf die Schienen zu legen und sich dann hinterher zu freuen, wie platt sie waren. Den Geldstücken folgten aber über kurz oder lang mehr oder minder große Steine. »Mal seh'n, ob se entgleist ...« Spannend war es schon. Da lag man dann irgendwo auf der Lauer und wartete, in Schmöckwitz hinter dem Gartenzaun, in Neukölln bei Klassenkameraden mit einer Parterrewohnung hinter dem Fenstersims. Wie das dann rumpelte und der Fahrer so abrupt bremsen mußte, daß sein Fanggitter auf den Boden knallte. Noch größer war der Effekt, als die großen Chemiker unter uns etwas mixten, es in Stanniolpapier wickelten und dann auf die Schienen legten. Es gab richtige kleine Explosionen, und die Leute schrien auf.

Für die Größeren war es eine Sache der Ehre, nicht normal ein- oder auszusteigen: Sie konnten nicht anders, als während der Fahrt auf- oder abzuspringen. Der war der kühnste Krieger, dem das bei der größten Geschwindigkeit gelang. Als besonders pfiffig galten die, die nicht bezahlten, sondern auf der Rückseite der Bahn, gegenüber vom Einstieg also, auf dem Trittbrett standen, eine Hand lässig am Griff. So mutig war ich nie, denn einen »ab'en« Fuß wollte ich nicht haben.

Zwei wichtige Daten symbolisieren, wie das Straßenbahnnetz in Berlin auseinanderbrach. Nach der Währungsreform teilte sich die BVG zwischen Ost und West auf. Zwar fuhren die Züge noch über die Sektorengrenze, aber seit dem 24. März 1949 wechselten dort die Schaffner: Die einen kassierten Westgeld, die anderen Ostgeld, und die Fahrscheine galten noch durchgehend. Zum endgültigen Bruch in der aufgeheizten Stadt kam es am 16. Januar 1953, weil der Westen die Fahrberechtigung von Frauen auf der Straßenbahn nicht anerkannte. Nun endeten auf beiden Seiten die Linien an der Sektorengrenze, und bis zum Bau der Mauer am 13. August 1961 war der Fußmarsch zwischen den beiden Endstellen ein Teil des Straßenbahn-Alltags.

Die meisten der Liniennummern lassen bei mir sofort Assoziationen aufflammen. Mit der 2 bin ich Mitte der fünfziger Jahre oft nach der Schule vom Hermannplatz zu meiner Kreuzberger Oma gefahren, ebenso wie mit der 26 und der 27. In den letzten Jahren vor ihrer Einstellung befand sich eine ihrer Endhaltestellen am Görlitzer Bahnhof, am Spreewaldplatz, wo sie immer aufgereiht in der Kurve standen. Einmal habe ich sie so hingegeben angestarrt, daß mir ein Hund unbemerkt gegen die Hose pinkeln konnte. Und die 3: Fast jeden Morgen sprang unsere allseits gefürchtete Deutsch- und Lateinlehrerin in der Kurve zur Hobrechtstraße verbotenerweise vom Beiwagen, um sich den Weg von der Haltestelle zu ersparen, und es soll unter den Schülerinnen und Schülern welche gegeben haben, die ... Nein, sie lebt heute noch.

Mit der 6 kam man von Neukölln zum Zoo, und deren Züge bestanden oft aus den klobig-imposanten Hawa-Trieb- und Beiwagen. Mit der 25 ging es vor der Verlängerung der Linie C vom U-Bahnhof Seestraße zu Tante Martha und Onkel Erich nach Tegel. Mit der 27 und der 47, dem »Wüsten-Expreß«, gondelte ich oft mit den Mannschaftskameraden vom 1. FC Neukölln in den tiefen Süden hinunter, um auf den Fußballfeldern von Britz-Buckow-Rudow große Schlachten zu schlagen. Die 44 hatte wunderschöne Verbundtriebwagen, und während meiner Lehrzeit bei Siemens, als ich im Vertriebsbüro in der Wilmersdorfer Straße sitzen und leiden mußte, habe ich ihnen oft sehnsuchtsvoll hinterhergesehen. Und mit der 44 ging es auch zum Richard-Wagner-Platz, wo in die 55 umzusteigen war, um zur Werkschule nach Siemensstadt zu kommen. Auch fuhr sie durch die Hildegardstraße, und ich konnte mit ihr nach Arbeitsende zu meinem Freund Gerhard in die Koblenzer Straße fahren. Mit der 55 kam man auch vom Zoo nach Hakenfelde, wo Tante Eva mit ihrer Familie zu Hause war, unter anderem Curt und Püppi. Die 87 brachte uns zu Waldemar, der Imker war und viele Bienenstöcke hatte, nach Rahnsdorf. Mit der 94 fuhr ich anderthalb Jahre lang depressiv und maulig die Sonnenallee und den Kottbusser Damm entlang, um mit der Hochbahn zu Siemens zu kommen, nur dadurch aufgeheitert, daß es mit den Stube-und-Küche-Wagen oft mächtiges Theater gab. Standen nämlich viele Fahrgäste auf der stark überhängenden vorderen Plattform und befand sich hinten niemand, dann schrammte der Wagen vorn über das Pflaster, und der Fahrer schrie entnervt, daß wir uns doch bitte verteilen sollten, sonst würde er nicht weiterfahren. Mit der 95 konnte man, wenn man die etwas schnellere S-Bahn und das viele Treppensteigen vermeiden wollte, von der Sonnenallee direkt bis Köpenick, Lindenstraße, fahren und dort in die 86 nach Schmöckwitz umsteigen. In einer Klinik in der Lindenstraße bin ich zur Welt gekommen, wohl in dem Augenblick, als davor die 95 und die 187 aneinander vorbeigerauscht sind.

Natürlich, aber auch leider habe ich keine Statistiken geführt, mit welchen Linien ich am meisten gefahren bin, wahrscheinlich aber mit der 86, meiner absoluten Lieblingslinie. Die wurde im März 1912 als »Schmöckwitz-Grünauer Uferbahn« in Betrieb genommen, und zwar mit drei Benzoltriebwagen der Firma Siemens und Schuckert. Deren No. 1, lila, grün und ocker angestrichen und mit der Aufschrift »Continentale Eisenbahn-Bau- und Betriebs-Gesellschaft« versehen, hängt heute als Ölgemälde eines naiven Berliner Malers bei mir im Zimmer.

Anfangs hatte man, nach der kurzen Episode der Benzoltriebwagen, eigene Trieb- und Beiwagen, die stark an west- und süddeutsche Überlandbahnen denken lassen. Ich kann mich aber nur an den mit Girlanden geschmückten T 24 erinnern, der im Oktober 1945 als erster nach dem Krieg wieder von Grünau nach Schmöckwitz gefahren ist. Danach aber gab es Zweiachser nur als »Einsetzer«, wenn an heißen Sommertagen alles zum Baden wollte, zum Strandbad Grünau oder zur Schmöckwitzer Badewiese. Da war es dann mitunter so krachendvoll, daß die Bahn bis Regattahäuser nur so dahinschlich, damit die Schaffner Zeit zum Abkassieren hatten. Und wenn es dann abends nach Hause ging, mußte man bis zur Endhaltestelle zurückfahren, also zuerst in die verkehrte Richtung, um mitzukommen. Die Hauptlast trugen vierachsige Wagen, mehrfach umgebaute Maximum-Triebwagen. Ab 1953 testete die BVG-Ost auf der 86 ihren ersten, bei LOWA in Werdau gebauten Großraumzug (Triebwagen 8001 und Beiwagen 3001), der mit 2,50 Metern so breit war, daß man die Masten, die bislang zwischen den beiden Streckengleisen gestanden hatten, nach außen versetzen und auch den Gleismittenabstand verändern mußte. Außerdem wurde am S-Bahnhof Grünau extra eine Schneise in den Wald geschlagen und eine Wendeschleife angelegt, weil der Zug für die engen Köpenicker Straßen viel zu breit war und es sich dazu auch noch um ein Einrichtungsfahrzeug handelte, und weiterhin wurde in Schmöckwitz zwischen der Goulbierstraße (heute Am Seeblick) und der Wendeschleife am Dorfanger das zweite Gleis abgebaut, weil das Adlergestell (die frühere Berliner Straße) an dieser Stelle für die Begegnung zweier solcher Großraumzüge viel zu schmal war. Um Zusammenstöße zu vermeiden, brachte man am Anfang und am Ende der nun eingleisigen Strecke eine Ampel an. Das war für mich wie für alle Besucher unseres Grundstückes sehr praktisch, denn nun brauchte man erst zur Haltestelle zu laufen, wenn die Ampel rot zeigte, also oben in Alt-Schmöckwitz eine Bahn abgefahren war. Aber irgendwie muß das Experiment mit diesem Straßenbahn-Jumbo schiefgegangen sein, denn er verschwand trotz des Riesenaufwandes schon nach wenigen Jahren wieder in der Versenkung und ist meines Wissens auch ein Unikat geblieben. Dafür tauchten dann ab 1958 andere Großraumzüge auf, nur 2,20 Meter breit und vom VEB Waggonbau Gotha hergestellt, die den Verkehr bis zum Sommer 1996 übernahmen.

Wegen der zu schwachen Stromversorgung konnten so lange keine Tatra-Züge eingesetzt werden. Nach der Wende wurde dann idiotischerweise aus der 86 die 68, für mich ein Beispiel mehr dafür, wie barbarisch ein Teil unserer Berufspolitikerkaste mit der Berliner Geschichte umgeht und nichts unversucht läßt, die Stadt auch in unseren Köpfen zu zerstören. Die 86, deren Gleise zwischen Regattahäuser und Karolinenhof unmittelbar am Langen See entlangführen – den Müggelbergen gegenüber –, ist nicht nur die schönste der Berliner Straßenbahnlinien, sie ist auch eine Institution gewesen.

Ich habe sie einem Diorama[4] nachgebaut und schiebe nun, da ich auf die 65 zugehe, wieder meine Straßenbahn umher, diesmal allerdings ein Modell von Fröwis. Gerade trifft ein Maximum-Triebwagen der 86 vor dem S-Bahnhof Grünau mit dem »Apfelsinchen« zusammen, dem orangefarbenen TE 42, einem 1942 umgebauten Mitteleinstiegswagen mit Fahrgastfluß. In Wirklichkeit hat eine solche Begegnung sicherlich nie stattgefunden, leider nicht. Aber wenn ich Straßenbahn spiele, dann geht das eben. Ich berausche mich also an meinen Modellen oder sehe mir voller Wehmut die Fotos und die Videos an, auf denen sie, meine vielen Vielgeliebten, noch jung und voller Leben waren[5].

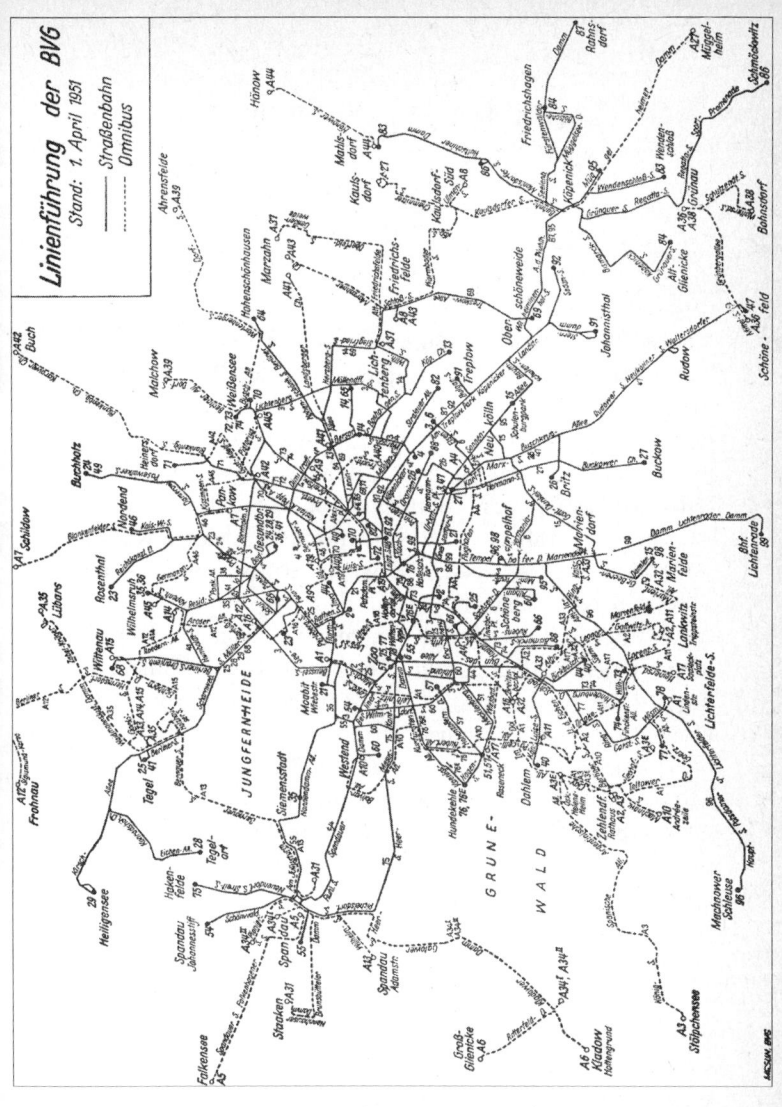

Das Netz. Sämtliche Straßenbahnlinien und Autobuslinien in Ost und West standen noch in dem BVG-Fahrplanheft vom 1. April 1951. (© BVG, Sammlung Alfred Gottwaldt)

Tatra, Tram und Niederflur

Natürlich fahre ich heute noch so oft es geht mit der Straßenbahn, aber es sind ja immer nur dieselben Gesichter: Tatra, Tatra, Tatra und höchstens noch der neue Niederflurwagen der AEG bzw. ADtranz. Die wunderbare Vielfalt meiner Kindheit und Jugend ist dahin, die gute alte Elektrische. Wenn man wenigstens noch Straßenbahn sagte oder zumindest »Strab«, weil das irgendwie nach Straps klingt und wieder, siehe oben, ein wenig erotisch wäre – aber Tram ...? Nein. Das klingt so nach Trampel.

Aber der Reihe nach und bitte nicht so negativ. Vom Niedergang der Straßenbahn in Westberlin ist zu erzählen, von ihrem Dahindümpeln im Osten der Stadt und vom neuen Höhenflug, der da kommen wird.

Früh begann in Westberlin das große Straßenbahnsterben. Mit dem 1. Juli 1954 gibt es auf dem Kurfürstendamm keine Straßenbahn mehr, sind die 76 und die 79 für immer eingestellt. Als Neuköllner tangiert mich das noch wenig, und ich zucke erst so richtig zusammen, als am 1. März 1961 die 88 nicht mehr fährt: Wiener Brücke – Steglitz, Schloßpark. Der bin ich nämlich oft begegnet, wie sie zumeist aus einem »Stube-und-Küche«- oder einem TM-31-U-Triebwagen und einem B-24-Beiwagen gebildet am Görlitzer Bahnhof oder am Innsbrucker Platz dahergezuckelt kam. Als der noch ein solcher war, ein richtiger Platz eben, von Häusern umschlossen, vor dem Bau der Stadtautobahn, und keine öde steinerne Fläche, über die man nur hetzt, um sie möglichst schnell hinter sich gebracht zu haben. Als die 88 noch über den Rasen fuhr, aus dem die ersten Berliner Krokusse, gelb und violett, herausschauten, gewärmt nicht nur von der Frühlingssonne, sondern auch vom U-Bahntunnel unter ihnen. Da bin ich fast jeden Tag dort umgestiegen, wenn ich mit dem 48er Bus von der FU gekommen war und mit dem 4er nach Hause wollte, nach Neukölln. Und mit der 88 bin ich immer zur Kaisereiche in Friedenau zu »Steinke & Krauss« hinuntergefahren, um mir Loks und Wagen und Gleise für meinen »Trix-Express« zu kaufen. Der alte Steinke nämlich war draußen in Schmöckwitz der Nachbar meiner Oma und ist Beweis dafür, daß alles mit allem irgendwie zusammenhängt.

Noch schmerzlicher für mich aber waren der Tod der 6 (Neukölln, Elsenstraße – Richard-Wagner-Platz) am 1. Juli 1961 und der 26 (Spreewaldplatz – Tempelhof, Industriestraße) am 29. September 1963, vor allem aber der Linie 95 (Mehringplatz – Sonnenallee/Schwarzer Weg) am 2. Mai 1965. An dieser Endstelle in der Sonnenallee hatte ich noch im Herbst zuvor lange in der Kälte gestanden, um nach meiner Schmöckwitzer Oma Ausschau zu halten. Endlich durfte sie wieder einmal nach Westberlin hinüber. Und noch heute sehe ich sie im schmalen Mauerdurchlaß stehen, schwer bepackt mit ihren Tüten und Taschen, im abgelegten dunkelgrünen Mantel meiner Mutter. An eine Taxe dachte damals keiner. Mit der 95 ging es zu uns nach Hause. Viele Male bin ich auch mit der 95 zur AGB gefahren, um mir Bücher auszuleihen, oder einfach nur so zum Halleschen Tor, um in die Hochbahn umzusteigen. Die 94, mit der man die Hochbahn am Kottbusser Tor erreichen konnte, war schon am 1. Oktober 1959 ein Opfer der Auto(bus)fetischisten geworden, und die 47 folgte als letzte der Neuköllner Linien am 1. Oktober 1966. Eine ihrer letzten Fahrten habe ich auf einem 8-mm-Schmalfilm festgehalten. Die Karl-Marx-Straße ohne Straßenbahn – undenkbar eigentlich. Und noch heute fehlt sie mir, wie auch die 27 in der Hermannstraße. Vom Klassenzimmer der Albert-Schweitzer-Schule aus habe ich sie den

Berg hochkriechen sehen. Über den Friedhof hinweg. Oder täuscht mich da die Erinnerung?

Bald war auch die Linie 75 mit ihren modernen Zügen von der Kantstraße verschwunden. Am 2. Oktober 1967 fuhr dann die letzte Elektrische in Westberlin, und zwar die 55 vom Zoo nach Hakenfelde. Oft bin ich mit ihr nach Hakenfelde rausgezuckelt zu meinen Verwandten in der Cautiusstraße. Tante Eva, Onkel Jochen, Püppi, Curt und Ilschen, Bärbel, Sabine und Stefan. Manchmal war ich schon frühmorgens unterwegs, um dort den ganzen Tag über beim Tapezieren zu helfen.

Hardenbergstraße, Otto-Suhr-Allee, Tauroggener Straße, Tegeler Weg und Siemensdamm, vorbei an der Grammestraße, wo Tante Trudchen wohnte, und am Siemens-Hauptgebäude, wo ich Teile meiner dreijährigen Gefängnis-, das heißt: Lehrzeit, verbracht hatte. Stille Gedenkminute, bevor abgeklingelt wird. Weiter Richtung Spandau. Heute fährt da die U7. »Noch jemand ohne Fahrschein?« Nonnendamm, Gartenfelder Straße, Haselhorst, an Juliusturm und Zitadelle vorüber, Falkenseer Platz und Neuendorfer Straße. Kasernen tauchen auf. Gott sei Dank mußte ich als Westberliner nicht zur Bundeswehr, es hatte also auch sein Gutes, unter dem Viermächtestatus auf der Insel zu leben, stolz darauf – wie Kennedy –, ein Berliner zu sein.

Die Brauerei schiebt sich ins Bild, dahinter ein Fußballfeld, der Platz des SSV, der sich oft erdreistet hatte, Tasmania 1900 zu schlagen, die Neuköllner also. Streitstraße mußte ausgestiegen werden.

Eine Ewigkeit also brauchte man, um mit der 55 vom Zoo nach Hakenfelde zu gelangen. Und wie als Kind, so war ich auch jetzt auf den freien Fahrersitz scharf, um in Ruhe meine Lehrbücher lesen zu können.

Klinkeplatz. Karl Klinke, das war jener preußische Soldat, der 1864 im Krieg gegen Dänemark mit einem schweren Pulversack auf dem Rücken losgelaufen war, um auf den Düppeler Schanzen ein Loch in eine Palisade zu sprengen. Zwei Füsiliere waren mit ihrer Lunte zur Stelle, und die Explosion riß eine große Lücke in den Palisadenzaun. Klinke, von einer gewaltigen Stichflamme erfaßt und zudem von einer dänischen Kugel getroffen, brach tot zusammen, während seine Kameraden die Festung erstürmten – ein deutscher Kamikazegrenadier.

Auf dem breiten Mittelstreifen geht es Hakenfelde entgegen. Fast schon ländlich ist es hier. An der Cautiusstraße aber stehen in Reih und Glied die Neubaublocks. Tante Eva wohnt gleich im ersten Block Parterre. Und seit vor Jahren einmal eine Baracke gebrannt hat, gute hundert Meter von ihren Fenstern entfernt, hat sie jetzt immer alle Papiere griffbereit, um bei einem neuen Großbrand nicht ohne Ausweis und Versicherungspolicen im Freien zu stehen. Ein Stückchen weiter wohnen Bärbel und Curt. Mit letzterem habe ich einen gemeinsamen Urgroßvater. Bei ihnen ist es sehr gemütlich, und Stefan, mein jüngstes Patenkind, darf ich hinterm Johannesstift im Kinderwagen spazieren fahren. Abends gibt es Rotwein, und wir klönen bis in den Morgen.

Und nun gab es keine 55 mehr. Westberlin ohne Straßenbahn – natürlich ein Grund für mich, in eine Stadt auszuwandern, in der die Straßenbahn noch fuhr: Bremen beispielsweise. Dort bin ich dann als wissenschaftlicher Mitarbeiter der »Kommission für Verwaltungsreform« drei Jahre lang jeden Morgen mit der 2 von Sebaldsbrück zum Ostertor gefahren, wo wir unseren Dienstsitz hatten. Lang und breit waren sie, die 4xGtwE-Triebwagen von »Hansa«, also Gelenkwagen mit nur zwei Drehgestellen, deren Wagenkästen durch eine spezielle Mechanik in den Kurven gesteuert wurden. Für einen Berliner waren diese Gelenkwagen etwas Neues, und bei meiner ersten Fahrt war ich zu Tode erschrocken, als es meine Beine ganz plötzlich auseinanderriß. Ich hatte nicht gemerkt, daß der rechte Fuß auf dem festen Wagenboden stand, der linke aber auf einer Art Drehscheibe, mit der die unterschiedlichen Wagenkästen miteinander verbunden waren. Auch die Mentalität der Fahrgäste war gewöhnungsbedürftig, etwa Dialogen wie diesem zu lauschen, als sich zwei Rentnerinnen wiedertrafen:

»Moin.«

»Moin.«

»Die Frau Ascheregen, immer noch dieselbe ...«

»Tja ...«

»Die Frau Ascheregen, immer noch dieselbe ...«

»Tja ...«

»Tscha, nich ...«

»Ischa wohl nich die Möglichkeit!«

»Tscha, nich? Das sach man.«

Oder das Erlebnis, wo ein Fahrgast mittleren Alters bei der Abfahrt von der Haltestelle Steintor/Sielwall von der Tür, die der Fahrer vorn per Knopfdruck zu früh geschlossen hatte, eingeklemmt worden war. In Berlin hätte der Mann Zeter und Mordio geschrien und mit der Presse gedroht, hier in Bremen aber hing er ruhig und gefaßt bis zur nächsten Haltestelle halb drinnen und halb draußen, ohne auch nur einen Mucks von sich zu geben.

Wo immer ich dienstlich zu tun hatte, Freunde und Verwandte besuchte oder im Urlaub war, fuhr ich natürlich mit der Straßenbahn. In Bielefeld, Bochum, Bonn, Düsseldorf, Frankfurt am Main, Hannover, Karlsruhe, Kassel, Köln, Krefeld, Mannheim, München, Nürnberg, Stuttgart, Lissabon, Innsbruck und Wien. Aber wie die Knef hatte ich immer Sehnsucht nach meinem Berlin und seiner Straßenbahn. 1972 ging es dann zurück, ich wurde wieder Westberliner, das heißt, in der Terminologie der DDR: Bürger der politisch selbständigen Einheit Westberlin (WB), und als solche durfte man ja vor den Verträgen vom 3. Oktober 1972 gar nicht und am Anschluß daran auch nur mit einem Passierschein nach Ostberlin hinüber, wo es noch Straßenbahnen gab. Bis man aber einen Passierschein hatte, mußte man einen Antrag in doppelter Ausfertigung stellen (zumeist aber verschrieb man sich in seiner Aufregung mehrmals und füllte mindestens fünf Formulare aus) und zweimal zur Passierscheinstelle rennen. Um dies nun zu umgehen, verschaffte ich mir in Bremen einen Zweitwohnsitz bei einem Freund und konnte so einen der begehrten echten bundesdeutschen Reisepässe ergattern, mit denen es ja möglich war, ohne größere Umstände zum Tagesbesuch in die Hauptstadt der Deutschen Demokratischen Republik einzureisen. Nach inquisitorischen Kontrollen (»Machen Sie mal das rechte Ohr frei?«) und Zwangsumtausch, versteht sich, gab es dann Straßenbahn »satt« (wie man in Bremen sagt, wenn man für einen bestimmten Grundpreis so viel von einer Ware haben oder von einer Speise essen darf – Aal zum Beispiel –, bis man nicht mehr kann).

Reiste man über Friedrichstraße ein, kamen einem an der Weidendammer Brücke sofort die 22, 46, 70 oder 71 entgegen, deren Ziel Am Kupfergraben war, was man aber selten richtig lesen konnte, da die Zielanzeiger zumeist krumm und schief oder halb verdeckt im Kasten hingen. Hier hätte es meinen Freund Peter fast erwischt. Fährt er als West-, das heißt als Süddeutscher im geliehenen Pkw die Friedrichstraße hinauf und freut sich über die Straßenbahn, die ihm entgegenkommt. Hinter ihm im Wagen toben die Kinder, und er dreht sich einmal schnell nach ihnen um ... Da biegt die Bahn plötzlich nach links um die Ecke, und er rauscht voll in sie hinein. Alle haben's überlebt, einschließlich der DDR, und nach Bautzen ist er nicht gekommen, aber er hatte an die zehntausend Mark zu blechen. Das Wort Straßenbahn läßt ihn seither nur noch zusammenzucken.

Kam man von der Bornholmer Straße, nahm einen die 3 in Empfang, und man konnte sich schon hier am Straßenbahn-freilichtmuseum Ostberlin erfreuen. Natürlich war das noch nicht Lissabon, dafür waren die alten Züge zu abgewrackt und häßlich und hatten so gar keinen Charme, aber immerhin ... Und die Reko-Wagen waren wie hübsche kleine Spielzeugbahnen anzusehen.

Vom VEB Waggonbau Gotha kamen der T 57 und der B 57 als Zweirichtungsfahrzeuge. Kaum zu unterscheiden davon waren die unzähligen Trieb- und Beiwagen, die man im RAW Schöneweide rekonstruiert hatte (genau gesagt waren es 297

Trieb- und 392 Beiwagen). Vom Lowa-Werk in Johannisthal wurden 75 Triebwagen des Typs T 24 mit einem neuen Wagenkasten versehen (= T 24 U), die von einigen Berlinern als »Schweinebuchten« bezeichnet wurden. In meiner Erinnerung waren da öfter die Lampenschalen aufgegangen, hingen schaukelnd herunter und klapperten ganz fürchterlich. Meine Kinder hatten immer Angst, sie auf den Kopf zu kriegen. Jan Gympel[6] hat den Reko-Wagen der DDR als den »letzten Boten des bürgerlichen Zeitalters« ein schönes Denkmal gesetzt: »Von (...) Schick und Stromlinienästhetik fand sich bei den kurzen Reko-Wagen nicht viel. (...) Von außen erinnerten neben den Zierstreifen der Soloscheinwerfer, der Scherenstromabnehmer in seiner Frühform und der als Bekrönung der Wagenfront aufgesetzte Kasten für das Liniennummernschild an vergangene Zeiten. Noch nostalgischer stimmte der Blick ins Wageninnere (...). Nicht die Antisepsis von Arztwartezimmern, sondern die Behaglichkeit

Der Typ T 24: Aufbau und Innenräume dieser populären Berliner Straßenbahn hat der Architekt Bruno Paul gestaltet; hier der Wagen 5824. (© Deutsches Technikmuseum Berlin, Historisches Archiv)

eines Durchschnittswohnzimmers war das gestalterische Leitbild dieses Ambientes (...).«

Hinzuzufügen wäre noch, daß es in den Reko-Wagen immer heftig nach Desinfektionsmitteln roch, ebenso wie bei meiner Schmöckwitzer Oma im Zimmer, so daß ich mich gleich beim Einsteigen wie zu Hause fühlen durfte. Und dann die Fahrt: diese einmalige Mischung von Rüttelsieb und Achterbahn. Auch hier versteht es Jan Gympel, die Dinge auf den Punkt zu bringen: »Freilich entsprach auch der Fahrkomfort längst vergangenen Zeiten. Statt elektrischer oder gar elektronischer Finessen boten die Reko-Züge noch Mechanik pur. Scheinbar übertrug sich jede Unebenheit im Gleiskörper, der kleinste Stein in den Rillenschienen, direkt auf die Passagiere. Durch nicht nur besonders enge, sondern nahezu alle Kurven fuhren die recht gemächlich dahinrumpelnden Wagen weniger, als daß sie ruckweise gestoßen wurden, dabei heftig scheppernd und jede einzelne Schraube einer Belastungsprobe unterziehend; das intensive Dröhnen der Motoren war markerschütternd, ihre Geräuschentwicklung – die von Heulen über Pochen und Rattern bis hin zu tiefem Brummen reichte – ohrenbetäubend. Empfahl es sich schon während der Fahrt, sich in den Wagen, die sich relativ stark aufschaukelten, auch im Sitzen festzuhalten, so war dies beim Stopp dringend geboten, erfolgte er doch mit einem energischen Ruck.« Ja, so war es wirklich. Dem Sohn meiner Cousine Christine wurde bei längeren Fahrten in einem Reko-Wagen, etwa von Grünau nach Schmöckwitz, knapp zwanzig Minuten, immer furchtbar schlecht, und hin und wieder erbrach er sich sogar. Er war regelrecht seekrank geworden. Ich selber hatte stets Angst vor einer zweiten Bandscheibenoperation.

Für besondere Heiterkeit bei uns bornierten Westlern sorgten auch die Zahlboxen, die Schaffnerinnen und Schaffner ersetzten. Wie Lostrommeln hingen sie gegenüber den Einstiegen und verfügten über eine Reihe von Segmenten, vor denen eine Glasscheibe eingelassen war. Warf man oben in den schmalen Schlitz etwas hinein, konnte von kritisch kontrollierenden Mitfahrgästen sofort erkannt werden, daß man Hosenknöpfe und keine Alumünzen verwendet hatte. Wenn aber, dann bekam man dennoch, betätigte man gleichsam pumpend einen vorsintflutlichen Hebel, der die Trommel weiterdrehte, seinen Fahrschein ausgehändigt. Ich selber habe den Sozialismus nie geschädigt, ebenso aus der Angst vor Stasi wie Vopo heraus wie der eingebleuten gutbürgerlichen Werte wegen, mußte aber von meiner Schmöckwitzer Oma hören, daß es ihre sozialistischen Landsleute an solcher Moral mitunter fehlen ließen.

Zu Weihnachten wünsche ich mir diesmal einen Reko-Zug, das heißt, den T 57 und den B 57 als Modell von Fröwis.

In der Berliner Wirklichkeit gibt es ja keine Reko-Wagen mehr. Die letzten rumpelten am 2. Juni 1996 durch das Köpenicker Netz. »Zuletzt liefen die Reko-Wagen noch auf den Linien 60 (Friedrichshagen/Wasserwerk – S-Bahnhof Adlershof; Zweiwagenzüge in Zweirichtungsbauweise) und 68 (S-Bahnhof Köpenick – Alt-Schmöckwitz; Zweiachs-Triebwagen mit vierachsigem Großraum-Beiwagen!).«[7] Feierlich verabschiedet wurden sie auf Sonderfahrten nach Schmöckwitz.

Da ist noch etwas, das ich erwähnen muß, wenn ich an meine Beziehung zur Straßenbahn denke. Nicht, daß sie mir das Leben gerettet hätte, das haben die ärztliche Kunst wie die höheren Mächte bewirkt, und auch an die Kräfte eines Amuletts habe ich nie glauben können, aber als ich vor einer schweren Operation im Krankenhaus lag, kam mein Sohn und stellte mir das 1:87-Modell eines Maximum-Triebwagens auf das Tischchen neben meinem Bett, um mich zum Spielen anzuregen, meine 86 immer hin- und herzuschieben, und zum Träumen. Und wirklich ist alles bestens verlaufen.

Schon gleich nach der Wende bin ich natürlich mit den beiden schönsten Museumsstraßenbahnen gefahren, die Berlin zu bieten hat: den »Überlandstraßenbahnen« von Friedrichshagen nach Rüdersdorf (heute die Linie 88)[8] und von der Woltersdorfer Schleuse nach Rahnsdorf (heute die Linie 87)[9].

Zur Passierscheinzeit wäre das sehr umständlich gewesen, weil man neben der »Hauptstadt« noch Kreise zu beantragen hatte, über deren genauen Verlauf man immer etwas im unklaren war. Mit der S-Bahn in Friedrichshagen angekommen, springt man die Treppe hinunter, überquert die Dahlwitzer Straße und läuft zur Wendeschleife der 88 hinüber.

1990 stand da noch ein Schöneweider Reko-Wagen, und als der dann auf besseren Feldbahngleisen durch Wald und Heide fuhr – ausgeschlagen, krumm und schief, Berg und Tal –, da hatte ich das Gefühl, beim Rodeo zu sein und auf einer bockenden Stierattrappe zu hocken. Auch als Test für Weltraumpiloten hätte sich die Schöneicher Straßenbahn bestens geeignet. Meine Begleiterin schrie so auf wie sonst nur im Flugzeug, wenn es durchs Gewitter geht. Erholt haben wir uns erst wieder bei der wunderschönen Wanderung von Rüdersdorf zur Woltersdorfer Schleuse, immer am Kalksee entlang, an dessen Ufer einige verfallene Bauten an die Zeit erinnern, »als Woltersdorf noch Hollywood war«[10] und hier Joe May solche monumentalen Filme wie ›Herrin der Welt‹ und ›Das Indische Grabmal‹ in Szene setzte, mit seiner Frau Mia May in der Hauptrolle. In Woltersdorf sitzt es sich dann herrlich im Biergarten am Flakensee, und nach ein paar hundert Metern auf einem hohen Fußgängersteg über die Schleuse hinweg erreicht man die Endstelle der 87, die einen dann in 19 Minuten zurückbringt zur S-Bahn nach Rahnsdorf – auch heute noch in einem »grundinstandgesetzten« Gotha-Tw.

Und noch etwas mache ich öfter bei Ausflügen ins Umland: Im Anschluß an einen Besuch in Strausberg, das heißt nach Wanderungen vom Straus- zum Bötzsee, gibt es selbstverständlich noch eine Fahrt mit der Strausberger Straßenbahn (der Linie 89 im Kursbuch der Verkehrsgemeinschaft Berlin-Brandenburg). Seit Juni 1995 ist auch hier statt des Reko-Zuges ein Tatra-Triebwagen im Einsatz, und zwar einer vom Typ KT8D5CS mit einer Länge von 30 Metern[11].

Doch wieder zurück nach Berlin, zurück in die Hauptstadt der Deutschen Demokratischen Republik der siebziger Jahre.

1976 begann auch in Ostberlin eine neue Straßenbahn-
epoche: Die ersten von fast sechshundert vierachsigen und 18
Meter langen Kurzgelenk-Triebwagen des Typs Tatra KT4D
aus den Prager ČKD-Werken wurden angeliefert. Als sie in
der Mollstraße zum ersten Mal an mir vorüberdonnerten, bekam ich einen gewaltigen Schreck und wäre in der Angst,
überrollt und zermanscht zu werden, am liebsten zehn Meter
weit zurückgesprungen. Aber da fegten ja Autos heran, genauso tödlich. Also hielt ich stand. So etwas von geballter
Kraft, Wucht und Masse hatte ich nie zuvor bei einer Straßenbahn erlebt. Die Assoziation zu einem Panzer war da.
Wollte die DDR, wenn der lang erwartete Überfall durch die
NATO-Truppen kam, diese Ungetüme zur Verteidigung der
Hauptstadt einsetzen? In Leipzig hießen ähnliche Typen
»Dubček-Schleudern«. Ich weiß, daß die Tatra-Züge vom
Typ T4D den renommierten amerikanischen PCC-Groß-
raumwagen nachempfunden worden sind[12], wahren Kultob-
jekten der Szene, aber wie man unter Kosten-Nutzen-analyti-
schen Gesichtspunkten so etwas bauen kann, wird mir immer
ein Rätsel bleiben. Es kommt mir so hirnrissig vor, als würde
man, um den BVG-Fährverkehr zwischen Wannsee und Kladow zu betreiben, mit vielleicht hundert Menschen an Bord,
ein Kreuzfahrtschiff bemühen.

Wer diese Tatra-Wagen besteigt, sollte vorher als Bergstei-
ger geübt haben. Ältere, nicht mehr ganz so bewegungstüch-
tige Menschen sollten darauf bestehen, angeseilt zu werden.
Und sitzt man drin, ist das fast so, als würde man auf dem
Oberdeck eines großen Gelben durch die Straßen fahren. Das
Positive ist natürlich der herrliche Aus- und Weitblick, den
man aus den Tatra-Wagen hat. Abgesehen davon, daß man
sich inmitten der von allen Seiten heranschießenden Autos so
sicher wie in einem Panzer fühlt.

Jetzt fahre ich einigemal in der Woche morgens mit einem
Tatra-Zug der Linien 27 und 28 vom S-Bahnhof Schöneweide
zu meiner Fachhochschule nach Friedrichsfelde und abends
wieder zurück. Steige ich, von Baumschulenweg kommend,

hinten aus der S-Bahn aus, so kann ich zwar den orientalischen Basar durchqueren, der sich im Zugang befindet, muß dann aber draußen auf der Grünauer Straße beim Warten auf die Tram den Mief des MIVs einatmen, des motorisierten Individualverkehrs. Wie auf einer vielspurigen Autobahn quillt es an mir vorbei, laut und hassenswert. Also steige ich lieber vorne aus und wende mich, zum Sterndamm hinuntergestiegen, nach rechts, wo sich die Wendeschleife der 21 und der 27 befindet. Die 28 fährt seit kurzem weiter nach Johannisthal, was also ein Nachteil für mich ist, denn vorn auf der Hauptstraße hält sie ja noch – auch kann ich unter Umständen eine früh gestartete 27 verpassen –, aber dennoch wähle ich lieber diese Variante, stehe ihretwegen sogar zehn Minuten früher auf, denn Wendeschleifen waren für mich schon immer Straßenbahnromantik pur. Die in Alt-Schmöckwitz, wo es um den Dorfanger herumgeht und außen alte märkische Häuschen stehen, mit viel Schinkel an den Fassaden, ist für mich die schönste von allen. Ein preisgekröntes Diorama ist das hier: das Kirchlein auf einer leicht ansteigenden Düne, der »Schmöckwitzer Krug« an der Ecke und herrlich wilhelminisch im verschnörkelten Backstein die Feuerwehr, die Schule und die Wagenhalle der alten Uferbahn, in der heute die Kostbarkeiten des Denkmalpflege-Vereins Nahverkehr Berlin e. V. (DVN) zu finden sind. Bei denen bin ich als förderndes Mitglied eingetragen und bewundere ein jedes Mal, wenn ich in Schmöckwitz bin, den historischen Triebwagen 10 der »Städtischen Straßenbahn Cöpenick«.

Doch zurück zur Wendeschleife in Schöneweide hinterm S-Bahnhof. Sie führt durch verwildertes Buschwerk, und müßte ich sie ablaufen, wäre mir doch ein wenig bange. Wenn ein ankommender Tatra-Zug in sie einbiegt, scheint er wie in einem Schwarzen Loch für immer zu verschwinden. Kommt er nach langer Zeit doch wieder hervor, hat er die Wahl zwischen drei Aufstellgleisen. Obwohl links von mir die hochmodernsten Busse ankommen, wenden und wieder starten, fühle ich mich wie auf einem gottverlassenen Bahnhof der »Southern Pacific«. *The time stood still.* Wie im Depot stehen ein Solotriebwagen der Linie 21 und ein Tatra-Doppelzug der Linie 27 nebeneinander. Orangerot noch ihre schmalen, kantigen Gesichter. Die Fahrer sind ausgestiegen und haben sich irgendwo in der Pampa verloren. Fahrpläne hängen zwar im Wartehäuschen, haben aber offensichtlich keine andere Funktion als die, für ein schöneres Ambiente zu sorgen. Aber das ärgert mich nicht. Zu schön ist das morgendliche Mañana-Gefühl. Oben auf dem Bahnhof starten die Regionalbahnzüge ins südliche Umland. Irgendwann kommt der Fahrer auch zurück. Beim letzten Spanienurlaub muß er sich von seinen Servicio-Playa-Kollegen einiges abgeschaut haben. Ich betätige den Türöffner, überwinde meine Höhenangst, steige ein und entscheide mich für einen Einzelsitz rechts. Die Kunststoffschalen bieten den Sitzkomfort eines leicht ausgehöhlten Stahlblocks. Dafür ist es neben meinem rechten Fuß so heiß wie auf einer Ofenplatte, und ich kann mich schnell wieder aufwärmen. In diesem September ist es kälter als manchmal zu Weihnachten. Ab geht es. Mit Karacho durch die erste Linkskurve, unter der S-Bahn hindurch und wieder nach links in die Grünauer Straße. Hier nun stehen die Massen, und ich freue mich, daß ich meinen Platz schon habe und nicht um einen kämpfen muß. Ewig müssen wir warten, bis die weißen Lämpchen an der Ampel umspringen und wir die Ausfallstraße nach Süden, die B 96, überqueren und in die schmale Brückenstraße einfahren können.

Die Wartezeitverluste an Lichtsignalanlagen, die sogenannten Ampelverlustzeiten, seien in Berlin, wie ich im ›Signal‹ gelesen habe[13], mit durchschnittlich 20 Prozent der Fahrzeit bis zu zehnmal so hoch wie anderswo. Ja, die Berliner Verkehrssenatoren waren halt immer die schwächsten in der regierenden Politikerriege und zudem pathologisch vom MIV berauscht. O Wunder aber, es geht dennoch weiter, wenig später auf der Treskowbrücke über die Spree hinweg. Aus meinen Kindertagen, wo ich hier mit der 95 auf dem Wege von Neukölln nach Köpenick den Fluß überquert habe, hat sich die Angst erhalten, daß die Brücke gerade in diesen Sekunden einstürzen könnte und ich dann … Ein wenig bleibt mir der Atem weg. Links und rechts tauchen die gelben Backsteinbauten eines versunkenen Imperiums auf: Hier war die AEG zu Hause, hier hat mein Onkel Helmut als Karusselldreher gearbeitet. Meine erste freudige Annahme, daß er auf einem Rummelplatz tätig sei, wurde damals leider widerlegt: Ein Karusselldreher sei ein Facharbeiter an einer Drehbank, nur drehten sich bei ihm riesige Werkstücke wie auf einem Karussell und würden dort und auf diese Weise vom Stichel erfaßt und in die vorgesehene Form gebracht.

Vor mir biegt eine entgegenkommende 26 nach rechts ab, um über die Wilhelminenhofstraße in Richtung Köpenick, Krankenhaus zu enteilen. Wir sind in Oberschöneweide, von einem Kollegen »Oberschweineöde« genannt. Ich finde es »typisch« hier, angenehm kleinstädtisch. Gott sei Dank, keine Fußgängereinheitszone wie in zahllosen nord-, west- und süddeutschen Kommunen, und auch keine Plattenbauten. Die neuen Läden mit ihren schrillen Farben lassen die Tristesse – entstanden aus frühkapitalistischer Armut wie DDR lichem Verfall – erträglich werden. Im Bogen rauschen wir die Edisonstraße hinauf zur Rummelsburger Straße, hinter der wir einen Ausläufer der alten Wuhlheide durchschneiden. Verlassene sowjetische Kasernen bestimmen das Bild, ehe rechts die Trabrennbahn Karlshorst die Blicke auf sich lenkt. Auch hier sieht man keinen Menschen.

Erst am S-Bahnhof Karlshorst, vor »McDenni's Broilerhaus«, ist wieder etwas los. Als wir halten und ich links das Schild der Dönhoffstraße sehe, zucke ich zusammen, denn per Zeitmaschine bin ich eben im Jahre 1941 an dieser Stelle gelandet. Ich sehe Paul Ogorzow, die Aktentasche in der Hand und im schwarzen Reichsbahnermantel. Er kommt die Straße herunter, überquert die Treskowallee und hastet die Stufen zur S-Bahn hinauf. Will er wirklich zu seinem Arbeitsplatz im Bahnbetriebswerk Rummelsburg, wo er im

Stellwerk Vnk seinen Dienst versieht, oder aber will er... Eben sind wir an der Wandlitzstraße vorbeigekommen, der früheren Prinz-Heinrich-Straße, und da hat er am 4. Dezember 1940 die 19jährige Arbeiterin Irmgard F. ermordet. Insgesamt hat er hier im Raum Rummelsburg, Friedrichsfelde und Karlshorst sowie an der S-Bahnstrecke nach Erkner acht Frauen ermordet. Dazu kommen weitere sechs Mordversuche und 31 versuchte bzw. vollendete Sittlichkeitsverbrechen. Als Reichsbahnbeamter und NSDAP-Mitglied wie als vorbildlicher Ehemann und zärtlicher Familienvater war er bestens getarnt; seine Kenntnisse vom S-Bahn-Betrieb, die nächtliche Verdunklung und seine bauernhafte Schläue haben ihm geholfen. Die fähigsten Kriminalbeamten des Reiches haben ihn über viele Monate hinweg vergeblich gejagt, schließlich aber doch überlisten können. Am 25. Juli 1941 ist er dann in Plötzensee hingerichtet worden. Im Roman ›Wie ein Tier‹ habe ich versucht, Paul Ogorzows Leben auszuloten, und auch in der Festschrift zum 100jährigen Bestehen von Karlshorst habe ich über ihn berichtet[14]. In der Dorotheastraße 24 hat er gewohnt – und dies ist die nächste Haltestelle meiner 27.

Ich kehre ins Hier und Heute zurück. Es geht durch Karlshorst hindurch, die FHTW (Fachhochschule für Technik und Wirtschaft) taucht auf, der Tierpark mit der U-Bahnstation. Noch die Haltestelle Criegernweg, dann erblicke ich vorne links den spitzen Turm der Friedrichsfelder Kirche Zum Guten Hirten und steige aus, plane jedenfalls, beim Halt des Zuges auszusteigen. Die Haltestellen werden weder ausgerufen noch auf einem Display grün auf schwarz angekündigt. Man muß sich seine Ortskenntnis schon selbst mitbringen. Ich stehe also rechtzeitig auf und hangele mich wie ein Gorilla – was ja naheliegt, weil meine Haltestelle Am Tierpark heißt – in Richtung Tür. Dabei keimt der Verdacht in mir auf, daß diese Tatra-Züge eine Erfindung der Autobauer sind. Wäre ich Autoverkäufer, würde ich meine potentiellen Kunden zu einer kurzen Fahrt in der 27 einladen, und sie würden nicht nur einen neuen Wagen kaufen, sondern sogar noch einen Aufpreis zahlen.

Nun hält die Bahn. Mein Gefühl, daß sie vorn auf ein gewaltiges Hindernis geprallt ist, einen Felsbrocken etwa, trügt, denn da liegt wirklich nichts. Von alleine geht meine Tür nicht auf, ich muß auf den Öffner drücken. Als sie aufklappt, starre ich in einen Abgrund. Tief unten zieht sich grauschwarz die Fahrbahn entlang. Ich leite meinen Abstieg ein, pralle aber, kaum daß ich etwas weiter unten auf der Stufe stehe, entsetzt zurück, denn mehrere Autos rasen vorbei. Schön, daß Michael Schumacher und Damon Hill heute zum Training nach Berlin gekommen sind. Zwar müßten die Autofahrer halten, aber das steht nur eben mal in der Straßenverkehrsordnung, völlig unverbindlich für sie. Die meisten bremsen nicht, wenn sie eine Tram auf die Haltestelle zurollen sehen, sondern geben im Gegenteil noch einmal kräftig Gas, um schon vorbeizusein, wenn die ersten Fahrgäste herabgeklettert kommen. Kann sein, daß sie auf die noch vorhandene hohe Reaktionsgeschwindigkeit dieser Menschen bauen, denn wer über 30 ist, sollte die Tatra-Züge ohnehin meiden. Ich überlebe, weil ich einmal Hundertmeterläufer und Weitspringer war. Schweratmend sehe ich den orangefarbenen Zug in Richtung Norden entschwinden.

Auf der Rückfahrt erwische ich einen der sonnengelben Tatra-Züge, die inzwischen aus dem Straßenbahnjungbrunnen Mittenwalde zurückgekommen sind. »Am 31. Januar 1994 war es endlich auch in Berlin soweit: Der erste modernisierte Tatra-Zug wurde mit dem symbolischen Durchschneiden eines (sonnengelben) Bandes auf die erste Linienfahrt geschickt.«[15] Die Mittenwalder Gerätebau GmbH (MGB) verkündet in großformatigen Anzeigen das ganze Programm[16]: »Mittenwalde für Berlin: Straßenbahn-Modernisierung – 118 Triebfahrzeuge vom Typ T 6 A2 und 59 Beiwagen vom Typ B6 A2 werden es bis 1996 sein, die von der Mittenwalder Gerätebau GmbH instandgesetzt werden und nach umfangreicher Modernisierung der BVG übergeben worden sind. Damit weiter gilt: Zur Straßenbahn gibt es keine Alternative.« Als Neuerungen werden u. a. aufgeführt: Außenschwingtüren, gepolsterte Fahrgastsitze, optische und akustische Fahrgastinformation und Drehgestelle mit modernisierter Federung.

Als die Tram herangerollt ist, bin ich verwirrt. Zwar scheint es sich um ein gänzlich neues Modell zu handeln – sonnengelb statt orange die Farbe, rechteckig statt rund die Scheinwerfer vorn, und statt ewig verrutschter Bänder und viel zu kleiner Buchstaben in der Zielanzeige nun ein breites elektronisches Display –, aber dennoch ist es immer noch der alte Tatra-Kasten, und ich muß weiterhin mühsam nach oben klettern. Doch als der Wagen dann anfährt, singen die Motoren wohltuend leise, und ich habe das bekannte Berliner Gefühl, »als wennste schwebst«. Kaum glaublich, aber wahr: Es ist fast schon wie im ICE. Auch das Ambiente ist gemessen am vorherigen Zustand der Wagen geradezu feudal zu nennen, zumindest kanarienvogelbunt: »Gelb sind die Haltestangen, grün die normalen Bedienelemente und rot die Notbedienelemente. Die Seitenwände, die Decke mit den beiden Leuchtbändern und den darin integrierten Lautsprechern, der rutschsichere Bodenbelag sowie die glasfaserverstärkten, velourgepolsterten Kunststoffschalensitze auf Stahlrohrgestängen sind farblich aufeinander abgestimmt. Die Sitzbezüge selbst wurden in einem lebhaft bunten Muster gehalten, um möglichst wenig Anreiz für Farbschmierereien zu bieten. (...) Das Türenschließen wird durch ein akustisches Signal angekündigt.«[17]

Ich möchte wetten: Wer im modernisierten statt im originalen Tatra-Wagen durch Berlin fährt, bekommt ein Lebensgefühl, das um viele Grade positiver ist. So einfach ist es, Menschen glücklich zu machen. Vergessen wir die Millionen, die das gekostet hat.

Die gute alte Elektrische ist also auch in Berlin wieder im Kommen, und am zukunftsträchtigsten kommt sie uns als Niederflur-Tram mit der Typenbezeichnung GT6N daher.

»Unter den tiefschürfenden Titel ›Tram tam tam‹ stellte die BVG umfangreiche Feierlichkeiten vom 26. bis 28. August 1994. Der Anlaß: die Inbetriebnahme der ersten vier Niederflur-Gelenkwagen für den Fahrgastverkehr auf der Straßenbahnlinie 20 (Eberswalder Straße – S-Bahnhof Warschauer Straße). (...) Damit hat in Berlin als 17. Stadt der Bundesrepublik (davon sechs in den neuen Bundesländern) endlich ein Straßenbahnfahrzeug mit niedrigem Wagenfußboden Einzug gehalten. (...) Die Haltestellen haben dabei einen 220 mm hohen Bahnsteig erhalten, so daß beim Einstieg nur ein Höhenunterschied von 80 mm zu überwinden ist.«[18] Nun denn, so ist mein Lebensabend endlich gesichert, und ich kann mich darauf einrichten, anders zu sterben als durch einen Sturz aus der Tatra-Tram. Taramtamtam! Und Berlin an 17. Stelle ... Was sind wir doch gut! Aber immer noch besser als die Plazierung von Hertha BSC beim Fußball, rechnet man beide Ligen zusammen – denn da kommt im Augenblick nur Platz 30 heraus (18 + 12; Stand 30. September 1996).

Doch wie Hertha BSC, so wurde auch die neue Superbahn zunächst einmal mit Hohn und Spott überschüttet, denn »leider wiederholte sich, was schon am ersten Einsatztag passierte: Mehrfach entgleisten die Züge ...«[19] Dennoch kann die Überschrift aus dem Straßenbahn-Magazin[20] nicht fett genug wiedergegeben werden: **Die Tram fährt wieder in den Westen.** Und im Text taucht auch das alte Zauberwort auf: Die Elektrische. Weiter heißt es: »Bereits im Jahre 1953 war die damalige Straßenbahnlinie 3 zum letzten Mal vom Prenzlauer Berg über die Bösebrücke nach Westen in den Wedding gefahren. Von 1967–1995 blieb die Straßenbahn dann völlig auf den Ostteil Berlins beschränkt. Heute verkehren über die Bösebrücke auf der um einen 2,7 km langen Neubauabschnitt verlängerten Linie 23 modernisierte Tatra-Züge von der Revaler Straße zum Louise-Schroeder-Platz, auf der neuen SL 24 zwischen Sulzfelder Straße und Louise-Schroeder-Platz modernste Niederflurgelenkzüge des AEG-Typs GT6N.«

Ich kann auch, denke ich, mit der 24 nach Friedrichsfelde fahren, und tue es spontan, um den Höhenflug mit den Niederflurtriebwagen selber zu erleben.

Bornholmer Straße verlasse ich die S-Bahn, die S 1. Oft tue ich das, um mit der S 8 oder der S 10 über den Nordring nach Ostkreuz und von dort weiter nach Friedrichsfelde zu kommen, wobei die Bösebrücke als Übergang dient. Dabei ist es immer so krachendvoll, daß man eigentlich eine längere Karriere als Profi in der American Football League brauchte: Selbst rempeln oder pausenlos angerempelt werden, das ist hier die Frage. Viele Zeitgenossen, insbesondere die männlichen Kids mit ihren umgeschnallten Rucksäcken, verhalten sich so, als ginge es um den letzten Flug aus dem eingeschlossenen Stalingrad. Heute aber kann ich den nördlichen Aufgang nehmen, und hier ist es lange nicht so voll. Im alten Bahnhofsgebäude riecht es sogar nach Lavendel und nicht, wie zu erwarten war, nach Erbrochenem, Urin und anderen Fäkalien. Welch Wunder in Berlin! Auch die alten Fahrkartenschalter sind noch vorhanden, den größten Teil füllt heute eine Croissanterie. Ein Stück ist noch über die Brücke zu gehen. Links unten dehnt sich eine riesige Baustelle. Das »Nordkreuz« soll hier entstehen, die kreuzungsfreie Einfädelung aller S- und Fernbahnlinien aus Süd, Nord, Ost und West. Ich frage mich, ob ich das noch erleben werde, daß hier die Züge wie auf einer irrwitzigen Modellbahn vorüberhuschen.

Die Bornholmer Straße ist eine lange Gerade, wie mit dem Lineal gezogen. Als ich sie in Richtung Westen hinunterblicke, erkenne ich die Haltestelleninsel der 23 und der 24. Es ist ein kleiner Bahnsteig, der mich an die Straßenbahn Bonn – Bad Godesberg erinnert. Das ist lange her, 1969, als ich im Bundespresseamt geforscht habe. Schön, daß Berlin so schnell den Anschluß an den modernen ÖPNV gefunden hat (ÖPNV – welch fürchterliches Wort für eine gute Sache). Ich bediene die Bedarfsampel, gelange sicher zur Straßenmitte und warte auf die neue Bahn, gespannt wie beim ersten Rendezvous, wenn man sich vorher nur per Bild gesehen hat. Die Gleise sind auf Beton verlegt, Schotter gibt es keinen und somit auch keine Kippen, Blechbüchsen und Trinktüten zwischen Schienen und Schwellen. Das habe ich noch nie zuvor gesehen und staune gehörig, hatte ich doch immer gedacht, das gehörte unauflösbar zusammen.

Da kommt die neue Schöne. Ich bin ein wenig enttäuscht von ihren Reizen, denn in Grenoble, Straßburg und anderswo bin ich Gesichtern begegnet, die mich wesentlich mehr fasziniert haben. Gleichviel, ich habe ja eine Monatskarte und fahre quasi umsonst.

Die Tür schwingt auf, und eine junge Frau schiebt einen Kinderwagen so mühelos heraus wie etwa aus einem Fahrstuhl. Voll cool, die neue Bahn. Echt geil, ey! Super! Wahnsinn!

Es gibt nur noch einen freien Sitz, gleich vorn in Fahrtrichtung links, auf einer Zweierbank. Ich quetsche mich hindurch und komme gegenüber einer jungen Frau zu sitzen, die richtiggehend klein und zierlich ist. Und obwohl ich nun ganz sicher auch kein Riese bin, nur 176 cm groß, weiß ich nicht, wohin mit meinen Knien, Beinen, Füßen. Ich habe wirklich nichts im Sinne außer Straßenbahn, und trotzdem riskiere ich in jeder Sekunde eine Anzeige wegen sexueller Belästigung, denn es ist völlig unmöglich, mit seinem Gegenüber nicht andauernd Hautkontakt zu haben, zumindest aber Hosen-, Rock-, Schuh- oder Strumpfkontakt. Jetzt verstehe ich, warum diese Züge 3 Millionen Mark gekostet haben: Eine solche kontaktstiftende Enge hat halt ihren Preis.

Auch mein zweites Aha-Erlebnis läßt nicht lange auf sich warten: Aha, hier drin sieht es genauso aus wie in den modernisierten Tatra-Zügen! Hellgrau dominiert, die Sitze sind graublau-schwarz gemuschelt und mit ihren gelben, blauen und roten Punkten hübsch anzusehen. Die knallgelben Haltestangen, waage- wie senkrecht reichlich angebracht, lassen an einen Gorillakäfig denken. Die BVG – Ihr Spezialist für Tiertransporte. Nun turnt man schön! An der Fahrerkabine lese ich, daß dieser Transporter zugelassen ist für: Stehplätze 94, Sitzplätze 58. Umgekehrt erschien es mir klüger. »Auskunft bei Halt« steht noch angeschrieben. Ich frage aber lieber nicht.

Als sich die Türen schließen, gibt es wie bei U- und S-Bahn ein kleines Konzert. Wir fahren los, gleiten dahin. Wunderbar. Über die Brücke geht es eingleisig hinweg, um genügend Platz für die Autos zu lassen, aber holprige Weichen hat es dennoch keine: Die beiden Gegengleise sind genial mit- und ineinander verschlungen. Es ist wirklich wie im ICE, nur daß wir viel schneller an Tempo gewinnen. Kaum sind wir aber über die Brücke hinüber und sehen links die alte Vor-der-Wende-Wendeschleife an der Björnsonstraße, da halten wir schon wieder, und nun folgt für mich die nostalgische Sensation des Tages: Der Fahrer kommt aus seiner Kabine heraus, hält ein kleines rotes Weicheneisen in der Hand und steigt aus, um die Weiche per Hand zu stellen. Das gibt es doch nicht! Doch, das gibt es.

Weiter geht es, von der Bornholmer wechseln wir in die Wisbyer Straße. Eine erotische Frauenstimme haucht die Haltestellennamen. Schade, daß die Dame nicht als Stewardeß mit uns an Bord gekommen ist. Als ich nach hinten in den Wagen blicke, kommt er mir viel enger vor, als ich das von außen angenommen hätte. Das liegt wahrscheinlich am Vergleich mit U- und S-Bahnwagen, wo immerhin Platz für 2 + 2 Quersitze ist, hier aber sind nur 2 + 1 möglich. Ein wenig klobig wirkt das Ganze auch durch die Kästen, unter denen sich Räder und Antrieb verbergen. Aber das ist halt der Preis der Niederflurtechnik.

Auf eigenem Bahnkörper geht es mit Transrapid-Schnelle voran (Gott verdamme diesen unnutzen Scheiß von Schwebezug!). Die Schönhauser Allee mit ihrer Hochbahn taucht auf. Ärgerlich sind nur die langen Wartezeiten an den Ampeln. Auch beim schönsten Verkehr vergeht einem die Lust, wenn andauernd ein Zwangsinterruptus angesagt ist. Als wir auf dem Weg zur Kreuzung Prenzlauer Allee/Ostseestraße immer schneller werden, gibt es einen leichten Pfeifton an Bord, der mich an einen beginnenden Tinnitus denken und erschreckt in beiden Ohren bohren läßt. Ob wieder irgend etwas mit der neuen Technik nicht stimmt? Wird alles auseinanderfallen, bleiben wir auf freier Strecke liegen? Nein, werden wir schon nicht, und als kennte man meine Befürchtungen, wird mir per Elektronik immer wieder versichert »Wagen hält!«

Obwohl eingeborener Berliner, weiß ich so langsam nicht mehr ganz genau, wo ich jetzt bin. Zwar erscheinen im Display schön gelb und deutlich die Haltestellennamen, und auch die erotische Stewardeß macht weiterhin ihre Ansagen vom Band, doch für einen Ortsfremden ist das zu wenig: Ansagen über Umsteigemöglichkeiten gibt es nicht. Und die vermisse ich sehr, denn mit Schrecken merke ich, daß ich heute morgen mit schnellem Blick auf den Plan offensichtlich die 23 und die 24 miteinander verwechselt habe. Nun stecke ich irgendwo im tiefsten Weißensee. ›Lost in France‹ ... Der alte Schlager fällt mir wieder ein. Nun, so in Panik, daß ich die rote Notbremse ziehe müßte, gerate ich nicht, aber immerhin ... Ich muß um 10 Uhr 15 im Hörsaal sein, um junge Menschen glücklich zu machen. Am allerglücklichsten wären sie natürlich, wenn ich hier verlorenginge und alles ausfallen würde. Ich höre Stimmen: »Warum fragst du denn nicht?« »Weil das unter meiner Würde ist.« Ich hoffe und bete, daß irgendwann einmal eine S- oder U-Bahn kommt. Wie ein verlorener Seemann nach dem Polarstern, so suche ich nach blauen oder grünen Schildern. Das Netz von U- und S-Bahn habe ich im Kopf, kenne fast alle Stationen in der richtigen Reihenfolge, wüßte also auf der Stelle Bescheid. So aber scheint mir die Sache hoffnungslos. Als Kind hätte ich jetzt geweint. Zumal die Gegend, durch die wir nun fahren, bestens für einen Kriminalroman geeignet ist: verlassene Straßen, zerhackte Häuserfronten, verfallene Gebäude, leere Fabriken, unübersichtliche Lagerplätze, Höfe voller Gerümpel, Schutt und Schrott, gewundene Gassen, die sich im Nichts verlieren. Hin und wieder gibt es verwinkelte Häuschen, originell verbaut, und ich muß an ›David Copperfield‹ denken und an Tati's ›Mein Onkel‹. Ach so, in London bin ich plötzlich, in Paris. Auch Friedrich Dürrenmatts Geschichte kommt mir in den Sinn, ›Der Tunnel‹, wo eine vollbesetzte Eisenbahn abstürzt ins Nichts: »Gott ließ uns fallen, und so stürzen wir denn auf ihn zu.«[21] Die Urangst ist sekundenlang da: Wer bin ich, wo bin ich, was bin ich, was mache ich hier?

Das Naheliegende fällt mir nicht ein: einfach mitzufahren bis zur Endhaltestelle und dann ganz einfach retour bis zum Ausgangspunkt. Nein, ich verliere die Nerven und springe an der nächsten Haltestelle aus der Bahn. Friesickestraße lese ich. Nie gehört. Wer war Friesicke? Nur das Städtchen Friesack kenne ich. Das hier ist doch unmöglich Berlin. Ein Witzbold hat mich in eine ostdeutsche Kleinstadt gebeamt.

Die Rettung naht in Gestalt eines anderen Niederflurwagens, der gerade aus der Gegenrichtung kommt, und dessen Ziel Wedding/Louise-Schroeder-Platz lautet. Wedding – o vertrautes Wort, wie lieblich ist dein Klang! Ich hetze auf die andere Straßenseite und steige ein. Geschafft! Als ich wieder bei Sinnen bin und mir die Haltestellenschilder begucke, fällt mir auf, daß wir ja noch immer parallel zur 23 fahren, der Linie, die ich brauche, um zum U-Bahnhof Frankfurter Allee zu kommen. In der Wisbyer Straße steige ich dann aus, gehe auf die andere Seite hinüber, warte auf die 23 und erreiche auch glücklich mein Ziel – um ein Erlebnis reicher, das man sonst nur im Urlaub und in fremden Ländern hat.

Ja, hätte ich doch nur die Netzspinne der Tram ebenso im Kopf gehabt wie die der S- und U-Bahn (oder wenigstens in der Tasche).

Betrachte ich sie nun – das Wort »Tram« will mir, wie wohl allen Berlinern, noch immer nicht so recht über die Lippen –, so läßt sich ob der ostereierbunten Farben schon wieder jauchzen. Im VBB-Atlas 96/97 zähle ich 28 innerberlinische Linien, wozu noch die oben beschriebenen zwei Umlandlinien kommen. Das ist doch schon eine ganz stattliche Zahl (die 6 ViP-Linien des Berliner Vorortes »Landeshauptstadt Potsdam«

nicht mal mitgezählt). Vom hohen Norden, von Rosenthal, kann man durchgehend mit der Elektrischen in den tiefsten Südosten, das heißt nach Schmöckwitz fahren, was sich, nennt man die Linien, die dazu nötig wären, wie beim Roulette anhört: 53, 23, 27, 26, 68. Nur aneinandergereiht kommt man dabei auf eine reine Fahrzeit von 118 Minuten, in Wirklichkeit sind es bei viermaligem Umsteigen und Warten auf die Anschlußlinie und oftmals von Autos blockierten Kreuzungen an die zweieinhalb Stunden, was etwa der Flugzeit nach Mallorca entspricht. Aber schön ist es doch, weil man so seine Stadt am intensivsten erfährt und viel mehr sieht als nur die grenzenlos öde Freiheit über den Wolken. Und bald sollen ja viele neue Linien hinzukommen: *The tram goes west.*

Als Abonnent des ›Signals‹, herausgegeben vom Berliner Fahrgastverband IGEB, und der ›Berliner Verkehrsblätter‹ teile ich natürlich den Zorn all derer, die dem Berliner Senat vorwerfen, die Straßenbahn nicht sonderlich zu mögen. Warum das so ist, läßt sich nur erahnen. Vielleicht, weil die U-Bahn-Baufirmen – die »Berliner Beton-Mafia« – die regierenden Parteien ansonsten nicht mehr so kräftig fördern könnten, vielleicht um die Stimmen der Autofahrer nicht zu verlieren und ewig das Lamento des ADAC auszulösen, man baute zuwenig Straßen und Autobahnen in Berlin, oder vielleicht auch nur als Folge des rigiden Anti-Straßenbahndenkens der Beamten und Politiker, wie es für Westberlin so typisch war und ist. Überschriften wie »Tram-Demontage schreitet voran«[22] (mit der These, daß man neue Fahrzeuge nicht in ausreichendem Maße bestellte und die Instandhaltung und Modernisierung des bestehenden Netzes bewußt vernachlässigte, um nach der 84 noch weitere Linien stillegen zu können), »Berlins Verkehrssenator legt offen, wie er den Tram-Ausbau blockieren will«[23] oder »›Anti-Tram-Politik‹ in Berlin«[24] bestimmen die Berichterstattung.

Nun schön, Narren wie mich, die am liebsten in jeder etwas größeren Straße eine Trambahn haben würden, kann man auch nicht ganz ernst nehmen, aber mehr wäre da schon besser, denn: »Strassenbahn fährt im Licht & Strassenbahn stinket nicht.« So ein Aufkleber. Vor allen Dingen ist sie aber auch viel billiger als eine U-Bahn. Für einen Kilometer U-Bahn lassen sich mehr als zehn Kilometer Straßenbahn bauen. »Tra(u)mstadt Berlin« lautet eine Überschrift im empfehlenswerten Berlin-Special des ›Straßenbahn-Magazins‹[25], wo darauf hingewiesen wird, daß Berlin in Deutschland noch immer das größte Tramnetz aufweist, und in Europa gleich nach Wien, Prag, Budapest und St. Petersburg rangiert. Etliche Netzerweiterungen hat man geplant, darunter die Verlängerung der von mir abgefahrenen Strecke bis zum U-Bahnhof Seestraße bzw. Eckernförder Platz, eine Linie Prenzlauer Tor – Alexanderplatz – Leipziger Straße – Kulturforum, eine Verlängerungsstrecke am Alexanderplatz, eine Neutrassierung am Hackeschen Markt, eine neue Linie Eberswalder Straße – Lehrter Bahnhof und eine neue Linie in der westlichen Friedrichstraße[26]. 120 Niederflurfahrzeuge sind von der BVG inzwischen bei ADtranz in Hennigsdorf bestellt worden, und Siemens bietet mit seinem »Combino« ein Konkurrenzfahrzeug an[27].

Gleichviel; was ich mich frage, ist dies: Gibt es heute in Berlin noch Kinder, die in fünfzig Jahren von der Straßenbahn der neunziger Jahre als ihrer großen Liebe sprechen werden? Wird eines von ihnen ein Buch schreiben, das so ähnlich ist wie dieses? Wird es sagen: Das Fahren mit der Straßenbahn war nicht der bloße Zweck, von A nach B zu gelangen, sondern war wie ein aufregender Film, war mal pralles Erleben und mal kontemplatives Dahingleiten durch meine Stadt, durch meine Zeit, durch meine Welt, war süßer Teil meiner Kindheit und Jugend, hat mich reich gemacht?

Das ist es, was ich hoffe.

»Einsteigen bitte, Türen schließen!«

S-Bahn-Erinnerungen

Der Mythos S-Bahn und einige Daten

Die Berliner S-Bahn ist nicht nur ein Verkehrsmittel, sondern auch ein Lebensgefühl, ihre Benutzung nicht nur eine rationale, sondern auch eine kultische Handlung. Sie ist viel älter als die S-Bahn aller anderen deutschen Städte, Hamburg einmal ausgenommen, und hat wesentlich mehr sowohl an persönlichen Geschichten als auch an deutscher Geschichte zu bieten. Dies kommt der Berliner Mentalität sehr entgegen: »Ätsch, det habt ihr nich!« Die anderen haben keinen Kaiser Wilhelm gehabt, jedenfalls nicht permanent in ihren Mauern, keine Reichskanzlei, keine Tunnelsprengung, keine Blockade, keinen Ulbricht und keinen Honecker, keine Mauer und keine Wiedervereinigung, hautnah und täglich. Und keinen Vollring mit einer knappen Stunde Fahrzeit, eine Strecke ohne Ende, ein sich immer wieder schließender Kreis. Und keine Museumszüge, die nach fast siebzig Jahren noch immer im Plandienst verkehren, wie sonst in Europa nur die Lissabonner Straßenbahn.

Für all das steht die Berliner S-Bahn. Ohne sie wäre Berlin nicht eigentlich Berlin. Ohne ihr »Ööööööööh«, wenn sie anfährt, ohne ihren Geruch von Öl und Bremsstaub, ohne ihre Schmuddligkeit, ohne ihre skurrile Vielfalt. Aber davon weiter unten mehr. Kehrt man von langer Reise zurück, so fühlt man sich sofort wieder zu Hause, wenn man draußen vor den Toren den ersten Zug seiner S-Bahn sieht. S-Bahn ist Heimat im besten Sinne.

Zum besseren Verständnis des vorliegenden Kapitels will ich Ihnen an dieser Stelle einige Daten zur Berliner S–Bahn-Geschichte nennen.

Kleine S-Bahn-Chronik

1871/77: Bau der Berliner Ringbahn als Verbindung zwischen den verschiedenen Fern-/Vorortstrecken.

1882: Inbetriebnahme der Stadtbahnstrecke zwischen Schlesischem Bahnhof und Charlottenburg.

1910: Abschluß des viergleisigen Ausbaus der Ringbahn

1924: Nach ersten Probeläufen vor dem Ersten Weltkrieg Beginn des Gleichstrom-S-Bahnbetriebs auf der Strecke Bernau – Stettiner Vorortbahnhof.

1927/29: »Die große Elektrisierung« der Stadt-, Ring- und Vorortstrecken.

1935: Teileröffnung der unterirdischen Nord-Süd-Bahn zwischen Stettiner Bahnhof und Unter den Linden.

1943: Das elektrifizierte S-Bahnnetz hat eine Länge von 285 Kilometer erreicht, in diesem Jahr werden 737 Millionen Menschen transportiert.

1945: Nach der Einstellung des S-Bahnbetriebes in den letzten Kriegstagen fahren ab 6. Juni die ersten Zugpaare wieder zwischen Wannsee und Großgörschenstraße. Bei größeren Teilstrecken erfolgt die Wiedereröffnung stets mit girlandengeschmükkten Triebwagenköpfen. In den Fenstern gibt es Pappe statt Glas.

1949: Das 25jährige Jubiläum des elektrischen S-Bahnbetriebs wird feierlich begangen, und auf großen Transparenten – weiß auf rot – steht: »Ueber alle Sektorengrenzen hinweg rollt Deine S-Bahn«.

1956: Mit Inbetriebnahme der Strecke nach Strausberg Nord hat das elektrifizierte Streckennetz eine Länge von 344,7 km erreicht.

1961: Mauerbau mit Trennung des Berliner S-Bahnnetzes und S-Bahn-Boykott in Westberlin.

1980: Nach einem Streik Westberliner Eisenbahner kommt es zur Betriebseinstellung auf etwa der Hälfte des Westberliner Netzes, d.h. von vormals 144,8 Kilometern Strecke werden nur noch 72,6 Kilometer befahren, von 78 S-Bahnhöfen werden nur noch 38 bedient. Ende 1983 sind auf diesem Rumpfnetz täglich nur noch 9000 Reisende unterwegs.

1984: Nach massivem Bürgerprotest für die S-Bahn Übernahme des S-Bahnbetriebs in Westberlin durch die Westberliner BVG.

Ab 1990: Nach der Wende sukzessive Wiedereröffnung der stillgelegten S-Bahnstrecken.

Also dann: auch wenn sich die erste Aufforderung an die Reisenden und die zweite an den Triebfahrzeugführer richtet: »Einsteigen bitte, Türen schließen!«

»Einmal 3. Klasse
Eichwalde – Schmöckwitz ...«

Mit der S-Bahn ins Paradies

So etwa muß sich mein erster Kontakt mit der Berliner S-Bahn vollzogen haben: Meine Mutter schiebt den Kinderwagen an den Fahrkartenschalter und beugt sich nach unten, um durch die runde Öffnung in der Glasscheibe laut und deutlich zu sprechen. Die Bahnbedienstete wendet sich zum Kartendrucker, zieht an einem Hebel ... und ein Stück gelber Pappe fällt in eine stählerne Schüssel. Die Preisstufe 2 oder 3 müßte es gewesen sein, denn wir wollten von **Treptower Park** nach Eichwalde fahren, wobei in Grünau noch in den Dampfzug umgestiegen werden mußte. Eichwalde-Schmöckwitz hieß der Bahnhof im Jahre 1938 schon nicht mehr, doch meine Mutter war es von früher her noch so gewohnt. Das Geld für eine Fahrt 2. Klasse hatten meine Eltern damals nicht, und mit der 86 von Grünau nach Schmöckwitz zu fahren, hätte etwas mehr gekostet. Also nahm sie die drei Kilometer Fußmarsch willig in Kauf, getröstet durch den Gedanken, daß die frische Luft mir guttun würde.

Wir stiegen ein, der Zug fuhr an.

Ööööööööh ... Da war es, das Geräusch der Elektromotoren, das man für immer und ewig in den Ohren behält. Der Sphärenklang für jeden S-Bahnnarren. Ööööööööh ... Immer heller, immer länger werdend. Man muß es nachmachen, bis keine Luft mehr in den Lungen ist. Das ist die Berliner Hymne schlechthin.

Zumeist stand meine Schmöckwitzer Oma schon in Eichwalde auf dem Bahnsteig, dem »Perron«, wie die Älteren noch sagten, um meiner Mutter beim Tragen des Kinderwagens zu helfen. Da die Bahntrasse in Eichwalde zu ebener Erde verlief (und verläuft), mußte man erst in die Tiefe steigen und dann auf steiler Treppe wieder hinauf, um auf die Straße zu gelangen.

»Mutti, ist das wieder 'ne Weltreise gewesen!« Ich höre meine Mutter noch heute stöhnen, denn wir wohnten damals in der Ossastraße – Hinterhaus, drei Treppen –, und bis zum Bahnhof Treptower Park waren es eben gute drei Kilometer zu Fuß. Später ging es dann mit der 95 oder der 98 zum Bahnhof Sonnenallee und mit der S-Bahn nur noch bis Grünau.

Sonnenallee (von 1938 bis 1945 Braunauer Straße, davor Kaiser-Friedrich-Straße) war also in meiner Neuköllner Zeit – 1938 bis 1968 – der Ausgangspunkt aller S-Bahnfahrten. Die Gleise liegen hier hoch auf dem Damm, und das Bahnhofsgebäude aus rotem Backstein erinnert an Stationen in Schleswig-Holstein oder Niedersachsen. Unzählige Male bin ich von hier nach Schmöckwitz gefahren, zum Paradies meiner Kindheit und Jugend – siehe die beiden Romane ›Brennholz für Kartoffelschalen‹ (dtv 20078) und ›Capri und Kartoffelpuffer‹. Stand man auf dem Bahnsteig, konnte man das Treiben auf der Saalestraße beobachten, aber auch den Blick über eine Industriebrache genießen, wie sie für Berlin so typisch ist: vergammelte Lagerhallen, rattenverseuchte Schrottplätze, rachitische Bäume und staubgraue Sträucher. Dazwischen der Neuköllner Schiffahrtskanal. Zu warten war auf den »Vollring über Papestraße«, der im weiten Bogen von Treptow her kam. Endlich tauchte er auf. In den fünfziger Jahren war es ein Zug der Baureihe 165, also ein Triebwagen mit vielen Nieten und den beiden Oberwagenlaternen, die wie die Fühler eines Marienkäfers aussahen.

Da niemand ausstieg, mußte ich die Klinken selber packen und die Türen auseinanderziehen, was mir mit einigem Stöhnen gelang, hatte ich zu Hause doch einen Expander, mit dem ich regelmäßig übte. Aber schön waren sie ja, diese wohlgeformten Gebilde aus Messing und später Aluminiumguß. Ohne sie wäre die S-Bahn nicht sie selbst. Michael Braun ist ihrer Geschichte – und der der Türen – mit all ihren Verästelungen nachgegangen und beschreibt, wie die bei der U- und Straßenbahn schon bewährte Klinke der Firma Kiekert auch bei der S-Bahn Einzug halten konnte: »Sie besaß in etwa Tropfenform und war – hängend – innen wie außen auf gleicher Höhe angebracht.«

Ach ja, die Türen. Was es da alles an Aufschriften gab. Draußen auf Emailleschildern zum Beispiel: »Raucher« (weiß auf rot) oder »Nichtraucher« (schwarz auf weiß). Und innen erst. Quer über der Tür: »Nichtraucher«. Dann auf dem linken Türflügel oben mit roten Buchstaben und im Kästchen: »Eigenmächtiges Aussteigen beim Halt auf freier Strecke untersagt.« Als Pendant dazu auf dem rechten Türflügel: »Nicht öffnen während der Fahrt – Lebensgefahr!« Und über der rechten Klinke dann senkrecht und wesentlich kleiner: »Das gewaltsame Offenhalten der Tür während des selbsttätigen Schließens führt zu schweren Türschäden und ist daher bei Strafe verboten/Tür schließen.«

Ich habe das über viele Jahre hinweg immer wieder gelesen und werde es noch auf dem Sterbebett runterrattern können, mich auch da noch darüber ärgern, daß alle Welt »automatisch« sagt, die Bahn aber ihre Türen penetrant »selbsttätig« schließen läßt, obwohl doch ihre Automaten auch nicht »Fahrausweisausgabeselbsttuer« heißen. Hoffentlich fällt diese Anregung nicht auf den sicher vorhandenen fruchtbaren Boden.

Bis **Neukölln**, wo ich umzusteigen hatte, war es nur eine Station, und es lohnte nicht, sich nach einem Sitzplatz umzusehen. Obwohl ich als Junge immer müde war und über bleischwere Beine klagte. Sie »jummerten«, wenn ich auch nur ein paar Meter lief. Meinen Freunden ging es ebenso. Laufen war eine einzige Qual für uns, und wir hatten ständig gewaltigen Durst. Da war es besonders ärgerlich, daß auf den Bahnhöfen an den Wasserhähnen meistens »Kein Trinkwasser« stand. Viele Klassenkameraden tranken trotzdem Unmengen davon, ohne irgendwie Schaden zu nehmen. Ich nicht, denn meine Mutter hatte mir geweissagt, daß ich zumindest Diphtherie, Ruhr oder Typhus bekäme, wenn nicht Schlimmeres. Wo man trinken durfte, hing über dem brunnenähnlichen Hahn das Schild: »Trinkwasser! Mißbräuchliche Benutzung u. Verunreinigung sind verboten.« Die häufigste mißbräuchliche Benutzung war, einen großen Schluck davon in den Mund zu nehmen, auf einen seiner Klassenkameraden zuzulaufen und es ihm ins Gesicht zu sprühen, zu spucken, zu prusten.

Noch zwei andere Warnungen nervten uns als Jungen, wenn unsere Eltern wußten, daß wir S-Bahn fahren wollten: Nicht auf die Stromschiene pinkeln (»Dann bist du sofort tot!«) oder aus der offenen Tür, wenn der Zug im Bahnhof hielt (»Dann knallt die plötzlich zu, und dir wird der Puscher abgeklemmt!«).

Die übliche Mutprobe war aber meistens nur, die Tür während der Fahrt zu öffnen und sich, an den Klinken festhaltend, weit hinauszulehnen. »Bis dir mal der Kopf abgetrennt wird!« Nur einmal habe ich es erlebt – also nicht das, sondern daß sich ein mir fremder Junge, ein »Halbstarker«, während der Fahrt am Sims bzw. am Wulst des Wagenkastens unten bis zum ersten Fenster entlanggehangelt hat, um seine Freundin durchs herabgelassene Fenster küssen zu können.

Fuhr ich mit meinen Eltern nach Schmöckwitz, dann gab es auf dem Bahnhof Neukölln des öfteren Zoff, denn irgendwie stach meinen Vater und mich ausgerechnet hier der Hafer, und wir spielten beide unseren kleinen Sketch ›Besuffski und Sohn mit der S-Bahn unterwegs‹.

Mein Vater rülpste und tat so, als müßte er sich auf die Gleise erbrechen, während ich ihn zurückzureißen suchte.

»Von die Bahnsteigkante weg, der Zug tut kommen!«

Meine Mutter, die ein Lyzeum besucht hatte und zu den besseren Kreisen gerechnet werden wollte, litt Höllenqualen und tat so, als hätte sie uns nie im Leben gesehen.

»He!« rief ich. »Mutta, jeh deinem Alten helfen, sonst fällta noch vor'n Zuch.«

»Ich muß mich ja schämen mit euch. Was sollen denn die Leute von uns denken ...?«

»Arbeita, meidet den Alkohol, kooft eu'an Schnaps im ›Konsum‹«, lallte mein Vater, der als ehrbarer Technischer Fernmeldeobersekretär sein täglich Brot verdiente und keinen Tropfen Alkohol getrunken hatte.

»Otto!«

»Ick hab mir so an dir jewöhnt«, sang mein Vater. »Vazeih ma noch mal.«

»Mir geht das nichts an«, sagte ich mit der Lieblingswendung meiner Kohlenoma.

Die anderen Fahrgäste lachten, und wir mußten nachher im Zug viel mit meiner Mutter schmusen, von jeder Seite einer, damit sie uns wieder verzieh.

Oft hatte ich auf dem Bahnhof Neukölln auf meinen Freund Gerhard zu warten. Der kam aus Wilmersdorf und saß schon im Zug nach Grünau. Seine Eltern hatten ein Grundstück in Karolinenhof, drei Straßenbahnhaltestellen vor Schmöckwitz, und manchmal war er unpünktlich, da seine Eltern ihn auch als Arbeitssklaven hielten und immer noch was einzuholen war. Heute klappte es einmal.

»Ich fahre gern mit dir zusammen.« Gerhard hatte gerade das Buch ›Wie gewinne ich Freunde?‹ gelesen und war tüchtig am Üben.

»Und ich fahre immer zusammen, wenn ich dich sehe.« Das hatte ich aus der Witz-Rubrik des ›Telegrafs‹, den in Westberlin fast alle SPD-Wähler lasen.

Der erste Kilometer auf dem Südring-Anhängsel nach Baumschulenweg war für mich immer mit ein wenig Herzklopfen verbunden, denn wie auf einer Achterbahn ging es höher und höher, und an der Ecke Mittelbuschweg und Niemetzstraße, wo wir nicht nur die Straße, sondern auch das darüber liegende nördliche Ringbahngleis auf einer kühnen Brücke überquerten, waren wir mindestens auf der Höhe des dritten Stocks eines Mietshauses. Wenn wir jetzt entgleisten und ... Ich schluckte.

In Fahrtrichtung rechts schwang sich tief unten ein Güter-gleis über den Neuköllner Schiffahrtskanal. Diese Brücke haben wir Jungen, vom Fußballtraining am Dammweg kommend, oft als Abkürzung benutzt. Ich immer mit weichen Knien und zitternd. Wenn da gerade ein Zug gekommen wäre ... Das ist noch heute einer meiner Alpträume.

Der Blick ging zur Grenzallee hinüber, zum ausgedehnten Laubengelände. Da haben wir vom 1. FC Neukölln von 1895, kurz: 95, öfter gegen Cimbria Fußball gespielt.

Köllnische Heide: In der Nähe dieses Bahnhofs wollten meine Eltern immer gerne eine Neubau-Wohnung haben, und hinten am Dammweg trugen wir die meisten unserer Heimspiele aus. Gegen Stern 89, Sperber, Südstern 08 oder Marathon. Ein alter Bunker diente als Umkleidekabine, und wenn man den Ball weit übers Tor drosch, landete er bei den Laubenpiepern auf dem Mittagstisch, was selten großen Beifall fand. Um zum Platz zu gelangen, mußte man den Sackführerdamm hinuntergehen, was uns pubertierenden Knaben sehr gefiel. Weniger schön war der Schulgarten am Dammweg, wo uns ein altgedienter Unteroffizier jede Liebe zur Pflanze auszutreiben suchte. »Die 5c raustreten zum Unkrautjäten. Marsch!« Es war wie in einer Sträflingskolonie. Immer wieder versuchten wir auszubrechen. Manchmal verfolgte uns der Aufseher bis zur S-Bahn. Welch Glück, wenn der Zug gerade kam und man hineinspringen konnte.

Lange vor dem 13. August 1961 waren hier schon hölzerne Seitenbahnsteige errichtet worden, um die Leute zur Kontrolle aus dem Zug zu holen, doch hat man sie meines Wissens nie benutzt.

Baumschulenweg: Ein Bahnhof, der mich schon immer fasziniert hatte. Im Garten meiner Oma in Schmöckwitz habe ich ihn öfter nachzubauen versucht, wobei nasser dunkler Sand – grauschwarze Eierpampe – als Beton zu dienen hatte. In Baumschulenweg gab (und gibt) es, neben dem kaum noch benutzten Bahnsteig für die Fernbahn, einen Bahnsteig mit je einem Gleis für die vom Südring und die von der Stadtbahn bzw. dem Nordring kommenden Züge. Spannend ist immer, welcher zuerst weiterfährt. Meistens sitzt man im falschen. In der Gegenrichtung, stadteinwärts also, fand (und findet) man hingegen nur ein Gleis und einen Seitenbahnsteig. »Was Menschengeist so vermag!« Wie meine Schmöckwitzer Oma immer sagte. Andererseits aber war und ist in Baumschulenweg auch auszusteigen, wenn man zum Friedhof an der Kiefholzstraße will, wo ein Teil meiner Vorfahren seine letzte Ruhestätte hat. So meine Kohlen- und meine Schmöckwitzer Oma. Auch Onkel Berthold, der zwölf Jahre im KZ gesessen hat, liegt hier. Gleich nach dem Krieg hatte er in Neukölln das Lebensmittelmagazin im Warenhaus Tietz verwaltet, um später stellvertretender Bezirksbürgermeister in Ostberlin zu werden. Die SED hat auf seinen Grabstein groß »Sein Leben war Kampf« schreiben lassen. Seine Frau war meine Tante Grete. »Tante Grete, du wohnst jetzt in Johannisthal?« – »Ja, der Johannes hat mir einen Aal gebracht.« Sie war überaus schwerhörig.

Gerhard und ich legten stets ein merkwürdiges Ritual an den Tag, wenn der Zug Baumschulenweg verlassen hatte und über den Britzer Zweigkanal dröhnte: Wir drehten unsere Köpfe starr weg vom Friedhof und zur Schnellerstraße hin. »Wer zum Friedhof guckt und einen Grabstein sieht, stirbt eine Woche später und kommt dahin.« Wir haben das tatsächlich geglaubt. Und daß etwas Wahres daran ist, zeigt ja die Tatsache, daß wir beide heute noch leben.

Oft blieb der Blick an den Schildern hängen, die das Rauchen untersagten. Und lange vor dem Englischunterricht in der Schule lernte ich: »Do not smoke.« Den französischen Text sprach und dachte ich immer auf Deutsch. »Défense de fumer.« »Fumer« ausgesprochen wie »Puma«, nur mit F vorne. Oder trügt mich da meine Erinnerung?

Am 13. Oktober 1957 haben wir – nach Karolinenhof bzw. Schmöckwitz unterwegs – auf dem Bahnhof Baumschulenweg ganz schön gezittert. Da hatte es in Ostberlin einen Währungsumtausch gegeben, und alle Westberliner hatten aussteigen müssen. Wehe dem, der illegalerweise viel Ostgeld bei sich hatte. Wir beide nicht, aber Gerhards Vater, der diejenigen entlohnen wollte, die sein Ostberliner Grundstück in Ordnung hielten. Was blieb ihm übrig, als sein dickes Bündel Ostgeld ganz schnell in der Toilette zu verlieren.

Schöneweide: Lang, lang ist's her, daß meine Schmöckwitzer Oma mit Oskar, ihrem Mann, und ihren Töchtern Hilde und Gerda hier ein Ruderboot liegen hatte. Am grünen Strand der Spree. Ehe das alles eine einzige große Industrielandschaft geworden war. Mein Onkel hat hier bei der AEG als Karusseldreher gearbeitet, aber das habe ich ja schon an anderer Stelle erzählt ... »Oberschweineöde« sagte Gerhard zu Oberschöneweide. Für mich hatte Schöneweide immer noch einen frohen und verheißungsvollen Klang, denn gleich nach dem Bahnhof kam ja rechts das Paradies für alle Eisenbahnnarren ...

Betriebsbahnhof Schöneweide: Und da im Bw, im Bahnbetriebswerk, gab es damals alles, wovon Modellbahner träumen: den Eselsrücken, den Ringlokschuppen, aus gelben Steinen gemauert, den Wasserkran, Dampfloks vieler Arten, Gleisharfen, abgestellte Züge ... und und und.

Auf der anderen Seite lag und liegt das alte RAW, das Reichsbahnausbesserungswerk, das früher den Namen »Roman Chwalek« trug und für Westberliner immer ein Beweis der fortschreitenden »Russifizierung« des anderen deutschen Staates war. Dort, wo alle S-Bahnzüge aufgefrischt und sogar Reko-Straßenbahnwagen gebaut wurden, wäre ich gerne einmal herumgestromert, was aber für mich als Ausländer unvorstellbar war. Hinter dem Werkstattgelände huschte ein Halbzug durch die Büsche. Da war die Strecke nach Spindlersfeld. Schöneweide – Oberspree – Spindlersfeld. Es ist seither eine ewige Sehnsucht, dort einmal entlangzufahren, so wie ja Robinson auch immer wieder davon geträumt hat, die andere Seite seiner Insel kennenzulernen.

Jetzt gab es andere Genüsse. Eine Schar blauweißer Mädchen war eingestiegen, in unserem Alter alle. Sie hatten so etwas Frisches, Sportliches, wie wir es liebten, und ich hätte mit mindestens sechs von ihnen sofort in mein Paddelboot klettern und dann abends im Zelt liegen mögen. Es wäre schön gewesen, DDR-Bürger zu sein ...

Adlershof: Onkel Karlchen wohnte hier. Klein und dick. Er arbeitete beim ›Neuen Deutschland‹ im Kader und zitierte immer, wenn er seine Mutter sah, »unser Tante Trudchen«, Tucholskys »Mutter, deine Hände«. Über die Beziehung zu seiner Mutter hatte mein Vater mal gedichtet: »Tante Trudchen guckt nur scharf, und gleich weiß Karlchen, ob er darf.« Er war der Cousin meiner Mutter, hatte sich als Kind immer als Kaminkehrer verkleidet und gerufen: »Das A(r)schloch zu, der Schornsteigerfeger kommt.«

Der Zug fuhr wieder an und glitt über den Teltowkanal. Ein NVA-Soldat, das Gewehr geschultert, hielt einsam Wacht, auf daß die bösen CIA-Agenten die Brücke nicht sprengten.

Es folgte das Grünauer Kreuz, das ich gern einmal im Maßstab 1:87 nachbauen möchte, aber leider habe ich noch immer keine eigene Turnhalle für meine Modelleisenbahn zur Verfügung.

Grünau: Hier hatte man als Westberliner auszusteigen. Fuhr man weiter nach Eichwalde, Zeuthen, Wildau oder Königs Wusterhausen, wurde man prompt verhaftet und stundenlang verhört, manchmal bis zum nächsten Morgen. Auch ging das Gerücht, daß man nur wieder freigelassen wurde, wenn man sich verpflichtete, für die Stasi zu arbeiten. Was dann wieder auf westlicher Seite zu intensiven Vernehmungen führte. Man tat also gut daran, voll konzentriert zu sein.

Doch auch so war das Verlassen des Bahnhofs eine spannende Sache, denn unten in der Wanne saß immer ein überaus wachsamer Reichsbahner, dem man die Fahrkarte aushändigen mußte. Anhand des bei Fahrtantritt von seinem Kollegen mit der Lochzange hineingestanzten Bahnhofskürzels – zum Beispiel »So« für Sonnenallee – konnte er erkennen, ob man am Fahrkartenschalter die richtige Preisstufe angegeben hatte. Zudem war der Tag hinten in die Pappe eingeprägt. Wehe, man hatte schummeln wollen.

Das mit der Preisstufe war ein Kapitel für sich. Als Junge hatte ich die entsprechende Übersicht – die »Zoneneinteilung« – zunächst für etwas anderes gehalten, eine Schieß- bzw. Zielscheibe nämlich. So sah sie jedenfalls aus. Mittendrin war das F für Friedrichstraße. Der Vollring bildete den inneren, den kleinsten Kreis und trug keine Ziffer, so daß ich anfangs dachte, dort würde man umsonst fahren können. Alle Streckenäste wurden von den vier gepunkteten bzw. gestrichelten Kreisen durchschnitten. Auf meiner Lieblingsstrecke sah das so aus: Sonnenallee lag in der unbezeichneten Mitte, Neukölln ebenso. Preisstufe 1 – die Zone also zwischen dem ersten und dem zweiten Kreis – begann Köllnische Heide und ging bis Adlershof. Preisstufe 2 reichte bis Eichwalde, schloß also Grünau, meinen Zielbahnhof, ein. Die übrige Strecke bis Königs Wusterhausen lag in der Preisstufenzone 3. Der Kreis zwischen den Preisstufen 4 und 5 war im mathematischen Sinne eigentlich gar keiner mehr, sondern bestand nur aus einem kaum zentimeterlangen Stückchen zwischen Hangelsberg (Preisstufe 4) und Fürstenwalde (Preisstufe 5), beide »mit Dampf betriebene S-Bahnstrecken«, wie es offiziell hieß. Fürstenwalde war die einzige Station in der Zone 5, »außerhalb«, in die Zone 4 fielen noch Wünsdorf, Seddin, Beelitz Heilstätten und Werder, allesamt nicht elektrisch betrieben. Die Preisstufen waren: 1 = 20, 2 = 30, 3 = 50, 4 = 70, 5 = 100, 6 = 110, 7 = 120, 8 = 130 Dpf. Das durchzurechnen war für mich viel interessanter als das, was wir in der Schule machten. Blieb man als Erwachsener im Bereich der Stadt- und Ringbahn und in der Zone 1, kam man mit 20 Deutschen Pfennigen davon, von Sonnenallee nach Grünau hatte man als Erwachsener und unermäßigt 30 Pfennige zu zahlen, und am tiefsten mußte ins Portemonnaie greifen, wer von Hangelsberg nach, sagen wir, Oranienburg wollte (5 plus 3 gleich 8, also 1,30 Mark). So war das damals, als Oma und Opa noch jung und knusprig waren.

Auch bei der Wanne müssen wir noch ein wenig verweilen,

denn sie ist ein weiteres »essential« der Berliner S-Bahn-Geschichte. Achteckig und aus Holz war sie, unten gänzlich geschlossen, oben verglast wie eine Loggia. Irgendwie sah sie aus wie eine in der Länge gestauchte Straßenbahn. So schmal war sie, daß ihre zwei Insassen nicht Rücken an Rücken sitzen konnten, sondern nur versetzt. Der eine blickte also, sagen wir, nach Norden, der andere, Schulter an Schulter mit ihm, nach Süden. Es konnte auch eine »Sie« sein, oft war man gemischt. Im Winter hatte man sich dicke Decken über die Knie gelegt. Wannen standen an allen Ein- und Ausgängen, zumeist unten in den Bahnhofsgebäuden, aber mitunter auch auf den Bahnsteigen oben. Auf Stationen mit hohem Fahrgastaufkommen gab es zwei Wannen, getrennt durch eine stählerne Barriere. Die Eisenbahner in den Wannen hatten zwei Funktionen: einmal die Fahrkarten bei Fahrtantritt mit einer speziellen Zange zu knipsen und zum anderen sie bei Fahrtende zu kontrollieren und in einen bereitstehenden Kasten zu werfen, siehe oben. Sie waren absolute Autoritätspersonen, und wer heute über sie und die geringe Spannweite ihrer Tätigkeit lächelt, der hat den Geist der Jahre bis zum Wertewandel '68 nicht verstanden.

Bevor man sich einer Wanne näherte, hatte man – sofern man keine Monatskarte besaß, die nur hochzuhalten war – einen Fahrausweis zu lösen. Dazu konnte man a) an einen Fahrkartenschalter treten oder b) einen Automaten benutzen. Die Fahrkartenschalter waren durch ihre hohen Bögen leicht auszumachen, wie auch die Vorhallen der Bahnhöfe fast überall kleine Kathedralen waren. Man trat von rechts heran, wobei das Schild »Zugang« keine Zweifel offenließ, wie das vorgeschrieben war, und hatte die Chance, sein Gepäck auf einem runden »Drängeltischchen« abzulegen. Oft mußten die Bediensteten erst ein Fenster hochziehen, so eins, wie man es aus Amerika kennt. Ich hatte immer Angst, es würde wie ein Fallbeil herabsausen und mir die Finger abtrennen, wenn ich meine Groschen auf den Zahlteller schob, eine kleine Vertiefung aus Stahl oder Messing, wie für glit-

Netzspinne mit Tarifzoneneinteilung aus dem Jahre 1951.
(© Sammlung Berliner S-Bahn-Museum)

71

schige Seife gedacht. So sauber war sie auch immer. Man hätte draus essen können. Die absolute Sensation war für uns Kinder der drehbare, halbierte Zahlteller. Zwei Groschen in die vordere Hälfte geworfen, »Einmal Grünau« gesagt und gewartet, bis die Fahrkartenverkäuferin die gelbe Pappe – rot bedruckt für Westgeld- und schwarz bedruckt für Ostgeld- zahler – in den anderen Teil des Zahltellers gelegt und ihn herumgedreht hatte. Da, wo das Schild »Abgang« ange- schraubt war, verließ man ordnungsgemäß die Luke mit dem Fahrkartenschalter. Manchmal gab es auch unten eine kleine bogenförmige Durchreiche und oben in Mundhöhe ein Loch im Fensterglas, das entweder verschließbar oder mit einem durchlöcherten Plastikeinsatz versehen war. Da hatte man dann durchzusprechen. Oft aber hing das Schild »Geschlos- sen« hinter dem Fenster.

Für uns Kinder aber waren die hohen dunkelgrünen Fahr- kartenautomaten viel schöner. Sie glichen den automatischen Waagen, die auf den U-Bahnhöfen standen. Steckte man zwei Groschen hinein, so gebaren sie die kleine gelbe Fahrkarten- pappe mit einem solchen Aufwand an Fertigungsgeräuschen, daß man glauben mußte, in ihrem Innern würde in aller Eile ein kleines Auto hergestellt. Immer schien dieser Prozeß mit einer Explosion enden zu wollen.

Von Grünau ging es dann mit der 86 weiter nach Schmöck- witz, in mein Paradies. Im Garten war immer etwas los, aber das habe ich ja in den beiden genannten Romanen ausführ- lich beschrieben.

Fuhren wir dann Anfang der Fünfziger am Sonntagabend wieder nach Neukölln zurück, war **Grünau** der Bahnsteig voller Himmel und Menschen. In Fünferreihen standen wir da, und oft genug kamen wir nicht mit und hatten auf den nächsten Zug zu warten. Es sei denn, wir trennten uns und machten uns in der »Stückelung« 2+1 auf den Weg nach Hause. Mein Vater nämlich hatte einen Schwerbeschädigten- ausweis und war damit berechtigt, mit einer Begleitperson in das Extraabteil zu steigen, aber eben nur mit *einer*. Nahm er meine Mutter mit, hatten sie Angst, daß ich verlorengehen würde, und entschied er sich für mich, fürchtete er um seine Frau. Also ließ er seine Privilegien meistens sausen.

Oft wurden wir auf dem Bahnhof **Baumschulenweg** von den Organen aus dem Zug geholt und mußten den Inhalt unserer Taschen auf einen Tisch schütten.

»Was ist denn das da?« wollte eine Polizistin wissen.

»Eine Zeitung.« Es war der ›Telegraf‹, den wir draußen im Garten gelesen hatten.

»Wissen Sie nicht, daß die Einfuhr solcher Presseerzeugnisse verboten ist?«

»Ich hab'sie ja nicht ein-, sondern nur mit mir geführt«, erwiderte mein Vater.

»Wo waren Sie?«

»Bei meiner Schwiegermutter auf ihrem Grundstück in Schmöckwitz.«

»Und Ihre Schwiegermutter hat diese Zeitung nicht gelesen?« kam die nächste Frage.

»Nein.«

»Wollen Sie mich veräppeln?«

Jetzt griff meine Mutter ein, obwohl sie vor Angst schon richtig schlotterte. »Wissen Sie, meine Mutter ist in der SED, und mein Cousin ist ein führender Funktionär bei Ihnen, die würden so etwas nie in die Hand nehmen.«

»Warten Sie bitte hier . . .«

Das taten wir eine Viertelstunde lang, und es war nicht eben gemütlich. Dann kam ein Leutnant und beschied uns, daß wir mit dem nächsten Zug weiterfahren durften.

Als wir **Köllnische Heide** hielten, fühlten wir uns wie neugeboren. Noch lange rätselten wir, ob die Grenzkontrolleure wirklich Nachforschungen angestellt hatten.

»Aber wir haben denen doch gar nicht unsere Namen genannt«, sagte meine Mutter.

»Die wissen doch alles.«

Den Marschallstab im Tornister

Mit der S-Bahn zur Lehre

»Was willst du denn mal werden, Horst?«

»S-Bahnfahrer!«

Ich stellte mir vor, vorn im Führerstand zu sitzen, tagtäglich durch Berlin zu fahren und zu sehen, wie alles war und ständig anders wurde. Jede Fahrt zu genießen. Intensiv die vier Jahreszeiten zu erleben. In gleißender Sonne der Sommer. Erst bunt, dann grau und melancholisch der Herbst. Weiß der Winter und aprilfrisch der Frühling. Sich wie Gott an der Schöpfung erfreuen. Nichts tun, nur sitzen und mechanisch auf den Fahrschalter drücken ... und sich dennoch bewegen. Und für das alles gab es auch noch Geld. S-Bahnfahrer werden, das hieß, seine große Liebe heiraten.

»Du hast sie ja nicht mehr alle: Wozu machsten da das Abitur?«

Das war ein Argument, gegen das nicht anzukommen war. Und außerdem gehörte die S-Bahn zum Osten.

»Dann werd' ich eben Straßenbahnfahrer!«

»Die Straßenbahn wird abgeschafft.«

Auch das war richtig, und so mußte ich mir wohl oder übel etwas anderes einfallen lassen. 1956 war das. Zur Uni gegangen wäre ich schon gerne, denn Student zu sein brachte viel Prestige, doch ich wußte nicht, was denn eigentlich studieren. Lehrer mit Sport und Geschichte ging leider nicht, weil ich nicht turnen konnte, am Reck immer wie »ein nasser Sack« gehangen und eine Fünf bekommen hatte. Soziologie hätte ich schon studieren wollen, wußte aber nicht, daß das, was ich da wollte, diesen Namen trug. Mit der Psychologie war es ebenso.

Meine Eltern waren sehr pragmatisch. »Wenn du nicht weißt, was du studieren willst, dann gehst du eben in die Lehre.«

Aber da war auch nur Leere. Fast mit Waffengewalt zwangen sie mich, Bewerbungsschreiben zu verfassen und in den Briefkasten zu werfen. »Besser die wirfste in'n Kasten als dich vor'n Zug«, sagte mein Freund Gert R. Vier Stück wurden es schließlich. Der erste Brief ging an die Post, weil mein Vater dort beschäftigt war, der zweite an die BVG (»Weil du doch deine Straßenbahn so liebst«), der dritte an die Bewag (»Strom braucht man immer«) und der vierte an die Firma Siemens, weil Onkel Erich dort als Oberingenieur hochgeachtet war. Die Aufnahmeprüfungen bei Siemens waren schwerer als das Abitur, und ich fuhr innerlich jubelnd vom Nonnendamm nach Hause, weil ich mir ganz sicher war, durchgefallen zu sein. Doch dann kam das Schreiben, daß sie sich freuen würden, mich ... Und da weder Post noch BVG und Bewag mich wollten, unterschrieben mein Erziehungsberechtigter und ich den Vertrag bei Siemens.

So war es mir beschieden, in den Jahren 1957 bis 1959 – und später noch als jobbender Student – von Neukölln nach Siemensstadt zu fahren, mit der S-Bahn natürlich. Auf dem Ring bis Jungfernheide und dann weiter mit der »Siemensbahn«. Je nachdem, wo ich gerade zur Ausbildung anzutreten hatte, waren die Stationen Wernerwerk, Siemensstadt oder Gartenfeld mein Ziel. Es war alles nicht so einfach. Das frühe Aufstehen. Und dann war verschlafen und mißmutig auf dem Bahnhof **Sonnenallee** diese Wahnsinnsentscheidung zu treffen: Lieber unten über Papestraße fahren oder oben über Gesundbrunnen? Wie Buridans Esel stand ich dann da. Auf jedem anderen Bahnhof wäre das ganz einfach gewesen, da wäre es in einer Richtung immer kürzer gewesen, aber Sonnenallee und Jungfernheide lagen sich auf dem Kreis genau gegenüber, in der Mitte sozusagen. Sowohl über den Süd- wie den Nordring ergab sich eine Fahrzeit um die 28 Minuten. Die Triebwagenführer Schulze und Meier, die sich in Sonnenallee zugewinkt hatten, konnten sich eine knappe halbe Stunde später in Jungfernheide wieder in die Augen sehen. Mal fuhr der eine Zug früher ab, mal der andere, das war kein zuverlässiges Kriterium. Also versuchte ich, meiner inneren Stimme zu folgen. Was aber, wenn es da, wie fast jeden Morgen, unentschieden stand. Später, während meines Studiums, sollte ich erfahren, daß solche Situationen manche Leute schon in die »Klapsmühle« gebracht hatten. Endlich glaubte ich, auf die rettende Idee gekommen zu sein: morgens so, abends so. Na prima, aber das löste noch immer nicht das Hauptproblem: In welchen Zug denn morgens ...? Ein stures Mo Südring, Di Nordring, Mi Südring usw. behagte mir nicht, denn was, wenn es mich eigentlich in Richtung Osten zog, weil ich hinterm Treptower Park die Schiffe der »Weißen Flotte« in der Morgensonne sehen wollte, aber turnusmäßig untenrum an der Reihe war?

»Los es einfach jeden Abend vorher aus«, riet mir mein Vater.

Das tat ich dann, geriet aber in Rage, als fünfmal hintereinander obenrum kam.

»Da mußt du halt auf das ›Gesetz der großen Zahl‹ vertrauen«, sagte mein Vater. »Wenn du hunderttausend Mal gefahren bist, hat sich das alles wieder ausgeglichen.«

Bei vielleicht 225 Arbeitstagen pro anno hätte ich nach dieser Rechnung 444 Jahre fahren müssen, was mir verständlicherweise gar nicht gefiel, weil mir die drei Jahre Siemens, so gut die Lehre an sich wohl war, wie drei Jahre Gefängnis vorkamen, wenn auch mit Freigänger-Status.

Von der S-Bahn-immanenten Rationalität her, um es einmal wissenschaftlich zu sagen, wäre es klüger gewesen, immer über Gesundbrunnen und nie über Papestraße zu fahren, strukturell begründet in der Art des Bahnhofs Jungfernheide. **Jungfernheide** nämlich war ein Unikum ohnegleichen. Der Ringbahnzug aus Richtung Gesundbrunnen hielt am nördlichen Gleis des Bahnsteigs A. Dort stand gegenüber am Prellbock abfahrbereit der Zug der sog. »Siemensbahn« nach Gar-

Die große Liebe des kleinen Horst: S-Bahnzug der Bauart Stadtbahn im Bahnhof Sonnenallee. (© Werner Gesche)

tenfeld. Man brauchte also, wollte man umsteigen, nur ein paar Meter zu laufen. Kam man nun nach Arbeitsende von Gartenfeld oder Siemensstadt zurück, so hielt die »Siemensbahn« zuerst am Bahnsteig B, wo man gleich in den Vollring Richtung Gesundbrunnen umsteigen konnte. Erst wenn dieser Fahrgastwechsel abgeschlossen war, fuhr die »Siemensbahn« weiter zum Bahnsteig A, wo man dann in den Zug Richtung Süden springen konnte, was also umständlicher und zeitraubender war. Kam man morgens aus Richtung Papestraße, fuhr der Zug nach Gartenfeld erst zum Bahnsteig A, wo er kehren mußte, was natürlich dauerte.

Aber S-Bahn-technische Rationalität hin, S-Bahn-technische Rationalität her – immer durch den Osten fahren, wo öfter Zöllner oder Vopos durch die Wagen eilten und man das Gefühl hatte, stets mit einem Bein im Knast zu sein? Nein. Andererseits aber war es ja spannend, was sich so im anderen Deutschland tat. Es war zum Heulen.

Wie ich das Problem nun gelöst habe? Ich weiß es nicht

mehr. Überlebt habe ich's jedenfalls, wenn auch mit traumatischen Folgen. Gibt es in Berlin einen Therapeuten für S-Bahn-Geschädigte? Sicher, denn wofür gibt es keinen Therapeuten. Vielleicht meldet sich einer bei mir, der sich voll auf solche Appetenz-Appetenz-Konflikte spezialisiert hat. Fährt der Vollring in den nächsten Jahren wieder, werden sich ja leicht neue Klienten auftun lassen, denn neben der Konstellation Sonnenallee-Jungfernheide ergeben sich ja noch x andere, wo die Fahrgäste hin- und hergerissen werden zwischen links und rechts. Was die Bahnsteigseite betrifft.

Wählte ich **Sonnenallee** die Südringseite, dann war beim Einsteigen wieder eine schwere Entscheidung zu treffen: Wo sitzen, auf der linken oder auf der rechten Seite? Die freie Auswahl gab es immer, denn so richtig proppenvoll waren die Züge morgens eigentlich nie. Und wo genau? In der kuschligen Ecke gleich hinter der Tür oder auf der Bank in der Mitte zwischen zwei Türen? Wollte man schlafen oder dösen, war die erste Möglichkeit die bessere, wollte man hingegen aus dem Fenster sehen, dann die zweite.

Wie auch immer, ab ging die Fahrt. Ich wär' ja so gern noch im Bette geblieben, aber der Wagen, der rollt ...

Neukölln: Auf dem Güterbahnhof war einiges los. Vielleicht kauften mir meine Eltern bei »Kajot« demnächst einen neuen Anzug. »Kajot gekleidet, flott gekleidet.«

Hermannstraße: In Fahrtrichtung links war nach den Spuren der Neukölln-Mittenwalder-Eisenbahn zu suchen. Der Bahnsteig war noch intakt. Dann tauchte rechter Hand der Flughafen Tempelhof auf. Nur einmal war ich bis dahin geflogen, mit der BEA und meinen Eltern nach München. Von da dann mit der Bahn weiter nach Farchant.

Tempelhof: Flugzeuge dröhnten über uns hinweg. Zu Luftbrückenzeiten waren hier auch welche abgestürzt. Kopf einziehen!

Papestraße: Die Kasernen schoben sich ins Bild. Auf dem Platz dazwischen hatten wir mal mit dem 1. FC Neukölln Fußball gespielt, gegen Eintracht Südring wohl. Die Gleisanlagen unten wuchsen langsam zu. Man konnte aber noch die frühere »Südringspitzkehre« zum Potsdamer Ringbahnhof erkennen, auf der die Züge bis 1944 abgebogen waren. Erst seitdem gab es den Vollring.

Schöneberg: »Pack die Badehose ein...« Ich würde zehn Jahre meines Lebens dafür geben, jetzt ein freier Mensch zu sein und nicht zu Siemens zu müssen. Zum Wannsee raus, Dampfer fahren und baden. Wozu lebte man denn?

Innsbrucker Platz: Auch hier wäre ich gerne ausgestiegen, denn ein Stückchen weiter südwärts befand sich »Steinke & Kraus«, wohin ich immer ging, um Loks, Wagen und Weichen für meinen »Trix-Express« zu kaufen. Ich träumte davon, meine Anlage umzubauen, statt im Büro zu sitzen und verkaufte Waschmaschinen zu verbuchen. Bei der SE war ich jetzt, der Siemens-Electrogeräte AG, und zwar im Hausgerätewerk Gartenfeld.

Wilmersdorf: Fast wäre ich aufgestanden. Gewohnheitsmäßig. Denn hier gleich in der Nähe wohnte Gerhard, und was wäre das für ein Tag geworden, wenn wir Tischtennis gespielt und dann über den Ku'damm geschlendert wären. Statt dessen: »Türen schließen! Zurückbleiben!« Ich fühlte mich zurückgeblieben, geistig. Einer, der zu dumm für ein Studium war.

Schmargendorf: Hier war ich öfter ausgestiegen, um im Stadion am Lochowdamm meinen zeitweiligen Lieblingsverein zu sehen, den BSV 92.

Hohenzollerndamm: Neben der S-Bahn bauten sie jetzt das erste Stück der Stadtautobahn. Ich schwor mir, nie den Führerschein zu machen.

Halensee: Hier gab es etwas zum Staunen: Die zweigleisige Verbindungskurve zur Stadtbahn nach Charlottenburg. Ab und an fuhren dort als Zuggruppe G Züge zwischen Mahlsdorf und Grünau. So etwas ließ mich immer wieder kindlich staunen.

Westkreuz: Wieder zuckte es in meinen Beinen: Umsteigen zum Olympiastadion oder in die Waldbühne.

Witzleben: Hinter Witzleben preßte ich die Wange an die Scheibe, denn unter der Kaiserdammbrücke hing und hängt ja in einer Art Käfig die U-Bahn nach Ruhleben, und vielleicht sah ich einen Zug vorüberhuschen.

Westend: Hier endete die Zuggruppe D: Westend – Südring – Köllnische Heide – Bln.-Grünau und zurück, und wenn ich im Sommer am Freitag von Siemens kam und nach Schmöckwitz wollte, stieg ich hier ein.

Jungfernheide: Umsteigen in die »Siemensbahn«, siehe oben. Hier war darauf zu achten, daß man keinem Vorgesetzten in die Arme lief und sich beim »Small talk« einen abquälen mußte. Auch verfeindeten Mitlehrlingen war tunlichst auszuweichen. Wenn man Glück hatte, traf man seine Freunde. Weiter ging es. *Und ein Jammern wird laut:* »*Wo sind wir? Wo?*«/*Und noch fünfzehn Minuten bis Buffalo.* So jedenfalls Theodor Fontane in seiner Ballade von John Maynard, dem wackeren Steuermann der »Schwalbe«, dem brennenden Schiff auf dem Eriesee. *Und das Schiffsvolk jubelt:* »*Halt aus. Hallo!*« *Und noch zehn Minuten bis Buffalo.* Obwohl es absurd war, dies zu denken, denn die Leute sehnten sich ja nach dem rettenden Ufer, ich aber hatte nur Siemens zu erwarten, meinen Untergang. Nach Gartenfeld waren es noch acht Minuten. Viel zu schnell, und wie jeden Morgen hoffte ich auf eine mehrstündige Betriebsstörung, zumindest aber eine »Fahrt auf Sicht«, was immer dauerte. Schade, nichts passierte. Über die Spree hinweg ging es hinein ins Imperium des Hauses Siemens. Die große Stadtautobahnbrücke bauten sie gerade.

Wernerwerk: Hier im nahen Wernerwerk habe ich meine schönste Zeit bei Siemens verbracht: in der Lehrwerkstatt. Auch die werdenden Kaufleute, und ein solcher war ich ja, mußten hierher. Da mein Vater gelernter Maschinenbauer war, konnte ich das alles schon: feilen, bohren, fräsen und schmieden. Ich war, was das Handwerkliche anging, der beste Stammhauslehrling seit Jahren, aber ansonsten … Stammhauslehrlinge, das waren die mit dem Abitur und dem Marschallstab im Tornister. Doch unter der Elite war auch eine Niete – ich. Sagten sie jedenfalls.

Siemensstadt: Hier war auszusteigen, wollte man zur Siemens-eigenen Schule, die sie in der ansonsten entleerten Hauptverwaltung eingerichtet hatten. Hier gab es so herrliche Fächer wie »Kaufmännisches Rechnen« und »Geschichte des Hauses«. Manchmal machte ich noch einen Abstecher zu Tante Trudchen, die nahebei in der Grammestraße wohnte. Nur Donnerstag war es schlecht, denn das war der Tag, wo sie sich mit ihrer kleinen Rente eine Flasche Malzbier gönnte. Und wenn sie mir die dann partout abtreten wollte, dann war ich immer ziemlich hilflos.

Tante Trudchen war so klein, daß sie von einigen Verwandten »Pumpelchen« genannt wurde, und sie hatte es wegen ihrer rachitisch verformten Beine schwer, die langen und steilen Treppen auf den S-Bahnhöfen zu erklimmen, mußte sich gleichsam am Geländer nach oben ziehen. Da ihr das zumeist schmutzige Finger bescherte, reiste sie seit einiger Zeit nur noch mit einem gelben Putztuch in der Tasche, das sie beim Auf- und Abstieg wie einen Schutzhandschuh benutzte.

Gartenfeld: »Endstation, alles aussteigen bitte!« Ein Kopfbahnhof mit Charme. Die Balkenkonstruktion des Daches ließ mich an eine langgestreckte Sommerlaube denken. Plötzlich war man irgendwo auf dem Lande. Ja, denkste! Nach Überqueren des Spandauer Schiffahrtkanals hatte ich schon den gemeinsamen Eingang von Hausgeräte- und Kabelwerk erreicht. Bis halb fünf galt es nun, im Büro zu hocken. Wieder ein verschenkter Tag.

Endlich Feierabend! Zurück nach Neukölln, diesmal aber von Jungfernheide aus über den Nordring.

Beusselstraße: Hier war zu gucken, ob der Viertelzug nach Staaken – über Jungfernheide und Siemensstadt-Fürstenbrunn – irgendwo stand, die Zuggruppe N. Zwei Wagen waren das nur, ein Viertelzug also, gebildet aber aus der Bauart »Peenemünde«. Das sah alles so richtig nach Kleinbahn aus.

Putlitzstraße: Linker Hand erstreckte sich hier das Bewag-Kraftwerk, und da sah ich immer vor mir, wie wir 1947 vom Hamstern aus Groß Pankow nach Hause kamen, auf der Hamburger Bahn und mit dem Lehrter Bahnhof als Ziel. Oft stand der überfüllte Zug hier und wartete. Mit großen Augen verfolgte ich dann, wie die Kohlen über die Bänder liefen ... und wußte damals nicht, daß Groß Pankow etwas mit Putlitz zu tun hatte, mit den Edlen Gänsen zu Putlitz. Caspar Gans von Putlitz kämpfte an der Seite der Quitzows gegen den Burggrafen Friedrich IV. von Nürnberg, den ersten Hohenzollern in der Mark. Und Groß Pankow gehörte dem Putlitz-Clan. Noch heute finden sich die weißen Gänse im Wappen am Giebel des Schlosses, das nun eine bekannte Augenklinik ist.

Wedding: Meilenweit konnte man die Müllerstraße hinuntersehen. Oft bin ich hier ausgestiegen, um mir im nahen Modellbahnladen das neueste MIBA-Heft zu kaufen, meinen positiven Anker, wie das heute bei den NLP-Psychologen heißt, um in meiner Siemens-Zeit nicht kaputtzugehen.

Weiter ging es. Es tauchte der Hochbunker auf, der sich nicht sprengen ließ. »Auf einer Bank im Humboldthain stand: Ja, Noris ist ein guter Weinbrand.« Wir fuhren über die Gleise der Nord-Süd-Bahn hinweg.

Gesundbrunnen: Hier war der Kiosk immer ganz besonders dicht umlagert. Arbeiter standen da, die Bierflasche vor sich auf dem umlaufenden Brett. Einige hingen immer direkt vor der Luke, um mit Wirt oder Wirtin ganz besonders intensiv zu schnacken, und wenn man als Kind sein Eis kaufen wollte, störte man nur. Den Ausdruck Stehcafé gibt es ja, den der Stehkneipe nicht, aber die Kioske auf den S-Bahnhöfen waren welche. »Erfrischungen« stand oben am Transparentkasten und »Kindl Pils«, möglicherweise geschaffen von Karlheinz, meinem nichtehelichen Schwiegervater, einem vortrefflichen »Schildermaler- und Lichtreklamenherstellermeister«. Gott, war der böse, zu recht, als eine seiner Töchter heiratet, er der Trauzeuge ist und es der gestreßten Standesbeamtin beim mehrmaligen Vorlesen und Herumstottern entfährt: »Ist das aber ein perverser Beruf!« Anhand der herausgehängten Fahne »Heisse Wurst« habe ich als Kind das Blödeln gelernt. Geht mein Vater auf einen Kiosk zu und sagt: »Guten Tag, Herr Wurst, heiße Bosetzky.«

Wenn ich zu meiner Kohlenoma nach Kreuzberg wollte, bin ich hier immer in die U-Bahn umgestiegen, in die blaue Linie D. Der lange Tunnel zwischen S- und U-Bahn war ein besonderes Erlebnis.

Schönhauser Allee: Monat für Monat nahm ich mir vor, hier einmal auszusteigen, um zum ersten Mal in meinem Leben mit der U-Bahnlinie A I/A II zu fahren, der anderen Berliner Hochbahnstrecke – neben der in Kreuzberg. In meinem Bewußtsein gab es sie nicht, und wenn ich Stationsnamen las wie Senefelder Platz oder Dimitroffstraße, dann glaubte ich, in einer anderen Stadt zu sein, und war sekundenlang zu meinem großen Erschrecken ziemlich verwirrt. War das der Beginn einer schweren psychischen Erkrankung? Zwar sagte ich mir immer: »Besser Siemens als Demenz« (= Intelligenz- und Persönlichkeitsabbau im Sinne einer Degeneration), aber war das denn absolut sicher? Weiter.

Prenzlauer Allee: Links und rechts des Einschnitts, in dem wir uns befanden, war für mich die absolute »Terra incognita«. So wie die Deutschen vor dem Krieg, wollten sie nach Königsberg, im »Korridor« durch Polen gefahren sind, rollte ich jetzt durch Ostberlin, durch die DDR hindurch ... und sah natürlich mit den Augen des Westlers nur das Grau und den Verfall.

Am Ende des Bahnsteigs hatte man einen Haufen Braunkohle auf das Pflaster geschüttet.

Greifswalder Straße: Hier sah ich ein jedes Mal die Greifswalder Straße hinauf und erinnerte mich, wie ich vor Ewigkeiten – immerhin fünf Jahre war es her – mit dem 1. FC Neukölln zum Spiel an der Weißenseer Rennbahn gefahren war. Mit der Straßenbahn, der 74, im schönen Maximum-Triebwagen. Gute zwanzig Jahre später – als ich mit einem Passierschein in die Hauptstadt der DDR eingereist war –

erschrak ich, als Ostkreuz plötzlich ein Zug mit dem Ziel-schild »Ernst-Thälmann-Park« einfuhr. Gott, wo war denn das? Wieder hatte ich das elende »Lost in Berlin«-Gefühl. Den Stationsvorsteher zu fragen wagte ich nicht, denn die allgemeine Hysterie war auch an mir nicht spurlos vorübergegangen: Der denkt dann, du bist ein Spion, und läßt dich von einem Stasimann beschatten. Meine Schmöckwitzer Verwandten klärten mich dann auf, daß man Greifswalder Straße umbenannt hatte.

Leninallee: Diesen Stationsnamen suchte ich immer auszublenden, denn Lenin, das war für mich das Synonym für Angst, die Angst der Westberliner, eines Tages doch von der DDR geschluckt zu werden. Zu Hause blieb das für uns Landsberger Allee, nicht zuletzt deswegen, weil in der Landsberger Allee – und nicht in der Leninallee – die Familie Buchholz gewohnt hatte: Wilhelmine Buchholz, ihr lieber Karl, der »Wollenwarenhändler«, und die Töchter Betti und Emmi. Julius Stindes ›Die Familie Buchholz‹ ist eines meiner absoluten Lieblingsbücher, Vorbild meiner ›Brennholz-Tetralogie‹, und natürlich gibt es da – beginnend auf der Seite 251 – auch eine Fahrt mit der S-Bahn, wenn auch noch zu Dampflokzeiten und auf einer anderen Strecke:

Ich war noch nicht mit der Stadtbahn gefahren, die Kinder auch nicht, und deshalb sagte ich zu meinem Karl, es könnte doch wohl nichts Reizvolleres geben, als am ersten Pfingsttage einen Ausflug mit teilweiser Benutzung der Stadtbahn zu machen. Dies käme billiger als alles andere, sei belehrend und interessant ... »Siehst du, mein süßer Karl«, sagte ich, »am ersten Feiertag findet man schon Platz; schöner können wir es gar nicht wünschen.« – Ehe mein Karl antworten konnte, hielten wir schon auf dem Bahnhof Börse ... Und so dampften wir aus Berlin heraus am Zoologischen Garten vorbei nach dem Stadtbahnhof Charlottenburg, und von da gingen wir zu Fuß unter dem Viadukt durch, über die Heide nach dem Halensee.

Zentralviehhof: Rechts dehnte sich das Schlachthofgelände bis weit nach Friedrichshain hinein, eine gewaltige Ansammlung jener roten Backsteingebäude, wie man sie heute in den Katalogen von Faller, Kibri und Vollmer wiederfindet, typisch für den Baustil der Jahrhundertwende. Eine endlos lange Fußgängerbrücke führte hinüber. Irgendwie ergriff mich immer das schöne alte Shakespeare-Gefühl, wie es vorn in den Rowohlt-Thrillern geschrieben steht: »A Faint Cold Fear Thrills Through My Veins.« Bei dem Gedanken, daß hier tagtäglich Tausende von Tieren (ab)geschlachtet wurden.

Stalinallee: Das nun war der Name, der einen Westberliner vollends glücklich machte. Aber meist war ich hier nach meinem langen, öden, aber nichtsdestowenigertrotz furchtbar anstrengenden Siemens-Tag schon eingeschlafen.

Ostkreuz: Im Volksmund »Rostkreuz«. Spätestens hier erwachte ich wieder, denn den Blick hinunter auf die Bahnsteige der Linien nach Strausberg und Erkner durfte man auf keinen Fall versäumen. Am schönsten aber war es, wenn gerade ein Zug auf der Fahrt von Falkensee nach Königs Wusterhausen – oder umgekehrt – die Kurve zwischen Stadt- und Ringbahn nahm. Und dann ging es ja gleich über die Spree hinweg, und unten glänzten Osthafen und Spree. Das Glück war aber erst vollkommen, wenn hinten auf der Oberbaumbrücke ein Hochbahnzug zu sehen war.

Kleiner Exkurs: Im Sommer kam ich in meiner Siemens-Zeit Montag früh immer von Schmöckwitz her, wo schon um halb fünf Uhr aufzustehen war, und hatte Ostkreuz umzusteigen. Schon Grünau war der Zug nach Falkensee immer »voll bis oben ran«, und in der Morgenkühle hatte der Atem der vielen Reisenden die Scheiben mit einem derartigen Feuchtigkeitsfilm überzogen, daß man, wollte man wissen, wo man war, mit dem Ärmel ein Guckloch hineinreiben mußte. Als Kind hätte man da viele Herzchen und Strichmännchen hineinmalen können. »Pfui, laß das!« Daß da viele Bakterien eingelagert waren, lag auf der Hand. Als Siemens-Lehrling beneidete ich all die, die schon einen sicheren Posten hatten, gestandene Männer waren, und wer aus Königs Wusterhausen, Wildau, Zeuthen oder Eichwalde in die Innenstadt fuhr, besaß draußen ganz sicher ein Haus, vielleicht sogar am Wasser. In einer Welt, in die ich nicht durfte, Ausländer, der ich als (West-)Berliner war.

Treptower Park: Letzter Bahnhof in Ostberlin. Alarmstufe 1, denn draußen auf dem Bahnsteig standen Grenzer und Zöllner. Manchmal blickten sie nur durch die Scheiben ins Wageninnere, manchmal stiegen sie auch ein und gingen durch den Gang ... Kopf links, Kopf rechts, die Sinne geschärft. Allzuviel Zeit hatten sie nicht, denn draußen drängte die Aufsicht – vielleicht im sozialistischen Wettbewerb um den pünktlichsten Betrieb auf dem vorbildlichsten Bahnhof –, daß der Fahrplan eingehalten wurde. Doch mindestens einmal in der Woche schlugen sie zu und holten, wenn sie den Schmuggel von Waren, Devisen, Staatsgeheimnissen und sonst etwas witterten, Ost- wie Westberliner aus dem Zug. Natürlich stürzten sie sich heute auf die alte Singer-Nähmaschine, die im Abteil für Traglasten stand.

»Wem gehört die Maschine hier?«

Keine Antwort, alle Fahrgäste schauten so hingegeben aus dem Fenster, als hätte es draußen vor dem Apparatewerk J. W. Stalin gerade die Landung eines Außerirdischen gegeben.

»Wem gehört diese Nähmaschine hier?«

Das jungenhafte Sächseln des Uniformierten verlor nun sehr an Gemütlichkeit, und seine Kollegin vom Zoll, blaugrau und eine Frau vom Typ »Flintenweib«, wie man damals sagte, blickte schon so finster wie Hilde Benjamin, die über alles gefürchtete Justizministerin der DDR.

»Los, rausschieben auf den Bahnhof!«

Die beiden machten sich eilig ans Werk, stießen aber sehr bald an ihre Grenzen, denn die alte Nähmaschine war mit einer dicken Kette unten an der Sitzbank befestigt.

»Eine Eisensäge!« schrie die Zöllnerin, hochrot im Gesicht.

»Ick muß den Zug jetzt abfertigen!« rief die Aufsicht. »Sonst krieg ick Ärja!«

»Kommt nicht in Frage.«

Der Streit ging eine Weile hin und her, und wir im Zug gaben uns alle Mühe, nicht zu feixen.

Schließlich siegten die wackeren Reichsbahner, und die S-Bahn fuhr – mit der illegal ausgeführten Nähmaschine – in den Westen. Verwunderlich war nur, daß nun niemand aufsprang und sich nirgendwo im Zug Leute jubelnd in die Arme fielen. Wagten sie sich noch nicht aus der Deckung heraus … oder war das Ganze vielleicht eine Provokation des RIAS …? Die Wahrheit sollte ich nicht mehr erfahren, denn wieder hielt der Zug.

Sonnenallee: Meine Neuköllner Heimat hatte mich wieder, und es sollten zwölf Stunden vergehen, bis ich dort wieder einstieg, wo ich gerade ausgestiegen war. »Einmal Vollring und zurück.«

Zeit zum Lesen und zum Lernen

Mit der S-Bahn zur Uni und zur Erkenntnis

Als ich im Mai 1960 an der FU zu studieren begann, stand natürlich völlig außer Frage, daß ich mit der S-Bahn nach Dahlem rausfuhr, obwohl das mit einem erheblichen Fußweg verbunden war. Von der Treptower Brücke bis **Sonnenallee** und von **Lichterfelde West** bis zur Wirtschafts- und Sozialwissenschaftlichen Fakultät in der Garystraße waren es jeweils 1,2 Kilometer, machte hin und zurück fast 5 Kilometer. Aber S-Bahn-Fahren war ja für mich nie verlorene Zeit, sondern immer Lust am Reisen, eine Art »Abenteuer des Schienenstranges«, um es mit einem Romantitel von Jack London zu sagen, und willkommene Gelegenheit zum Lesen und Lernen.

Kam man in diesen Jahren von der Treptower Brücke und wollte man zur Sonnenallee, dann war das – zumal bei Dunkelheit und Nebel – so gruselig wie in einem Edgar-Wallace-Film. Unter einem floß zwar nicht die Themse, sondern nur der Neuköllner Schiffahrtskanal, aber auch auf dem schwammen ab und an Leichenteile vorbei. Zudem stank es aus den Gullys bestialisch, und die Sache wurde so noch echter als im Film. Rechter Hand hatte man die himmelhoch aufragende Fassade der Firma »National Registrierkassen«, die weiß gekachelt war und den Eindruck erweckte, als befände man sich vor der zentralen Psychiatrie der Gestapo, der Stasi oder einer südamerikanischen Diktatur, einer Stätte jedenfalls, wo man Regimegegner zur Gehirnwäsche hingebracht hatte und folterte. Es folgte das Heizkraftwerk der Bewag, das ebenso unheimlich wirkte. Der wahre Horrortrip war aber der schmale Gang, von hohem Maschendraht eingefaßt, der sich von der Teupitzer Brücke zur Weserstraße zog: Rechts gab es ein ausgedehntes Laubengelände, in dem man Einbrecher, Triebtäter und »lichtscheues Gesindel« vermutete, und links die Neuköllner Gasanstalt. Einerseits war das ein Stückchen Ruhrgebiet inmitten Berlins, andererseits hatte schon das Wort »Gasanstalt« einen fürchterlichen Klang. Gas ließ nicht nur schreckliche Assoziationen mit dem Holocaust aufkommen, sondern generell an Vergiftung denken. Im Krieg hatte sich Grete, die erste Frau von Onkel Albert, mit Gas das Leben genommen, und in der Nachkriegszeit hatten in der Ossastraße die Mieter über uns »den Gashahn aufgedreht«, wie die Berliner solchen Selbstmord nannten. Und Anstalt stand bei mir für Erziehungsanstalt, jene Einrichtung, in die man damals Kinder einlieferte, die schwer erziehbar waren, eine Mischung von Heim und Knast, und mit der man mir, wenn ich unartig war, immer wieder drohte.

Ein bißchen Angstlust war auf dem Weg von und zur S-Bahn also immer dabei, aber außer den ewig schmutzigen Schuhen – es war ein Schotterweg an der Gasanstalt entlang – trug ich keine weiteren Schäden davon. Aber das ist ein Alptraum geblieben: Von beiden Enden des Hohlwegs her kommen zwei Männer auf mich zu, Äxte in der Hand ... So schnell ich auch laufe, es nützt mir nichts ... Ich will den Maschendraht hinauf ... und rutsche immer wieder ab ...

Die Fahrt von **Sonnenallee** bis **Schöneberg** war entspannende Routine, war das Gleichmaß, das man brauchte, um gesund zu bleiben, psychisch. Dafür, daß die Bandscheibe beim S-Bahnfahren keinen Schaden nahm, sorgten ihre ergometrisch so vorbildlichen Sitzgelegenheiten. Wer S-Bahn sagt, muß auch Holzbänke sagen. Fast alle, die ich beim Schreiben dieses Buches nach ihren S-Bahn-Assoziationen gefragt habe, sagten: »Die Holzbänke!« Honigfarben und sauber locken sie einen, bieten eine ausreichende Ausbuchtung für jeden wie auch immer geformten Allerwertesten und eine Wulst, die den Oberkörper abstützt und für die vom Prolaps (= Bandscheibenvorfall) besonders bedrohten Lendenwirbel vier und fünf ein wahrer Segen ist. Ich als Operierter weiß das ganz besonders zu schätzen. Die in Längsrichtung übereinanderliegenden schmalen Holzlatten sind es, die ihren Charme ausmachen. Wer jemals Ikea-Möbel gekauft und zu Hause zusammengeschraubt hat, kennt das.

Schöneberg: Oben auf dem Ringbahnhof hatte man das Gefühl »Mit uns zieht die neue Zeit«, während es unten auf der Wannseebahn dunkel und altmodisch war. Irgendwie habe ich hier unten immer nach den »Bankierzügen« gesucht, den alten Express-Zügen zwischen Wannsee und dem Potsdamer Bahnhof. Auf den Güter- bzw. Fernbahngleisen nebenan. Lang, lang ist's her.

»Eingefahrener Zug nach Wannsee . . .«

So ein Quatsch, daß sie einem das noch sagten, denn der aus Oranienburg kommende Zug war an die dreißig Jahre alt. Klar, daß er da schon eingefahren sein mußte. Noch unsinniger aber war es, wenn sie einem per Lautsprecher mitteilten, der Zug sei eingelaufen. Als sei so ein S-Bahnzug ein Wäschestück, das man zu heiß gewaschen hatte.

Ich stieg ein und holte mein Soziologie-Buch hervor. »Wenn die empirische Soziologie sich zur Aufgabe stellt, die soziale Realität zu erforschen, so arbeitet sie zunächst weitgehend induktiv.« Vielleicht hätte ich doch etwas anderes studieren sollen.

Friedenau: Ich hatte gehört, daß Günter Grass und Friedrich Luft hier wohnen sollten (»Die Blechtrommel« also und »Die Stimme der Kritik«, jeden Sonntag um 11 Uhr 45 im RIAS, gleiche Stelle, gleiche Welle . . .), Hut ab. Hier würde ich mir nie eine Wohnung leisten können, denn Soziologie galt ja als ausgesprochen brotlose Kunst. Durch Friedenau zu fahren war für einen armen Studenten schon ein wenig deprimierend.

Feuerbachstraße: Klang gut, nur mußte ich rätseln, welcher Feuerbach nun derart geehrt worden war: Anselm, der Maler (›Das Gastmahl des Plato‹), oder Ludwig, der Philosoph, der gesagt hatte, daß nicht Gott die Menschen, sondern die Menschen Gott gemacht hätten. Ich weiß bis heute nicht, was richtig ist. In beiden Fällen. Die Antwort im Hinblick auf die beiden Feuerbacher findet sich, extra für mich hineingeschrieben, bei Meyer-Kronthaler/Kramer: ›Berlins S-Bahnhöfe‹, Seite 74. Herzlichen Dank!

Wir kamen an der Florastraße vorbei. Noch wußte ich nicht, daß da wenig später mein Freund Gerhard hinziehen und mich bitten würde, ihm die uralten elektrischen Leitungen auszubessern. Ich werde es tun, auf geniale Weise, und er wird, wenn er im Korridor Licht haben will, vorher so lange seinen Kühlschrank öffnen müssen, bis der angesprungen ist.

Steglitz: Hier war ich immer ausgestiegen, wenn meine Eltern, die ein Theater-Abonnement bei der »Freien Volksbühne« hatten, mit dem Schloßpark-Theater an der Reihe waren, aber einer von beiden die Grippe hatte oder zur Weihnachtsfeier mußte. Dann durfte ich ersatzweise mit, was immer sehr spannend war, weil man im Foyer aus einer Art Sektkübel erst ziehen mußte, wo man saß. Und das konnte ganz vorne, aber auch weit hinten sein.

Botanischer Garten: Da ging meine Schmöckwitzer Oma immer hin, um sich Samen für ihren Garten zu »stiebitzen«, wie sie das nannte. Mir war das furchtbar peinlich, ich mußte aber dennoch Schmiere stehen.

Von der S-Bahn aus konnte man Tante Erna und Onkel Erwin in die Fenster sehen. Auch Erwin versah seinen Dienst bei der Post, aber nicht nur das verband ihn mit meinem Vater, sondern auch die Liebe zum Kajaksport. Erwin galt als »Bolzer«, also einer, der an einem Tage mühelos seine 50 Kilometer herunterpaddelte. Erna mußte immer tüchtig mitmachen. Sie hinkte, weil sie als junges Mädchen einmal in Oberstorf eine Treppe hinuntergefallen war, aber im Boot war das kein Handikap. Ich mußte automatisch an Schmöckwitz denken und mein eigenes Boot, und meine Schmöckwitzer Oma kam mir noch einmal in den Sinn ...

Irgendwann habe ich doch mit ihr hier auf dieser Strecke

im Zug gesessen, und sie hat der Frau neben ihr, einer völlig fremden Person, ihre ganze Lebensgeschichte erzählt, von A bis Z.

»... und mein Schwiegersohn ist jetzt gerade aus der Kriegsgefangenschaft zurückgekommen ... So eine gute Seele ... und dann als Krüppel. Erst hat er im Hedwigs-Krankenhaus gelegen, nun ist er ins Oskar-Helene-Heim verlegt worden. Da fahre ich jetzt mit meinem Enkel immer von Schmöckwitz aus hin ... Im Sommer ist ja Horstelchen immer bei mir in Schmöckwitz draußen ...«

Richtig, wir waren auf dem Wege zu meinem Vater. Aussteigen **Sundgauer Straße,** dann die Straße nordwärts hinauf bis zur heutigen Clayallee. Aber erst einmal kam ja ...

Lichterfelde West: Linker Hand war das Transport-Corps der US-Truppen zu Hause, »unsere Schutzmacht«, wie man sie im Westen nannte, der »Besatzer«, wie es bei »Sudel-Ede« im »Schwarzen Kanal« immer hieß, und von hier wurden die Militärzüge nach Helmstedt abgelassen.

Um auszusteigen, mußte ich mir einen Ruck geben. So schön war es an der FU nun auch wieder nicht. Mein alter Siemens-Freund Gerrard, privat nur Shmuel genannt, wollte gerade einen Amateur-Hörspiel-Preis gewinnen und setzte uns alle ein, um den ›Faust‹ aufs Band zu bannen, wobei mir die Rolle des Schülers zugefallen war. Und der hatte unter anderem zu Mephistopheles zu sagen: *Aufrichtig, möchte schon wieder fort:/In diesen Mauern, diesen Hallen/Will es mir keineswegs gefallen./Es ist ein gar beschränkter Raum,/ Man sieht nichts Grünes, keinen Baum,/Und in den Sälen, auf den Bänken/Vergeht mir Hören, Sehn und Denken.* Auch wenn das mit dem fehlenden Grün draußen in Dahlem nicht stimmte, alles andere gab meine Stimmung richtig wieder. *Mir wird von alle dem so dumm,/Als ging mir ein Mühlrad im Kopf herum.*

Auch nach **Lichterfelde Ost** sollte ich im Laufe meines Studiums des öfteren kommen, denn dort wohnte Heinz Burkhardt, die Seele wie die graue Eminenz der GSG, der Gewerkschaftlichen Studentengemeinschaft, deren Finanzsekretär ich war. Heinz Burkhardt war ein Mann mit viel Charisma: Im Krieg hatte er beide Beine verloren und fuhr im Rollstuhl – als »Selbstfahrer« – des öfteren von Lichterfelde in die Bernburger Straße. Wie ein alter Spanienkämpfer sah er aus, hatte eine Stimme wie Ernst Busch (›Wir sind die Moorsoldaten ...‹) und rauchte die stärksten Zigaretten päckchenweise.

Bis 1969 sollte ich noch zur FU hinausfahren, zuletzt als Assistent, aber schon seit dem Wintersemester '61/62 nicht mehr mit den rot-gelben Zügen, sondern statt dessen mit den Bussen A4 und 48, denn es gab ja seit dem Mauerbau den S-Bahn-Boykott.

Der S-Bahn-Boykott, auch das gehört zum Mythos dazu. Sogar ein heiliggesprochener Poet-Essayist-Novelist wie Uwe Johnson hat ihm 1964 einen Text gewidmet. Man findet ihn in der Quelle 1 auf den Seiten 149–159, wo es u.a. heißt:

Die Stadtbahn in Westberlin steht seit 1961 unter einem Boykott, den die Vernunft nicht erklärt ... Am 17. August rief der westdeutsche Gewerkschaftsbund in Berlin (DGB) zum Boykott der Stadtbahn und nahm dabei Bezug auf den Stacheldraht.

Vor den S-Bahnhöfen standen Streikposten mit Schildern wie diesen:

»Keinen Pfennig mehr für Ulbricht!«

»Trapos raus aus dem freien Berlin!«

»Der S-Bahnfahrer bezahlt den Stacheldraht!«

»Du zahlst auch Westgeld für Ulbricht!«

Auch meine Eltern dachten: »Wer S-Bahn fährt, hilft Ulbricht«, und drohten mir mit sofortiger Enterbung, wenn ich es dennoch täte.

»Nein, ich schwöre es.«

Auch ich war ja Eingeborener hier, in der »Frontstadt« aufgewachsen und haßte »den Spitzbart« wie jeder andere auch, die Handvoll SEW-Wähler mal außen vor gelassen.

So stand ich denn auch eines Tages mit meiner Freundin

Helga, die aus Stuttgart angereist war, am Bahnhof Wannsee, hin- und hergerissen. In der S-Bahn konnten wir einen ganzen Wagen für uns allein haben, und auf dem langen Stück zwischen Nikolassee und Grunewald konnte viel passieren, alles sogar in diesen acht Minuten, aufgeheizt wie wir schon waren.

Nun . . . ich bin nicht enterbt worden.

Jedesmal ein kleines Abenteuer

Mit der S-Bahn zur Arbeit

Im Februar 1997 hat mich ein Brief der BVG erreicht, in dem man mich nach einem schönen einleitenden Satz – »Ihre vielfachen Artikel zu BVG-Nahverkehrsthemen zeichnen Sie als interessierten BVG-Kunden aus« – höflich bittet, meine Erfahrungen mit der BVG und meine Gründe ihrer Benutzung »in der Form beiliegender Anzeige zu vermitteln«.

Die zeigt Wirtschaftssenator Elmar Pieroth mit der Aussage: »Ich fahre BVG, weil ich quer durch die Stadt den Stau ›unterfahren‹ kann.« Ich fühle mich geehrt, was immer ein Fehler ist, weil so die klammheimliche Korruption des eigenen Denkens beginnt, und brüte stundenlang an dieser Sache, bis ich dann mit dem folgenden Text freudig niederkomme.

Warum ich BVG fahre?

Weil jede Fahrt ein kleines Abenteuer ist. Wann kommt die nächste Bahn, wie pünktlich ist der Bus? Sind Freunde zu sehen – oder muß ich in Deckung gehen? Werde ich beim Drängeln Sieger sein und einen Sitzplatz ergattern? Was machen die Leute um mich herum, worüber reden sie? Erzählen sie wieder ganze Romane? Sind sie häßlich oder attraktiv? Was haben sie an, welches Parfüm benutzen sie? Werden sie sich küssen oder (mich) schlagen? Werden mich die Kontrolleure stören, wenn ich lese oder döse? Habe ich meine Monatskarte wirklich eingesteckt – oder werde ich gleich abgeführt?

Es bleibt spannend bis zum Schluß: Kommen wir endlich auf eine Busspur? Gibt es einen Schienenbruch?

Nein, nicht doch, ich gelange auch heute wieder glücklich ans Ziel.

Nie hat mir die BVG (Abt. Marketing – Sekretariat) auf meinen Brief mit diesem Text eine Antwort zukommen lassen, und ob er mit meinem Bild als Anzeige erschienen ist, habe ich nicht in Erfahrung bringen können.

Aber den BVG-Text habe ich dennoch nicht umsonst geschrieben, denn er paßt wunderbar als Einleitung zu diesem Kapitel und ist sinngemäß auch voll auf die S-Bahn übertragbar.

Seit 1982 darf bzw. muß ich (ganz wie man will) in Frohnau janz weit draußen wohnen – j. w. d. –, weil dort eine vererbende Tante gestorben war. Wenn Sie jetzt denken, daß ich als Verfasser etlicher Kriminalromane und mit perfekten Morden vertraut . . . Ich war es wirklich nicht und habe auch mehrere Alibis. Wie auch immer: Frohnau wäre ohne S-Bahn so, als würde man auf dem Mond oder wenigstens ganz hinten in der Uckermark angesiedelt sein. Um die Sache noch zu komplizieren, wohne ich aber in meinem zweiten Leben zugleich auch noch in Wilmersdorf. Zu meiner Arbeitsstelle, der Fachhochschule für Verwaltung und Rechtspflege in Friedrichsfelde, muß ich also mal von hier und mal von dort aufbrechen, was insgesamt vier S-Bahn-Fahr-Varianten ergibt. Es kommen aber noch eine fünfte, sechste und siebente hinzu, da unsere geliebte FH von 1975 bis 1992 im Kudamm-Karree beheimatet war, bevor man uns in die Ex-Stasi-Bezirksverwaltung Berlin verfrachtete, und da ich von 1974 bis 1982 eine Laube in Heiligensee mein eigen nennen durfte, im Sommer also auch von dort in die Stadt zu fahren war. Hier eine dieser Varianten:

Von Heiligensee über Friedrichstraße zum Savignyplatz (Juni 1979)

Die Familie wohnte schon draußen in der Laube am S-Bahnhof Heiligensee, Silberhammer Weg, »Kolonie Dreieck«, doch ich hatte noch einige Male in der Woche in die Fachhochschule zu fahren, um junge Menschen glücklich zu machen (insbesondere dadurch, daß ich bei meinen Lehrveranstaltungen zehn Minuten früher Schluß machte) und Prüfungen abzunehmen. Um sieben Uhr morgens war die Welt hier draußen noch in Ordnung, sah man davon ab, daß wir öfter an die Worte meines Freundes Bimbo denken mußten: »Ich stell' mir immer vor, daß ich eines Morgens aufwache und merke, daß ich tot bin.« Das bezog sich auf die Atomraketen, die Deutschland jeden Tag erreichen konnten.

Unsere Laubenkolonie schwankte zwischen Charme und Slum, und der ehemalige Güterbahnhof Heiligensee war weithin zum Reitstall und -gelände umgewidmet worden. Über die S-Bahnbrücke, die die Hennigsdorfer Straße überspannte, war schon seit 1961 kein Zug mehr gerollt, und den Damm nach Hennigsdorf hatte man gleich hinter der Grenze weiträumig abgetragen. Nur eine einzelne Brücke stand ebenso abgekappt wie verloren in der Havelniederung. Der waschechte Westberliner fuhr natürlich mit Bus und U-Bahn über Tegel in die Innenstadt, und wer die S-Bahn wählte, gab sich eigentlich als klammheimlicher Sympathisant der Pankower Regierung zu erkennen. Der war ich weiß Gott nicht, sondern nur ein S-Bahnnarr. Die S-Bahn fuhr nur noch als »Geisterbahn« bzw. als »rollende Sozialstation« durch Westberlin.

Heiligensee: Ich war so allein auf dem Bahnsteig wie sonst nur ein Westernheld im Film. Es gab nur ein Gleis, und der Prellbock befand sich gleich hinter dem Aufgang. Ein herrliches »lonely wolfe«-Gefühl kam in mir auf. Ich hatte einen ganzen Halbzug der Baureihe 275 für mich allein. Mein Triebwagenführer schloß die Tür (Einzahl!) und fuhr los. Die erste Brücke wurde überquert, unten in der Straße Am Dachsbau tauchte unser Lebensmittelladen auf.

Es war Zeit genug, den Aschenbecher abzuschrauben. Aus Aluminium war er, mit dem erhabenen DR vorne drauf. Man konnte nicht nur den Deckel aufklappen, sondern den kleinen Behälter auch aus einer Halterung ziehen und nach vorne kippen, um ihn zu entleeren.

Schulzendorf (b. Tegel): Ich sah zum Restaurant »Hubertus« hinunter, wo wir bei »unserem Jugoslawen« immer fröhlich aßen. Bis wir eines Tages mit meinem Freund Jürgen Dittberner hingingen ... und mein kindliches Gemüt zum Durchbruch kam. Einer meiner kleinen Scherze war nämlich, ungesehen die Verschlüsse von Salz- und Pfefferstreuern aufzudrehen. Das gab köstliche Szenen, wenn jemand ... Nun, Jürgen D. wußte dies, ebenso Elke, seine Frau, wie sein Sohn. Was sie nicht wußten, war indessen, daß ich diesmal den Verschluß der Ketchup-Flasche gelockert hatte. Die nun aber nahm nicht wie erwartet Freund Jürgen in die Hand, sondern der Wirt höchstpersönlich. Und der drückte nicht zart auf die rote Plastikflasche, sondern mit der Kraft eines jugoslawischen Weltklassehandballers ... Nachdem er, völlig ausrastend, geschrien hatte, er würde die kostbare Herrenhandtasche meines Freundes und alles andere auf keinen Fall ersetzen, was keiner von ihm verlangt hatte, und wir vor Lachen unter dem Tisch gelegen hatten, mußten wir einige Zeit lang woanders essen gehen.

Zwei Männeken stiegen zu, und wir rumpelten weiter, vorbei am Diakoniezentrum, das sie gerade bauten, und dann kilometerweit durch den Tegeler Forst. Kam die Schranke an der Gorkistraße. Da hatte ich auf dem Wege zu Tante Martha und Onkel Erich in der Tegeler Marzahnstraße oft erschaudernd gestanden. So nahe war die Stromschiene. Drei Schritte, ein Griff ... und man war tot, vom Stromschlag getroffen, von der Hochspannung verschmurgelt wie ein Kotelett auf einer überhitzten Pfanne.

Heute fasziniert mich die Schranke am S-Bahnhof Lichtenrade noch ebenso, aber auch die hier in Tegel soll ja bald reaktiviert werden. Arme Autofahrer. Aber auch im BVG-Bus bleibt man ja stecken.

Noch immer war ich allein im Wagen. Zeit genug, nun auch das kleine Emailleschildchen an der Fensterbrüstung abzuschrauben: »Nicht hinauslehnen!«

Den grünen Abfallbehälter ließ ich dran. Damit habe ich mit meinem Sohn immer »Müllmännchen« gespielt. Hob er den Deckel hoch, protestierte ich mit Fistelstimme:

»Laß das, ich wohne hier und will meine Ruhe haben. Deckel zu!«

»Das bist du doch, Horstie.«

»Spreche ich denn wie der?«

»Ein Müllmännchen gibt es nicht.«

»Doch, gibt es.«

»Gibt es nicht.«

»Gibt es doch.«

»Gibt es nicht.«

»Gibt es doch.«

Und so weiter. Endlos.

Tegel: Wenn man Glück hatte, sah man hier einen Militärzug der Franzosen stehen. Es ging nun durch das Ödland der Reinickendorfer Industrieansiedlung.

Eichbornstraße: Ich konnte mich dunkel erinnern, daß ich als Junge hier einmal ausgestiegen war, um zu einem Spiel von Wacker 04 zu gehen, den »Reinickendorfer Veilchen«, wegen ihrer lila Jerseys so genannt, die hier ihr Stadion hatten, »ihr Schatzkästchen«, wie es in der Presse immer hieß. Eigentlich gab es ja nie eine Eichbornstraße, sondern immer nur einen Eichborndamm.

Wittenau (Kremmener Bahn): Das hatte mich schon als Kind immer fasziniert: daß es Wittenau (Kremmener Bahn) und Wittenau (Nordbahn) gab, und ich fragte die Erwachsenen Löcher in den Bauch, bis sie's mir erklären konnten, daß nämlich die eine Strecke nach Kremmen ging, nordwestwärts also, und die andere in gerade Linie nach Norden hoch.

Reinickendorf: Hier sagten sich nun wirklich die Füchse gute Nacht, und ich überlegte, ob es nicht doch spannender war, mit dem A 14 nach Tegel zu fahren und von da mit der U-Bahn zum Kurfürstendamm. Weiter ging es, und links kam der Damm der Nordbahn immer näher, wir fuhren erst unter ihr hindurch und dann eine Rampe hinauf, bis sich die beiden Strecken schließlich vereinigten.

Ich stützte mich mit dem Ellenbogen auf der Armlehne ab. Komfort noch aus Großvaters Zeiten.

Schönholz: Einen richtigen kleinstädtischen Güterbahnhof gab es hier in Fahrtrichtung links, mit Stellwerk und allem drum und dran, und dann ging es immer an der Mauer entlang und über die Panke hinweg. Pankow lag drüben, kille, kille Pankow, das Synonym für das andere Deutschland. Pankow gegen Bonn.

Wollankstraße: Eigentlich war ich hier schon – ohne jeden Passierschein, Paß oder dergleichen – in Ostberlin, denn der Bahnhof gehörte zur DDR, durfte aber von Westberlinern benutzt werden (natürlich nur von diesen!). Draußen am gelben Backsteingemäuer hing auch groß das Schild:

»Achtung! Sektorengrenze! Dieser Eingang und der Bahnhof liegen in Ostberlin.«

»Warum heißt denn der so: Wollankstraße?« hatte mein Sohn neulich gefragt.

»Weil da mal Friedrich der Große langgeritten ist und der General von Ziethen ihn gefragt hat: ›Woll'n wa da lang oder da lang?‹, und da haben die Leute das gehört und die Straße so genannt. Richtig schreiben konnten sie ja damals nicht.«

Bornholmer Straße: Hier rauschten wir nur durch, denn zwar hätte man diesen Bahnhof auf Ostberliner Gebiet auch für Westler öffnen können, aber das lohnte sich nicht, weil hier eh keiner wohnte. Über uns auf der Bösebrücke befand sich ein Grenzübergang, den wir auch schon benutzt hatten: schwitzend und innerlich fluchend. »Klappen Sie mal die Sitzbank hoch.« – »Ja.« Ganz devot, obwohl man die schlafenden Kinder wecken mußte und sich an dem Scheißpatent die Fingernägel abbrach. – »Öffnen Sie mal die Kofferhaube.« – »Ja, gerne . . .« Dabei hätte man diesem Menschen sonstwo hintreten können. Aua! Jetzt hatte man sich auch noch die Finger verbrannt. Immerhin noch besser als den Mund, denn nichts fürchteten wir mehr als die fünf Worte: »Fahren Sie mal rechts ran.« Eine halbe Stunde zuvor hatten unsere Ostberliner Verwandten noch den folgenden Witz erzählt: »Rast eine Straßenbahn mit achtzig Sachen die Schönhauser Allee entlang, ’ne schnurgerade Strecke. Kommt ein Vopo, hält die Straßenbahn an und sagt zum Fahrer: ›Fahr’n Se mal rechts ran.‹«

Gesundbrunnen: Wer wollte, konnte noch immer auf die Ringbahn umsteigen, die nun – als Halbring sozusagen – zwischen Gesundbrunnen und Sonnenallee hin und her pendelte, weithin leer. Auch den Hertha-Platz über dem Einschnitt gab es nicht mehr.

Humboldthain: Wenn ich mit meinen Kindern im engen Westberlin auch schon jeden Park abgeklappert hatte, hierher hatten wir es in all den Jahren nicht geschafft, irgendwie jagte mir der Hochbunker noch immer Angst und Schrecken ein.

Nordbahnhof: Dies war der erste Geisterbahnhof. Ab und an erhaschte man einen Blick auf einen der lauernden Posten, und irgendwie glaubte ich daran, daß eines Tages doch ein Republikflüchtling auf dem Bahnhof stehen, aufspringen und die Tür aufreißen würde, was aber nie geschah.

Oranienburger Straße: Ich stellte mir vor, was da wohl über mir auf der Straße war, wer da ging und wer da stand. Vielleicht hörte einer meinen Zug und stellte sich vor, wer da wohl unten im Zug saß . . .

Friedrichstraße: Ich stand auf, um auszusteigen. Nun befand ich mich hundertprozentig auf dem Territorium der Deutschen Demokratischen Republik, und als mir die Grepos in einer Dreierstreife entgegenkamen, dachte ich natürlich sofort daran, verhaftet zu werden. Weil ich vorhin Republikfeindliches gedacht hatte. Das mit den Vopo-Witzen.

Sie gingen vorüber.

Das alles hat mich so mitgenommen, daß ich ein paar Jahre später in meinem Jugendroman ›Geh doch wieder rüber‹ Jana, meine Heldin, hier zittern lasse.

Ich kletterte zur Stadtbahn hinauf. Rolltreppen gab es nur partiell, und meistens waren sie auch noch entzwei. Wer hier umsteigen wollte, hatte vorher am besten ein bergsteigerisches Training absolviert, und für Menschen über siebzig war es vorteilhaft, sich vorher anzuseilen. Wie an einer Steilwand ging es nach oben.

Der Zug nach Wannsee kam angekrochen und bremste dicht vor dem Prellbock. Es gab nur ein benutztes Gleis für die Züge aus dem Westen, und der Fahrer mußte schnell ans andere Ende eilen, wenn er den Fahrplan einhalten wollte. Hier auf der Stadtbahn war es wegen der »Grenzübertrittler« vergleichsweise voll. Jenseits der stählernen Wand gab es noch einen Bahnhof für die Ostberliner.

Wir setzten uns in Bewegung. Sichtblenden versperrten uns alsbald den Blick nach rechts. Zum Reichstag hin aber waren die Grenzsicherungsanlagen in voller Schönheit zu bewundern.

Es ging über die Spree hinweg, den Humboldthafen. Wie alt und marode mochte die Brücke übers tiefe Wasser sein? Sehr jedenfalls, und ich rechnete jeden Augenblick damit, daß wir in die Tiefe stürzten. Nicht umsonst hatte ich in der Schule Theodor Fontanes Gedicht gelernt: ›Die Brücke am Tay‹. Die bricht ja zusammen, und der Zug auf ihr stürzt hinab in die Bucht. Die wütenden Winde kommentieren es:

Hei!/Wie Splitter brach das Gebälk entzwei./Tand, Tand,/ Ist das Gebilde aus Menschenhand.

Was für ein Glück für mich, daß es heute windstill war.

Lehrter Stadtbahnhof: Den hatte man im Urzustand belassen, und er war eine wahre Augenweide.

Wegen der überall angebrachten Schilder »Vorsicht beim Ein- u. Aussteigen wegen Lücke zwischen Zug u. Bahnsteig« bin ich aber hier als Kind nie gerne ausgestiegen, weil ich Angst hatte, daß mir eines Tages mal die Beine abgequetscht werden könnten.

Bellevue: Auch dieser Bahnhof, wie der Lehrter aus den Anfangsjahren der Stadtbahn stammend und noch gut erhalten, erfreute das Herz.

Tiergarten: Der Blick die Straße des 17. Juni hinunter lohnte immer. Irgendwie bekam man hier die rechte Vorstellung davon, wie groß Berlin doch war. Landwehrkanal. Tiergarten. Unten links lag nun der Zoo, und wenn man sich Mühe gab, konnte man eines der Tiere erkennen, kostenlos bestaunen.

Zoologischer Garten: Kümmerlich war es ja, was Westberlin an Eisenbahn zu bieten hatte, und nur, wenn man Glück hatte, sah man einen der »Interzonenzüge« warten.

Als wir einen Augenblick länger hielten als geplant, hatte ich ein ganz bestimmtes Bild vor Augen: Es war im Sommer 1957, vier Jahre vor der endgültigen Spaltung der Stadt. Ich wollte zu irgendeinem Spiel ins Olympiastadion fahren und hatte schon ziemlich lange gewartet, doch als der Zug aus Richtung Osten endlich kam, hielt er nicht, sondern rauschte einfach durch, war einer der Durchläufer, ein Zug für DDR-Bewohner, der in den drei Westsektoren nicht hielt.

Wie oft hatten wir uns in unserem Leben schon unten am Bahnhof Zoo verabredet: Unzählige Male unter der großen Uhr schräg links über der Drogerie »Dr. E. Kuhlmann«. Von der Brüstung vor den Fernbahngleisen grüßte noch das unvermeidliche »Persil bleibt Persil«. Memories are made of this.

Savignyplatz: Als ich ausstieg, hatte ich das Gefühl, eine Weltreise gemacht zu haben. Dieser Bahnhof war und ist ein ganz besonderer, und ich habe versucht, ihn in meinem Roman ›Fendt hört mit‹ andeutungsweise zu beschreiben:

Wie ein Canyon zogen sich Gleise und Bahnhof durch die Steinwüste zwischen Kantstraße und Kurfürstendamm. In Richtung Süden hatten sie ein wenig Raum zu den Häusern hin gelassen. Den Putz der Wände zierte Reklame der dreißiger Jahre. Blaß und ausgewaschen zwar, aber noch ohne Mühe zu deuten. »Deutsche Beamten-Versicherung. Die bewährte Versorgung aller Schaffenden.« Nach Norden zu, zwischen Schlüter- und Bleibtreustraße, reichten die unverputzten Mietshausgiebel bis nahe an die Schienen heran. Braunschwarzer Ruß bedeckte die ungleich gemauerten Ziegel.

Nachtrag: Heute zieht sich hier in Augenhöhe die Galerie des Baumpaten Ben Wargin entlang. Halbreliefs, grauschwarz und morbide mit eingeritzten Dichterworten, sollen zeigen, daß der Tod des Baumes auch der Tod des Menschen ist.

Denk-Mal-Baum Gingko Baumpate werden.

In regelmäßigen Abständen sind ausgehängte S-Bahn-türen, gelb und ochsenblut, zwischen den Sentenzen plaziert. Am meisten fallen jene auf, die sich wie auf Stationsschildern zeigen.

WIR sind die Hautkrankheit der Erde/WIR rollen sitzend in den Tod/WIR trinken was WIR pinkeln/werden WIR gedacht gemacht WIR.

Wo Paul Ogorzow sein Unwesen trieb

Mit der S-Bahn zum Morden

Mitte der fünfziger Jahre waren meine Eltern wieder einmal von Waldemar und Erna nach Rahnsdorf eingeladen worden. »Waldi«, ehemals Mechaniker bei Siemens, war Berufsschullehrer in Westberlin und hatte sich als Imker einen Namen gemacht. Er hatte einen sprichwörtlichen Charakterkopf, eine Mischung von Curd Jürgens und Gerhart Hauptmann, konnte wunderbar plaudern und litt ganz sicher nicht unter Minderwertigkeitskomplexen. Erna hatte vor dem Krieg mit meiner Mutter bei der Krankenkasse gearbeitet. In den dreißiger Jahren waren die beiden Ehepaare zusammen durch die Mark Brandenburg gewandert und die Spree und Dahme entlanggepaddelt.

Hinter dem Bahnhof Rummelsburg sagte mein Vater: »Hier muß es gewesen sein ...«

»Hör auf damit!« Meine Mutter blickte ängstlich zu den Türen hin, um zu prüfen, wer wohl eingestiegen war.

Ich tat so, als wüßte ich nicht, wovon sie redeten, denn ich wollte nicht eingestehen, daß ich ganz hinten im Bücherschrank meiner Großmutter ein stark vergilbtes Buch über den Berliner S-Bahn-Mörder gefunden hatte. Immer wieder hatte sie es vor mir verstecken wollen, doch in der letzten Juliwoche, als sie drüben im Konsum gewesen war, um zu prüfen, ob die Verkäuferinnen auch alle ihre Häubchen trugen, war es mir gelungen, alles zu lesen. So hatte ich jetzt, als rechts von uns das Bw Rummelsburg auftauchte, alles ganz genau vor Augen:

Wir schreiben das Jahr 1939. Ein Sittlichkeitsverbrecher

versetzt die Frauen im ausgedehnten Laubengelände zwischen Rummelsburg, Friedrichsfelde und Karlshorst in Angst und Schrecken. Über dreißig versuchte und vollendete Notzuchtverbrechen werden angezeigt, aber die Polizei kann ihn nicht fassen. Einmal aber merkt der Täter nicht, daß die Frau, die er sich als Opfer ausgesucht hat, nicht allein ist. Ihr Mann und dessen Freund folgen ihr in einiger Entfernung, und als sie schreit, sind die beiden da und verprügeln ihn fürchterlich. Doch er kann ihnen entkommen, und nach diesem für ihn schrecklichen Erlebnis ändert er sein Verhalten. Er beschließt, die Frauen, auf die er es abgesehen hat, zu betäuben, um sie am Schreien und an der Gegenwehr zu hindern und erst dann »zu gebrauchen«, wie er es später in seinem Geständnis immer wieder formuliert.

Am 20. 9. 1940, es ist schon sein fünftes Kapitalverbrechen, wechselt er auf die S-Bahn über, die Strecke zwischen Ostkreuz und Erkner. Da stößt er die ledige Gerda K. um 23.35 Uhr zwischen den Bahnhöfen Wuhlheide und Karlshorst aus dem fahrenden Zug. Wie durch ein Wunder überlebt die Frau und kann der Polizei berichten, daß der Täter eine Eisenbahneruniform getragen hat. Dasselbe gibt am 4. 11. 1940 die dreißigjährige Angestellte Elisabeth B. zu Protokoll. Sie wird zwischen Hirschgarten und Köpenick aus dem Zug geworfen, vorher aber noch durch Schläge mit einem Bleikabel schwer verletzt. Die B. erleidet eine schwere Gehirnerschütterung, bleibt aber ebenfalls am Leben.

Einen Monat später jedoch gibt es die erste Tote. Unter dem Zeichen 4 P Js 3001/40 heißt es dazu in den Akten: »Am 3. 12. 1940, gegen 24 Uhr, wurde die 26jährige Krankenschwester Elfriede F. zwischen den Bahngleisen bei der Station Karlshorst mit schweren Schädelverletzungen tot aufgefunden. Nähere Tatumstände konnten nicht ermittelt werden; es war aber zu vermuten, daß es sich um den gleichen Täter wie in den vorausgegangenen Fällen handele.« Mit Ausnahme des »Völkischen Beobachters« beginnen die Zeitungen jetzt, vom »S-Bahn-Mörder« zu sprechen. Er wird zum Symptom seiner Zeit. Es herrscht Krieg, und die Stadt ist total verdunkelt. Die ersten Bomben fallen auf Berlin. Immer mehr Männer »stehen im Felde«, und immer mehr Frauen nehmen ihre Arbeitsplätze ein, müssen sehr früh und sehr spät allein in den Bahnen sitzen. Juden werden deportiert, in den Konzentrationslagern wird gemordet, sind die wahren Massenmörder am Werke.

Zwischen Rummelsburg und Karlshorst will die grausige Serie kein Ende nehmen. Sechs versuchte und acht vollendete Morde werden es schließlich sein, obwohl das Reichskriminalhauptamt am Werderschen Markt den besten Kommissar des ganzen Reichs den S-Bahn-Mörder jagen läßt und die NSDAP einen Geleitschutz für alleinreisende Frauen ins Leben ruft. Der S-Bahn-Mörder ist unter den Parteigenossen, die sich dazu anbieten ...

Wilhelm Lüdtke ist der Leiter der Mordkommission, und er tut alles Menschenmögliche, um den S-Bahn-Mörder zu fassen. Was wissen er und seine Beamten? Daß der Täter Eisenbahner ist und höchstwahrscheinlich im nahen Bahnbetriebswerk Rummelsburg beschäftigt ist. Die Aussagen der beiden überlebenden Frauen zeigen das ebenso an wie das gefundene Bleikabel und die Tatsache, daß der Mann, um mit den Frauen ins Gespräch zu kommen, nach ihrer Fahrkarte fragt. Das Gelände zwischen den S-Bahnstationen Karlshorst und Betriebsbahnhof Rummelsburg gleicht einer belagerten Festung. Kriminalbeamte sind ins Bw eingeschleust worden, und rund 5000 Reichsbahnangehörige, verteilt auf nahezu dreißig Dienststellen, werden unter die Lupe genommen. Doppelstreifen der Polizei und der NSDAP patrouillieren Nacht für Nacht durch die Gegend. Verkleidete Lockvögel sitzen in den Zweite-Klasse-Abteilen der Züge zwischen Ostkreuz und Erkner. Die Sperren der Bahnhöfe sind mit Kriminalbeamten in Eisenbahner-Uniformen besetzt. Mehrmals wird das Gebiet hermetisch abgeriegelt, jeder Fußgänger, jeder Radfahrer systematisch kontrolliert. Alles umsonst. Mehrere kleine Gauner faßt man, das ist alles. Der S-Bahn-Mörder läßt sich von alledem nicht stören. Auch Deutschlands bester Kriminalbeamter scheint ihm nicht beikommen zu können.

Dabei ist Paul Ogorzow alles andere als ein genialer Verbrecher. Er verfügt über nichts weiter als eine gehörige Portion Bauernschläue, den Instinkt eines Tieres und die irrwitzige Gewißheit eines Menschen mit niedrigem IQ, daß ihm als Parteigenossen niemand etwas anhaben könne, er als Pg. quasi mit einer Tarnkappe umherliefe. Seine beste Tarnung aber ist seine absolute Bürgerlichkeit. Ehrbarer Reichsbahner ist er, Hilfsweichensteller, mal auch Telegraphist, zuständig für die Weichen- und Signallaternen auf seiner Strecke, immer korrekt und zuverlässig, hat häufig Bereitschaftsdienst und sitzt dann allein im Stellwerk Vnk an der Zobtener Straße, gleich da, wo die Lauben beginnen. Auch ist er des öfteren dienstlich unterwegs, so daß keiner Verdacht schöpfen kann, wenn man ihn zu Schichtbeginn und -ende in den Zügen sitzen sieht. Seine Kollegen wissen nur Gutes von ihm zu sagen. Und er hat Frau und Kinder, die Nachbarn sehen ihn im Vorgarten Gemüse pflanzen und hinter dem Haus die Kirschen pflücken. Mit seinem Sohn schmust er viel und oft. Wer soll da in Karlshorst und im Bw schon Böses von ihm denken. Am 5. 6. 1937 hat er die zwei Jahre jüngere Verkäuferin Gertrud Z. geheiratet, die ein Kind, die Ingrid, mit in die Ehe bringt. Später haben sie gemeinsam einen Sohn. Erst wohnen sie bei seiner Schwiegermutter in der Dorotheastraße 24 im Parterre, dann bekommen Sie oben im selben Haus eine eigene Wohnung. Manchmal fährt er mit der S-Bahn von Karlshorst zum Dienst, meist aber läuft er oder schwingt sich aufs Rad. Paul Ogorzow ist am 29. 9. 1912 in Muntowen auf die Welt gekommen, am Ixt-See, in Ostpreußen also, im Kreise Sensburg, als uneheliches Kind. Über verschiedene Stationen kommt er schließlich zum Bw Rummelsburg und wohnt bis zu seiner Heirat möbliert in Berlin-Karlshorst, Dönhoffstraße 37.

Die Mordkommission Rummelsburg vermag Ogorzow noch immer nicht zu fassen. Ende 1940, 13 der 14 Kapitalverbrechen hat der S-Bahn-Mörder inzwischen schon begangen, entschließt sich Wilhelm Lüdtke in seiner Verzweiflung zu einem Trick. »Wir müssen ihn aus der Reserve locken«, sagt er zu seiner Gefolgschaft. »Es hat keinen Zweck mehr, die Überwachung wird eingestellt.« In Wirklichkeit aber gruppiert er seine Beamten nur um. Doch Ogorzow begeht seine nächste Tat nicht mehr in der S-Bahn, sondern wieder – im nun unbewachten – Laubengelände. Am 3.7.1941 wird die 35jährige Ehefrau Frieda K. in der Kolonie »Gutland II« tot aufgefunden. Sie ist vergewaltigt worden. Die Zertrümmerung des Schädels zeigt die Handschrift des S-Bahn-Mörders.

»Diesmal haben wir ihn!« ruft Lüdtke, denn neben der Ermordeten findet sich ein deutlicher Abdruck eines Herrenschuhs der Marke »Salamander-Fußarzt«, Größe 40. Anhand von Bezugsschein-Karteien werden 20000 Lichtenberger überprüft, und man findet den Mann, der diesen Schuh getragen hat: einen Tischler, der zu dem noch wegen eines Sittlichkeitsdelikts vorbestraft ist. Endlose Verhöre beginnen, doch Hermann W. will und will kein Geständnis ablegen. Er sei nur als »Ritzenkieker« und kleiner Einbrecher unterwegs gewesen und nur rein zufällig über die Leiche gestolpert. Es scheint das einfachste, den Voyeur und kleinen Eierdieb zum S-Bahn-Mörder zu machen und damit die Nazi-Größen, die immer nervöser werden (»Was soll das Ausland von uns denken?«) ruhigzustellen, doch Lüdtkes Instinkt sagt ihm: Der war es nicht. Aber seine ganze kriminalistische Kunst reicht nicht aus, Ogorzow auf die Schliche zu kommen, erst der Zufall hilft ihm weiter. Ein Reichsbahnkollege sieht Ogorzow am Stellwerk Vnk, wo er seinen Dienst versieht, über den Zaun klettern und im nahen Laubengelände verschwinden. Allerdings nicht, um einen Mord zu begehen, sondern, wie sich nach dem Verhör ergibt, seine Geliebte zu einem Schäferstündchen aufzusuchen ... Damit scheint die Mordkommission wiederum am Ende zu sein, doch Lüdtke schafft es noch, Ogorzow weichzuklopfen, indem er ihn durchs Laubengelände führt und ihn mit einem schwerverletzten Opfer konfrontiert, vor allem aber dadurch, daß er Ogorzow die präparierten Schädel der ermordeten Frauen vor Augen hält. In einem abgedunkelten Zimmer fällt plötzlich helles Lampenlicht auf das Tablett, auf dem sie liegen. Ogorzow sagt, er habe die Taten im »Rausch« begangen und schuld an allem sei ein jüdischer Arzt, der ihn im Verlaufe einer Tripper-Behandlung »versaut« habe. Er wird am 24.7.1941 vom Sondergericht III des Landgerichtes Berlin als Gewalttäter und »Volksschädling« zum Tode verurteilt und einen Tag später in Plötzensee geköpft.

Axel Alt hat in seinem 1944 erschienen Roman ›Der Tod fuhr im Zug‹ die Fahndung nach Ogorzow genauestens beschrieben, wobei er die Organe des NS-Staates auftragsgemäß verherrlicht, und ich habe im Jahre 1995 als -ky versucht, in meinem dokumentarischen Roman ›Wie ein Tier‹ ein Psychogramm Ogorzows zu zeichnen und ihn als logische Konsequenz seiner Zeit zu sehen, als Folge einer Erziehung mit Gewalt und Unterdrückung jeder Sexualität wie der Naziherrschaft, der Verdunkelung der Stadt und einer gewissen Dumpfheit des Lebens.

Und noch heute, mehr als ein halbes Jahrhundert nach seinen Verbrechen, sitzt der S-Bahn-Mörder in den Zügen, wenn wir nachts zwischen Ostkreuz und Erkner unterwegs sind...

»Aus grauer Städte Mauern ...«

Mit der S-Bahn zum Wandern

Bei mir im Flur hängt ein wunderschönes mehrfarbiges Poster, der Nachdruck eines Faltplanes mit dem Streckennetz aus dem Jahre 1938, mit dem die Berlinerinnen und Berliner dazu animiert werden sollten, mit der S-Bahn »int Jrüne« zu fahren. Teils in Sütterlin, teils in Fraktur ist das Deckblatt beschriftet:

»Für Ausflüge die S-Bahn.«

Über der Karte, deren äußerste Zielbahnhöfe Oranienburg, Biesenthal, Müncheberg, Scharmützelsee, Teupitz, Wünsdorf, Beelitz und Wustermark sind, steht in schönsten Lettern:

»Benutzen Sie die S-Bahn auch bei Ausflügen in die schöne Umgebung Berlins/Elektrischer Schnellbetrieb – Dichte Zugfolge – Niedrige Fahrpreise.«

Und am unteren Rand heißt es in Rot: »Löst Fahrkarten für die Rückfahrt schon bei Antritt oder Beendigung der Hinfahrt.«

Aber eigentlich hätte es einer solchen Werbung gar nicht bedurft, denn zur Kulturgeschichte Berlins gehört ganz zweifellos die Stadtflucht, wenn es Sommer wird. Schon unsere fürstlichen Herren früherer Zeiten zog es in ihre Schlösser rings um Berlin, denken wir nur an Rheinsberg oder Sanssouci, und die gutsituierten Bürger fuhren später in die »Sommerfrische«, Familie Buchholz beispielsweise nach Tegel, als dies noch ein Dörfchen war, und ab und an im Kremser an die Havel. Das gemeine Volk konnte nur am Wochenende ausfliegen, lange Zeit nur sonntags, verfiel der Wandervogelbewegung oder tummelte sich, falls dem Arbeiterstande zugehörig, auf Plätzen wie der »Kuhlen Wampe«. Man feierte bei Zickenschulze in Bernau, saß mit seiner Emma uff der Banke – an der Krummen Lanke – oder packte seine Badehose ein, nahm sein kleines Schwesterlein und setzte sich – »nüscht wie raus nach Wannsee« – in die S-Bahn. Mit Kind und Kegel und viel zu präpeln.

Kurzum, Berlinerinnen und Berliner wurden und werden an jedem Wochenende von einem kollektiven Wandertrieb gepackt: »Nur raus auße Stadt!« Westberliner allerdings bekamen da von 1953 an, als ihnen das Betreten der DDR streng untersagt wurde, ein stark triebdämpfendes Mittel verpaßt und waren bis zur Beginn der Passierscheinzeit, über zwanzig Jahre später, auf Grunewald, Wannsee und Tegel zurückgeworfen. Dann aber...

Es bildete sich der Kern meiner Wandergruppe, anfangs der laufschwachen und -unwilligen Kinder wegen auf nur wenige Kilometer beschränkt. Nach der Vereinigung mit Freunden, die eher das Marathonmaß im Auge hatten, wurden es dann elend lange Tagestouren. Inzwischen aber schreien einige von uns schon bei Kilometer zwanzig nach dem Sanitäter. Man geht schließlich auf die Sechzig zu.

Zu DDR-Zeiten geriet die monatliche Wanderung stets zu einem Abenteuer. Mit dem Auto wagte keiner zu fahren, fürchtete man doch, einmal einem hohen Parteifunktionär, einem NVA-Leutnant oder einem sowjetischen General an oder in den Wagen zu fahren und dann die nächsten Lebensjahre im Zuchthaus zu verbringen, in Bautzen oder Brandenburg. Also blieb da »nur« die S-Bahn. Das wurde erst ein wenig anders, als man Freund Jürgen Dittberner zum Staatssekretär ernannt hatte und dann alle Insassen seines Mercedes mit fast devoter Freundlichkeit behandelt wurden. Jedenfalls bei der Ausreise aus der DDR, als sich sein hohes Amt herumgesprochen hatte. Aber auch vorher fühlten wir uns wesentlich wohler, reisten wir doch quasi unter diplomatischem Schutz.

Vorher, nachher und ansonsten war aber mit der S-Bahn nach Friedrichstraße zu fahren und dort mit den rechtzeitig besorgten Passierscheinen demütig um die Einreise zu bitten. Nur kein falsches Wort. In meinem Kriminalroman ›Da hilft nur noch beten‹ habe ich eine solche Einreise unserer Wandergruppe ausführlich beschrieben:

Vor vier Wochen hatten sie ihre DDR-Tour Nr. 9 geplant, rund um Dolgenbrodt, und waren als Westberliner brav zu einem der fünf »Büros für Besuchs- und Reiseangelegenheiten« gepilgert, hatten, doppelt natürlich, ihren »Antrag auf Einreise in die DDR« fein säuberlich ausgefüllt (»Bitte mit Schreibmaschine oder in Blockschrift mit Tinte«), um dann drei Tage später glückliche Besitzer eines Passierscheins zu sein, das heißt, eines »Berechtigungsscheines zum Empfang eines Visums bei den Grenzübergangsstellen der DDR«.

Das hatte auch alles geklappt, und nach Zahlung von DM 25, genauer gesagt: dem Umtausch von D-Mark in Mark, war ihnen heute morgen der Eintritt prompt gestattet worden, nicht ohne angemessene Rucksackkontrolle und landesübliches Warten, versteht sich.

Soweit der Roman. Bei der Frage, ob man Waffen mit sich führe, war aufzupassen, daß man nicht kalauerte und gegenfragte: »Wieso, braucht man denn in der DDR welche? Ich denke, das ist alles so sicher hier bei Ihnen …« Bei der Ausreise waren dann noch von jedem Reisenden zwei Rubriken auf einem schmutzigweißen Zettelchen sorgfältigst auszufüllen: »Bei der Ausreise mitgeführte Zahlungsmittel« (wo man seine Westgeldbestände anzugeben hatte) und »In der DDR als Geschenk erhaltene und durch Kauf erworbene Gegenstände«, wozu noch Datum und »Unterschrift des Reisenden« kamen.

Unvergeßlich wird uns allen das Ambiente der Grenzübergangsstelle Friedrichstraße bleiben. Schon die Schilder. »Aufgang zur Einreise in die Hauptstadt der DDR.« Und an den ebenso grauen wie grauenhaften Buchten unten auf der Ebene Null, durch die man hindurch mußte wie ein Stück Vieh, unter »Einreise für Bürger« fein säuberlich untereinander gesteckt: »DDR – BRD – Berlin (West)«. Um mir das lästige Beschaffen der Passierscheine zu ersparen und ohne großen Aufwand wenigstens nach Ostberlin zu können, hatte ich mir einen zweiten Wohnsitz zugelegt, bei einem Freund in Bremen, und war nun glücklicher Besitzer eines echten Bundesreisepasses. Die Westberliner hatten ja nur »behelfsmäßige« und wurden von den Organen an der Grenze immer schlechter behandelt als die BRDler. Warum, war allen klar, unser grandioser Willy Brandt hatte es deutlich zum Ausdruck gebracht: »Wir lassen uns nicht auf kleiner Flamme garkochen.«

Oben auf der Stadtbahn gab es eine keinen Spalt mehr offenlassende stählerne Trennwand zwischen dem »West-S-Bahnsteig« B und dem »Ost-S-Bahnsteig« C. Für die zehn Meter Luftlinie von B nach C brauchte man mitunter anderthalb Stunden. Kam man von Zoo aus oben an, las man in einem Transparentenkasten mit aufgemalten, nach unten gehenden Treppenstufen:

»Paßkontrolle/zur Einreise für/Bürger der BRD/B. anderer Staaten/Bürger Berlin (West).«

Besonders ätzend waren die Kontrollen 1985, als die DDR von der Parole »Schwerter zu Pflugscharen« erschüttert wurde und wir mit unseren Rucksäcken, Bärten und Zöpfen doch sehr friedensbewegt wirken mußten. Vielleicht sahen es die geschulten Augen der Grenzen meinem Freund Peter Heinrich auch an, daß sein Vater Pfarrer gewesen war. Jedenfalls filzten sie uns Friedrichstraße fürchterlich. Sogar Jürgen Z., der Arzt war und vor dem sie deswegen ansonsten immer ehrerbietig strammgestanden hatten, mußte dran glauben und jedes einzelne der vielen mitgenommenen Tempotaschentücher auseinanderfalten. Und sie schickten uns noch einen Späher hinterher. Der war so auffällig, daß wir ihn schon ausmachen konnten, als wir die Fahrkarten gelöst hatten und unten an der Treppe zum Bahnsteig C zu entwerten suchten. Mit der Faust war auf eine stählerne Halbkugel zu donnern, und wenn man Glück hatte, war dann in die gelbe Pappe wirklich das kleine F gestanzt. Am besten waren die dran, die vorher auf dem Rummel beim »Haut den Lukas« geübt hatten. Den anderen schmerzte noch lange die Hand. Angesichts unseres Schattens wagte aber keiner über dieses Weltniveau zu lästern ... oder über die »Messe der Meister von morgen«. Der Mann saß dann auch mit uns im Zug nach Ahrensfelde. Ganz dicht hinter uns, um alles mitzukriegen. Erst als wir im Doppelstockzug nach Bad Freienwalde saßen, ließ er von uns ab. Trotzdem hatte Jürgen Z. große Angst, in Tiefensee seinen Fotoapparat aus dem Rucksack zu holen und das Bahnhofsschild abzulichten. Ich hatte einen Freund gleichen Namens in Bremen, den Hans-Joachim, und wollte ihm beweisen, daß seine Vorfahren hier in der Mark Brandenburg um 1275 ein eigenes Dorf gegründet hatten.

»Das Fotografieren von Bahnanlagen ist verboten«, sagte Siegfried.

»Er hat nun mal den Auftrag von der CIA«, flüsterte ich.

»Pssst!« machte Inge.

Es ging alles gut, und in Sternebeck stiegen wir aus. Bis Strausberg war es ein ewiges Ende, und das letzte Stück unserer fast dreißig Kilometer – von der Fähre über den Straussee bis zur S-Bahn – war eine einzige Qual. Strausberg Stadt, welch putziger Bahnhof, Modellbahn pur. Zurück bis Friedrichstraße dauerte es noch eine kleine Ewigkeit. Wir waren unendlich kaputt und sehnten uns nur noch nach Dusche und Bett. Bei 33 Grad im Schatten und schwülem Wetter, das Gewitter immer hinter uns, hatten wir höllisch geschwitzt. Meine Knie schmerzten, und Blasen hatte ich auch. Was für ein Glück, unter diesen Umständen im »Tränenpalast« noch eine Dreiviertelstunde auf die Ausreise aus der DDR warten zu dürfen.

Man mußte von der Stadtbahn hinuntersteigen und dann in einer parkartigen Ausbuchtung der oberen Friedrichstraße, zwischen Bahnhofsgebäude und Spree, in langer Schlange warten. Meterweise ging es voran, und aufatmend erreichte man endlich eine Art Wartehäuschen mit der großen Aufschrift: »EXIT – SORTIE – ВЫЕЗД – AUSREISE – SA-

LIDA.« Wenn ich heute irgendwo auf einer spanischen Insel lande und sehe, wo der Ausgang ist, muß ich immer reflexhaft an dieses »Salida« denken. Man hatte ja auch eine gute halbe Stunde Zeit, es sehnsüchtig anzustarren. Neidisch war man auf die, für die das Schild mit dem dicken schwarzen Pfeil rechts außen angebracht war: »Diplomaten u. Berufsverkehr.« Die Gemeinten konnten immer ohne Halt passieren.

Erst kam die Zoll-, sprich Rucksack-, dann die Paß- bzw. Ausweis- und Passierscheinkontrolle, immer mit der Angst, daß man unwissent- und unwillentlich gegen irgendeine der diffusen DDR-Normen verstoßen hatte. Lange prüfte der Milchreisjüngling in seiner Kabine meine Reisedokumente, besah sich mein freigemachtes Ohr und mein Gesicht und verglich – unsichtbar hinter einer Blende für mich – irgend etwas mit irgend etwas anderem. Man hielt den Atem an und sah sich schon in einem Stasi-Verlies.

Endlich war der letzte Posten passiert. Abschied von den anderen. Mit letzter Kraft spurteten Arzt-Jürgen und ich zur Nord-Süd-Bahn hinunter, doch der Zug nach Frohnau war gerade abgefahren. Zwanzig Minuten mußten wir auf die nächste Bahn warten.

»Na, freuste dich schon auf die nächste Wanderung?«

In die Märkische Schweiz ging es da, und zwar wiederum über Friedrichstraße, diesmal aber gleich mit der S-Bahn in Richtung Strausberg, wo nach Müncheberg umzusteigen war. Und zwar in Strausberg . . . und nicht in Strausberg Stadt, wo wir einen Monat zuvor zugestiegen waren, oder Strausberg Nord, der eigentlichen Endhaltestelle dieser Linie. Dies auseinanderzuhalten macht den S-Bahn-Kenner aus.

Im Tschernobyl-Jahr 1986 hatten wir den Scharmützelsee auf dem Programm. Von der gleichnamigen Fernbahnstation sollte es zum Spring-, Melang- und Glubigsee hinuntergehen, dann zurück nach Wendisch-Rietz. Zu diesem Zwecke war umzusteigen in Königs Wusterhausen.

»Wo wollen Sie hin?« fragten sie uns beim Mindestumtausch in Friedrichstraße, nun schon um einiges freundlicher als im Jahr zuvor.

»Nach Königs Wusterhausen.«

»Sie meinen nach KW.«

Auch später staunten wir erheblich. Während wir Westberliner nicht einmal die Petersilie aus unserer Laube aßen, weil sie uns zu hoch belastet schien, zogen unsere Brüder und Schwestern aus dem Osten scharenweise durch die Wälder am Scharmützelsee, um Pilze zu suchen. Und sie fanden auch welche, körbeweise.

Klick, ein anderes Bild.

»Vier Erwachsene nach Bernau und zurück ... und drei Kinder.« Brav reihte man sich Friedrichstraße in die lange Schlange am Fahrkartenschalter ein und sagte an, was man begehrte. Jürgen Dittberners Großeltern waren in Bernau begraben, und so fuhren wir öfter mit der S-Bahn hinaus. Auch um den Hellsee zu wandern war ein Vergnügen, das sich ganz viel früher schon meine Eltern gegönnt hatten. Das Glück war vollkommen, wenn wir dann im großen Restaurant nahe der Bernauer Stadtmauer von der Serviererin »plaziert« wurden, obwohl wir uns inmitten der vielen Uniformierten ringsum wegen unserer lauten und tobenden Kinder immer wie kurz vor der Verhaftung fühlten.

Für einen S-Bahnnarren hatte der Name »Bernau« einen seligmachenden Klang, denn da war sofort die Assoziation mit der legendären Baureihe 169 und dem Schild »Bernau« vorne dran.

Auf der Rückreise aus der DDR ergab sich dann stets dasselbe Problem: Wohin mit dem umgetauschten Geld? Zumeist kauften wir uns Unter den Linden oder im Bahnhof Friedrichstraße bergeweise – später selten bis nie gelesene – Bücher, was aber spätabends oder sonntags nicht möglich war. Also bekamen Siegfried und Inge den »Parteiauftrag«, in der Devisenumtauschstelle Friedrichstraße ein besonderes »Zwischenlagerkonto« anzulegen.

So richtig begannen wir die S-Bahn aber erst nach der

Wende für unsere Wanderungen zu nutzen. Gleich im Sommer 1990 genossen Arzt-Jürgen und ich die gänzlich neuen Möglichkeiten, um zum Paddeln hinaus nach Schmöckwitz zu fahren. Kein Grenzübergang Friedrichstraße mehr, mein Gott, nicht zu fassen! Statt dessen setzten wir uns in Frohnau ins Auto und fuhren ein kurzes Stück nach Norden hinauf, um uns in Hohen Neuendorf (richtig: ohne Bindestrich) in die S-Bahn zu setzen und »oben rum« – das heißt: über Blankenburg, Schönhauser Allee und Ostkreuz – nach Grünau zu fahren, also weithin auf der heutigen S 8. Das fand ich so beeindruckend, daß ich diese Strecke alsbald zum Tatort werden ließ. So spielen die Kilometer zwischen Oranienburg und Mühlenbeck-Mönchmühle in »Ein Deal zuviel« eine große Rolle, und mein Kommissar Hans-Jürgen Mannhardt begibt sich natürlich per S-Bahn an den Tatort:

Der Zug hielt pünktlich um 15 Uhr 34 in Mühlenbeck-Mönchmühle. Sie stiegen aus und sahen, daß drei Frauen aus- und kaum mehr als zehn Fahrgäste einstiegen, zwei davon auch in ihren Wagen. Gestern war hier ein Angler eingestiegen, der auf dem Mühlenbecker See seinem Hobby nachgegangen war, und hatte Carmen Müller in einer riesigen Blutlache gefunden.

Den offiziellen Ausgang gab es in Fahrtrichtung vorn, hinten aber hatten Eilige eine Bresche in den Absperrzaun geschlagen und sich den ziemlich steilen Bahndamm hinunter einen sandigen Trittpfad geschaffen. Das war vor allem eine Abkürzung für die, die zu einem kleinen Badesee gelangen wollten, den Mannhardt hinter einer grünen Senke, einem Feuchtbiotop, wie man heutzutage sagte, einem Stück staubiger Brache und einem fast Tschechovschen Birkenwäldchen entdeckte. Da rechts von ihnen eine schnurgerade gezogene Nebenbahnstrecke die S-Bahn unterquerte, die stadtbekannte »Heidekrautbahn« nach Basdorf hinauf, war das wirklich ein so idyllisches Fleckchen, daß es als Diorama bei jeder Modellbahnerschau einen Preis gewonnen hätte.

Nun, im Jahre 1996 wird dann auch der Verleger meiner

drei in diesem Taschenbuch vereinigten Bahnen-Bände, Dr. Norbert Jaron, durch diese Gegend geschleift. Treffpunkt S-Bahnhof Frohnau. Eine Station nur geht es nach Norden hinauf, schon Hohen Neuendorf wird ausgestiegen. Im Zickzack wandern wir durch Wald und Flur, kreuzen Schönfließ die S-Bahnstrecke, laufen aber noch weiter bis zum Feldheimer See, um schließlich – nach dem Kaffeetrinken in »Grolli's Oase« – in Mühlenbeck-Mönchsmühle wieder zuzusteigen. Es ist so ruhig und so ländlich hier, als wären wir weit oben in Lappland. Auf dem Rückweg besuchen wir Arzt-Jürgen auf dem Frohnauer Friedhof . . .

. . . und erinnern uns an eine gemeinsame Wanderung Ende der achtziger Jahre, als wir auch hier oben in dieser Gegend losgelaufen sind. Du meine Güte, ist das damals kompliziert gewesen: Mit der S-Bahn von Frohnau bis Friedrichstraße, dann – nach Grenzkontrolle und Mindestumtausch – mit der S-Bahn bis Alexanderplatz, weiter mit der U- und Hochbahn bis Schönhauser Allee und wieder mit der S-Bahn hinauf bis Birkenwerder, von wo aus man zu starten hatte, wenn man durchs Briesetal nach Wandlitz wollte. Der Witz war, daß wir zwischen Bergfelde und Hohen Neuendorf ganz dicht an Frohnau vorbeifuhren, unsere Invalidensiedlung und den Fernmeldeturm zum Greifen nahe hatten . . . und nach zwei Stunden Fahrt wieder am Ausgangspunkt angekommen waren. Aber wollte man per S-Bahn in den Kreis Oranienburg, gab es ja nur diese eine Möglichkeit. Es war ein komisches Gefühl, unsere Welt nun von der anderen Seite der Grenze zu sehen. Ein Irrsinn, das alles. Oder waren wir nicht mehr ganz richtig im Koppe?

Nach der Wende war nun O-Burg, Oranienburg, wieder mit der S-Bahn zu erreichen, und das nutzten wir sofort. Von Frohnau bis Lehnitz sind es 16 Minuten, und nach ein paar hundert Metern ist man unten am See. Den kann man in anderthalb Stunden umrunden und Oranienburg wieder in die S-Bahn klettern. Nicht immer reicht die Kraft, zum KZ Sachsenhausen hinüberzugehen. Manchmal auch drängen

Mitwandernde, wenn man sie daran erinnert, daß in Oranienburg andauernd schwere Bomben aus dem Zweiten Weltkrieg gefunden und gesprengt werden, auf schnelle Heimkehr. Bei jedem Schritt könnte ja ...

1987 hatten wir vor dem S-Bahnhof Lehnitz ein kleines Drama erlebt. Es war Sonnabend, wir saßen vor einem kleinen Kiosk total erschöpft bei unserem Bier, und die braven NVA-Soldaten aus der nahen Kaserne waren ausgeschwärmt und hatten sich gehörig vollaufen lassen. Einer von ihnen hatte dabei – in der S-Bahn oder sonstwo im Beritt – seine hoheitliche Mütze liegenlassen, war jedenfalls mächtig am Suchen, schien doch ihr Verlust Anschiß oder Bunker zu bedeuten, als Schändung der nationalen Ehre seines Landes zu gelten. Seine Kameraden eilten ihm zur Hilfe. Wir blickten starr in unsere Gläser. Nur nicht feixen. Wenn sie auf die Idee kamen, wir hätten vielleicht ... Nein, sie zogen weiter ...

Einmal, 1988, hatten wir das Clara-Zetkin-Haus besuchen wollen und waren Birkenwerder ausgestiegen. Vom Bahnhof der S-Bahn ließ sich da verfolgen, warum die DDR wirt-

Bebtriebsamkeit am Hauptbahnhof. (© Michael Klinec)

schaftlich so in die Bredouille geraten war: Auf dem Güter-bahnhof stand ein Hochbordwagen mit wunderschönen gel-ben Ziegelsteinen. Aber die waren vom Herstellerwerk nicht etwa sauber auf Paletten gestapelt worden, womöglich noch in Plastebahnen eingeschweißt, sondern hineingekippt, wenn nicht gar hineingeworfen worden. Offenbar mit großem Schwung, denn dem Augenschein nach waren etwa 25 Pro-zent dabei zerbrochen. Nun rückte nicht etwa ein Baufahr-zeug mit Greifer an, und man schob auch kein Förderband an den Waggon, sondern vier Männer hatten eine Kette gebil-det, um sich die Steine zuzureichen, Stein für Stein. Da es aber Sonnabend war und tropisch heiß, schien sich ihre Lust arg in Grenzen zu halten. Immer wieder ließen sie die Steine fallen, und kam wirklich einer hinten an, so waren seine Überlebenschancen auch nicht eben groß, denn der letzte Mann feuerte ihn mit einem solchen Karacho auf den hinge-stellten Lastwagen, daß ihm kaum anderes blieb, als an sei-ner Lage zu zerbrechen. So gingen also weitere 25 Prozent der Steine dem Aufbau des Sozialismus verloren.

Als die S-Bahn wieder nach Potsdam fuhr, machten wir uns sofort auf die Socken, um von Potsdam Stadt zum Schwielow-see zu wandern. Den hatte ich noch aus DDR-Zeiten in Erin-nerung, weil in Ferch Tante Biene und Onkel Bertie aus Leip-zig ihr Ferienhäuschen hatten. Er ist als Arnold Roddahn in den ersten und letzten deutsch-deutschen Krimi eingegangen, 1988 vom Freunde Steffen Mohr und mir geschrieben: »Schau nicht hin, schau nicht her«. In Petzerow (= Petzow) sowie in Leipzig, seiner Heimatstadt, und Westberlin spielte das alles. Es ist dann allerdings die U-Bahn, nicht die S-Bahn, in der spä-ter Entscheidendes geschieht.

Hier nun bei Ferch rutscht Jürgen Dittberner, inzwischen Staatssekretär in Potsdam, aus und setzt sich, der Weg ist glit-schig vom nassen Lehm, nach einem kleinen Sprung und einer eleganten Pirouette auf den Hosenboden. Weil dies nun sehr an den »Rittberger« erinnert, allen Eiskunstlauffreun-den ein Begriff, obwohl ihn keiner so richtig vom »Salchow«

oder vom »Toe-loop« zu unterscheiden vermag, nennen wir einen solchen Sturz fortan einen »einfachen Dittberner«. Was nun aber ist ein »doppelter Dittberner«? Fällt Jürgen mit seinem Riesenschirm in der Hand. Und der »dreifache Dittberner«? Stürzt er mit Schirm und seiner Frau Elke zusammen. Darauf warten wir nun bei jeder Wanderung.

Ja, es geht bei uns schon gnadenlos zu. Als ich mich einmal auf dem Hagelberg im Süden Berlins beim Aufschrauben einer Seltersflasche am Finger verletze und Blut auf das Schlachtfeld tropft – siehe »Napoleonische Befreiungskriege« und »Schlacht bei Großbeeren« –, lacht Arzt-Jürgen nur und leistet keine erste Hilfe.

Als Freund und Psychologe Peter Heinrich an der Sakrower Heilandskirche einmal dringend muß und sich gerade noch in ein transportables Toilettenhäuschen retten kann, eilen Jürgen Dittberner und ich herbei, um es umzulegen. Fast jedenfalls. Elke ist Lehrerin und kann im letzten Augenblick das Schlimmste verhindern.

Psycho-Peter – im Gegensatz zu Hüne-Peter – hat sowieso seine Probleme bei der Benutzung der Berliner S-Bahn. Nicht, weil er aus einem kleinen Weiler im Schwarzwald kommt, sondern weil er eingefleischter Autofahrer ist. Immer wieder, wenn er auf den Holzbänken sitzt, sieht man ihn, wie seine rechte Hand von der Schulter oben links zum Becken rechts nach unten fährt. Mehrfach.

»Was machst du denn da?«

Ist es eine Art rituelles Gebet nach Naturvölkerart, das er vollführt, um nicht Opfer eines Bahnunfalls zu werden, oder streicht er sich über die schmerzende Brust, schon in der Nähe eines Herzinfarkts ...? Unruhe kommt auf. Soll man den Notarzt rufen lassen?

Nein. Er sucht nur nach seinem Anschnallgurt.

Felix Huby – ›Gott, Herr Pfarrer‹ und ›Ein Bayer auf Rügen‹, auch der Bienzle-Schöpfer – lästert immer, wenn wir, stolz auf diese, auf unsere Berge klettern. Stehen doch die Krausnicker Berge mit immerhin 144 Meter in den Karten verzeichnet, und die Rauenschen Berge messen gar 148 Meter. Für ihn als Schwaben sind dies indessen nur unwesentliche Wellen in der flachen Streusandbüchse Brandenburg. Gemessen am Bodensee erscheinen ihm auch unsere einheimischen Gewässer als recht klein geraten und sich zudem sehr ähnlich im Charakter. Und so stammt denn auch, als wir bei einer Wanderung in der Rheinsberger Gegend den zwölften See des Tages erreichen und ich verzückt meine Hände in sein Wasser tauche, der Spruch des Tages von ihm: »Das Besondere an diesem See ist, daß er so aussieht wie alle anderen.«

Und dennoch kommt er immer wieder gerne mit, wenn wir in Blankenfelde aussteigen (S 2 von Waidmannslust), um von hier aus zum Rangsdorfer See zu laufen oder mit der S 46 in den tiefen Südosten zu fahren, um – umsteigen in Königs Wusterhausen – von Halbe oder Oderin aus in die eben erwähnten und traumhaft schönen Krausnicker Berge zu wandern.

Inge, jetzt die »Wetter-Inge«, weil sie beim ZDF für die Prognosen zuständig ist, wird gleich am Treffpunkt bestürmt, welche Chancen wir denn wohl hätten, nicht naß zu werden. Meistens aber haben wir Glück. Einmal hatten wir sogar Riesenglück: 35 Grad im Schatten, keine Wolke am Himmel. Das war der Tag, wo uns Siegfried zur Rast am frühen Nachmittag auf einen Segelflugplatz führt . . . Kein anderer als er darf eine Wanderkarte mit sich führen. Bemerkt er das, stürzt er sofort hin und entreißt ihm diese. Da er jede Wanderung als einen Marathonlauf ansieht, bekomme ich ihn selten zu Gesicht, da ich eine schwache Blase habe und oft den Anschluß an die Truppe verliere. Zum Glück sind Marilies und Heike am Ku'dammbummeltempo orientiert. Hüne-Peter und Liane versuchen, die zwei, drei Kilometer zwischen Spitze und Ende des Feldes mit Frohsinn zu überbrücken. Manchmal kommt auch Heinz-Gert mit, der vom dunklen Drange erfüllt ist, uns immer und überall Tucholsky vorzulesen, so daß man gar nicht zu rasten wagt. Bei Psycho-Peter muß man aufpassen, daß er nicht wieder seinem Triebe verfällt und an einsamen Gehöften um ein Glas Wasser bittet, weil dies als typisch für bestimmte Trickbetrüger gilt und manche Zeitgenossen sofort 110 wählen läßt.

Auch Hüne-Peter ist immer in »action«, schon in der S-Bahn. Sitzt einer auf den Holzbänken und hat auch nur entfernte Ähnlichkeit mit einem Schriftsteller, will er ihn sofort engagieren für seine nächste »Reinickendorfer Kriminacht« auf der Tegeler Insel.

Der Mann zuckt zusammen. »Nein, der bin ich nicht...«
Enttäuscht fragt ihn Hüne-Peter dann, ob er nicht wenigstens ein Bild zu verkaufen habe.

Auch mit Karlheinz, meinem nichtehelichen Schwiegervater, sind wir schon gewandert... nach Rangsdorf. Als ich ihn gestern beim vorösterlichen Kaffeetrinken nach seinen S-Bahn-Erlebnissen frage, bekommt er leuchtende Augen. 1947/48, erzählt er, seien die Neuköllner Jungmannen jedes Wochenende scharenweise mit der S-Bahn bis Rangsdorf gefahren, um im dortigen »Seebad-Kasino« die Nacht hindurch zu tanzen. »Da ist es dann immer zu Schlägereien mit den Russen gekommen... aus den Kasernen in Rangsdorf. Aber immer unter sportlichen Aspekten. Ohne Waffen, nur mit den Fäusten. Und wenn einer am Boden lag, war der Kampf beendet. So wie bei einer Kirmes in Bayern. Keiner hat die Polizei geholt. Ein Veilchen war wie ein Orden.« Morgens in der Frühe habe man dann noch ausgiebig im See gebadet und sei erst dann wieder zur S-Bahn gelaufen, um nach Hause zu fahren. Überhaupt sei es zu dieser Zeit große Mode gewesen, mit der S-Bahn zum Tanzen – Boogie Woogie – in die Vororte zu fahren – nach Adlershof zum Beispiel ins »Sanssouci« oder nach Buch hinaus. Einmal habe er oben am Prenzlauer Berg eine Freundin gehabt und sei dann mit dem letzten Vollring von Schönhauser Allee nach Hause gefahren. »Eigentlich hätte ich ja Hermannstraße aussteigen müssen, aber ich bin immer erst Papestraße wach geworden, Endstation, so erschöpft bin ich gewesen. Und von da mußte ich dann zu Fuß nach Hause laufen, zur Kottbusser Brücke. Das alles fällt mir immer ein, wenn ich S-Bahn höre.«

0 Uhr 16 ab Hohen Neuendorf

Mit der S-Bahn durch die Nacht

1992 habe ich am Pfingstsonnabend im Rahmen der »Volks-uni« an der Humboldt-Universität einen Vortrag über »No-go-areas« in Berlin gehalten, über die Bereiche also, die man nicht betreten sollte, wenn man nicht überfallen, beraubt, zusammengeschlagen, niedergestochen oder gar getötet werden will. Zu diesem Zwecke hatte ich meine Studierenden eine kleine Umfrage durchführen lassen, und da stellte sich heraus, daß die Berlinerinnen und Berliner – weit vor allen anderen Orten und Plätzen – die S-Bahn als solch gefährliches Territorium betrachten, insbesondere ihre Außenstrecken.

Ist es der S-Bahn-Mörder, der da noch in unseren Köpfen spukt, oder haben wir für die Berichte über Verbrechen, die »auf der S-Bahn« verübt werden, einen ganz besonderen Speicher? Es ist ja mit dem S-Bahnfahren wie mit dem Fliegen: Hunderttausendmal geht alles gut, und niemand verschwendet einen Gedanken daran, aber wenn dann einmal etwas passiert, dann ...

Am 23. Februar 1997 gibt es im ZDF den Spielfilm »$2^{1}/_{2}$ Minuten« von Rolf Schübel, wo zwischen Springpfuhl und Friedrichsfelde Ost bei einem Kampf zwischen zwei rivalisierenden Jugendgruppen ein junger Mann erstochen wird.

Als ich wenig später allein zu meiner Nachtfahrt starten will, ist meine engste Bezugsperson mehr als entsetzt. Ob ich wohl Selbstmord begehen wollte?

»Nein.« So sehr hätte mich dieser Schicksalsschlag nun doch nicht getroffen.

»Welcher Schicksalsschlag?«

»Na, das mit deiner neuen Kurzhaarfrisur.«

Ehe sie ihren Nagellack nach mir schleudern kann, versichere ich ihr, nicht ohne einen Bodyguard reisen zu wollen.

Dieser heißt Jacques, hat eine Profi-Ausbildung und führt einen scharfen Dobermann bei sich. Nachdem ich dies meinem Freund Hüne-Peter und Norbert Jaron, dem Verleger, mitgeteilt hatte, wollten sie mich gerne begleiten. Auch Hüne-Peters Bruder Karl-Hermann ist mit von der Partie. Er kommt aus Bodenwerder, der Münchhausen-Stadt, weiß also, was es heißt, Abenteuer zu bestehen.

Wir treffen uns am Sonnabend, dem 5. April, kurz vor 21 Uhr Frohnau auf dem Bahnsteig unten. Bewaffnet sind wir – neben dem Dobermann – mit einer Schreckschußpistole, einem Elektroschocker, einem Reizgassprühgerät und möglicherweise noch anderem, wovon ich nichts weiß. Der Verleger hat kurz vorher angerufen und will erst Friedrichstraße zu uns stoßen. Wir vermuten, daß er Angst bekommen hat.

»Angst«, doziere ich, »ist das Gefühl, das den Menschen darauf aufmerksam macht, daß ihn eine Gefahr bedroht, der er sich nicht gewachsen fühlt.« Die Frage sei aber, ob wir unter zu hoher, sprich pathologischer Ängstlichkeit bzw. Angstneigung litten. Die Angstlust allein könne es bei uns nicht sein. Sind wir nun a) hysterisch, b) klug und weise oder c) beides?

Die Route hatte ich vorher festgelegt: Mit der S 1 von Frohnau nach Nikolassee (62 Minuten), mit der S 7 von Nikolassee nach Ostkreuz (45 Minuten), mit der S 10 von Ostkreuz nach Hohen Neuendorf (47 Minuten) und mit der S 1 von Hohen Neuendorf zurück nach Frohnau (6 Minuten). Die reine Fahrzeit beträgt also – ohne Umsteigen und Warten – 160 Minuten = 2 Stunden und 40 Minuten. Das ist die Flugzeit Berlin – Palma de Mallorca oder die ICE-Strecke Berlin – Hildesheim. Weil auf der Stadtbahn Pendelverkehr zu erwarten ist, starten wir 20 Minuten früher, statt 21 Uhr 22 schon 21 Uhr 02.

Grausames Wetter ist angesagt: »Nachts geht der Regen bei Tiefstwerten um ein Grad langsam in Schneeregen über...« Zieht euch warm an!

Frohnau warten etwa zwei Dutzend Reisende, überwiegend Kids mit Rucksäcken und Turnschuhen. Einige rauchen, andere unterhalten sich auf polnisch. Der Gegenzug, der nach Oranienburg, ist zur Hälfte leer. In einem Wagen knutscht ein Pärchen, aus einem anderen gucken zwei schwarz gewandete Wachmänner gelangweilt zu uns herüber.

Unser Zug kommt pünktlich an, und wir steigen in den zweiten Wagen. 876418-5 notiere ich. Die Sitze sind nagelneu, und zwar aus glattem Kunststoff, der schon von vornherein so aussieht wie mit dicken bunten Filzern beschmiert und gut zu reinigen ist. Pünktlich 21 Uhr 02 startet die S 1 in Richtung Süden. Hinten im Wagen schnattern junge Mädchen. Es geht um Liebe und Schulprobleme. Draußen ist es so finster, daß man das Gefühl hat, durch einen Tunnel zu fahren, in dem jemand vergessen hat, die Lampen auszuschalten. Karl-Hermann bedauert, daß dies keine Sightseeing-Tour zu werden verspricht. Auch von Thrill noch keine Spur. Der einzige, der zittert, ist der Hund, genauer gesagt: die Hündin. Ich frage nach dem Namen und verstehe TUI.

»Ah, gesponsert vom Reiseveranstalter aus Düsseldorf?«

»Nein: Toe.« Jacques buchstabiert es mir.

»Toe ...?« fragte ich, sicher, dieses Wort noch nie gehört zu haben.

Unser Bodyguard klärt mich auf. »Wie englisch: Zeh. Die hat einen verkrüppelten Zeh.«

Ich bin blamiert, aber es wissen ja eh alle, daß ich mit meinen Englisch nie ganz das Niveau eines Simultandolmetschers erreiche. Aber nicht deswegen zittert das Tier, sondern weil es noch nie in seinem Leben S-Bahn gefahren ist.

Hüne-Peter beklagt das Fehlen von S-Bahnsurfern.

»Nawrocki sollte zur Unterhaltung der Fahrgäste wenigstens Stuntmen dafür einstellen.« Axel Nawrocki ist der Berliner S-Bahn-Chef.

Damit endlich etwas passiert, überlegen wir, ob wir nicht die Notbremse ziehen sollten. Was das wohl kostet? Die Schätzungen bewegen sich zwischen 50 und 200 Mark. Ein paar Bahnhöfe später sagt uns ein S-Bahner, der Richter würde das festlegen. Wir finden das unerhört und sprechen uns für eine feste Summe aus.

Friedrichstraße reißen wir die Türen auf und suchen den Bahnsteig nach Dr. Jaron ab. Richtig, da steht er, aber kaum als solcher auszumachen, weil er sich flott gekleidet hat. Wie James Dean damals. Auch er klagt. Daß er nirgendwo etwas zu essen bekäme, Friedrichstraße nicht mal 'ne Bockwurst. Schier am Verhungern sei er.

Zwei Farbige (»Blacks«) steigen ein, eine Frau im Abendkleid mit einer dunkelroten Rose, schön wie Whitney Houston, und ihr Mann. Mit schwarzem Humor denke ich: Die hat uns die Regie geschickt, damit jetzt die Skins mit ihren Baseballschlägern die S-Bahn stürmen, wo bleiben die?

Entsetzen bei uns: Die beiden mitgebrachten Handys funktionieren nicht, der Nord-Süd-Tunnel schottet alles ab. Wie sollen wir jetzt 110 anrufen?

Anhalter Bahnhof steht eine Reisegruppe aus – sagen wir – Korea herum, und einer fotografiert sie und den Zug. Jetzt müßten doch eigentlich und endlich einmal . . . Nichts passiert. Ab Schöneberg wird es richtig gemütlich, Familien überwiegen. Die erwarteten Abenteuer des Schienenstranges werden immer unwahrscheinlicher.

Friedenau: Ich frage den Verleger, ob er nicht endlich einen Lyrikband von Fried E. Nau verlegen wolle, die Berliner hätten sogar schon einen Bahnhof nach ihm benannt. Hüne-Peter fügt hinzu, daß Fried E. der Sohn von Alfred Nau sei, dem langjährigen und sehr verdienten Schatzmeister der Bundes-SPD. Wie sagt meine Mutter immer: »Durch Reden kommt eine Unterhaltung zustande.« Auf dem Transportwägelchen einer Frau steht »Bean«, und wir könnten uns nun minutenlang über Mr. Bean, den Komiker, austauschen, da aber alle das Gleiche denken, kommt kein Tausch zustande und jeder nimmt wieder mit nach Hause, was er mitgebracht hat.

Zehlendorf: Whitney Houston und ihr Mann steigen aus. Weil nichts los ist, stehen wir auf, gehen im leeren Wagen umher und studieren die Plakate. »Die Umweltkarte ist famos, es fahren bis zu Fünfe los.« Mit meiner geht das nicht mehr, und alle anderen haben brav bezahlt. Weil wir dreieinhalb Stunden unterwegs sind, sogar zweimal. Ich schwöre es.

Nikolassee steigen wir um. Der lange überdachte und verglaste Übergang zur S 7 ist nun in der Tat ein Ort zum Gruseln. Wenn man hier allein wäre ... Der Hund wird an einen Straßenbaum geführt. Mir untersagt man das, obwohl ich dringend müßte. Auf dem Bahnsteig ist es naßkalt und windig. Regionalzüge huschen vorüber. Pünktlich 22 Uhr 11 kommt der Zug nach Ahrensfelde und ist so gut besetzt wie zur frühen Nachmittagszeit. Wir begeben uns in den Wagen 476037-7.

Jetzt kommen die acht Minuten zwischen Nikolassee und Grunewald, vor denen immer wieder gewarnt wird. Doch wieder geschieht nichts, was sich ausschlachten ließe: Kein Raubüberfall, kein Serientäter, keine Schlacht zwischen Neonazis und Autonomen, kein Selbstmörder, der sich vor den Zug wirft, kein S-Bahnsurfer, kein Graffiti-Schmierer, nichts. Wie war doch Freund Hubys Kommentar, als ich ihm von dieser Fahrt erzählt hatte: »Warum setzt du dich nicht zu Hause vor den Computer und denkst dir etwas aus. Das gibt doch viel mehr her als die Wirklichkeit.«

Immerhin: **Westkreuz** steigt ein Stadtstreicher ein, der sein gesamtes Hab und Gut in einem Einkaufswagen mit sich führt. Obenauf liegt ein langes Kofferradio. Er bettet sich auf eine der Längsbänke, und die S-Bahn ist sein Zuhause. Eine Dame mit Sonnenbrille hat offenbar eine Fahrt im Orient-Express erwartet und ist entsetzt, daß es bis Zoo noch so viele Stationen sind.

Grunewald erhebe ich mich im Gedenken an Eva Renzi, die hier gewohnt hat und ihre Lebenserinnerungen bei Jaron herausbringen will. Gleich nach der Maueröffnung bin ich einmal mit ihr vom Lehrter Stadtbahnhof aus S-Bahn gefahren. Welch Glück in ihren schönen Zügen, als die Leute in den Zügen sie erkannten und zu tuscheln begannen.

Der Verleger hat mit Dieter Kaddoura von der Zeitschrift ›Signal‹ gesprochen und viel über die Berliner S-Bahn gelernt: Daß die neue Baureihe 481 bei den Insidern »Taucherbrille« heißt, weil die Frontscheibe einer ebensolchen ähnelt, und die Baureihe 485 »Coladose« ...Wegen der Assoziation mit der entsprechenden roten Getränkedose. Die Ausstattung unseres Wagens erinnert ihn an die Küche seiner Eltern: »Wegen der blauweißen Resopalplatten ...« Die Neonröhren unter den angeschmuddelten Abdeckungen oben in der Mitte sind alle von unterschiedlicher Helligkeit und Tönung. Wie früher in der DDR. Fast hätte ich Friedrichstraße nach meinem Passierschein gesucht.

»Was denn: Auf der Stadtbahn kein Pendelverkehr ...?«
Nicht mal das, wir sind enttäuscht.

Warschauer Straße kommt leichte Panik auf, denn die Lautsprecherdurchsage ist nicht so leicht zu deuten. Wir springen erst auf den Bahnsteig hinaus, dann wieder in den Zug hinein. Weil das die richtige Entscheidung war, haben wir **Ostkreuz** zwanzig Minuten Zeit, und da der Verleger nun wirklich am Verhungern ist, beschließen wir, in der Umgebung des Bahnhofs, obwohl er keine zu haben scheint, nach etwas Eßbarem zu suchen. Der Kiosk von »Ditsch« verspricht zwar »Jederzeit ofenfrische Brezeln«, aber 23 Uhr ist offenbar außerhalb jeder Zeit, die hier auf dem **Bahnhof Ostkreuz** eh stehengeblieben ist. Sollte Alfred Behrens hier meinen S-Bahn-Mörder-Roman verfilmen wollen, der ja 1939–41 spielt, brauchte man nichts zu verändern. Die Gänge sind lang und verwinkelt, auf den Wegen steht das Wasser knöchelhoch. Wer hier allein unterwegs ist, sollte 100-Meter-Zeiten nicht unter 11,0 (männlich) oder 12,0 (weiblich) haben. Doch wir sind ja eine Gruppe und deswegen stark.

Sonntag-/Ecke Neue Bahnhofstraße steht dann eine Imbißbude – »Kebap Hut«. Hut ab, sie hat's jedenfalls, das gesuchte Flair wie Essen. Filmreifes Ambiente ist das hier: Ödland, Martinshörner nahebei, Abrißhäuser und oben auf dem Damm die S-Bahn. Sonst wird ja diese Verbindungskurve zwischen Nordring und Stadtbahn nicht mehr genutzt, aber heute, wo wegen irgendwelcher Bauarbeiten alles nach Warschauer Straße umgeleitet wird, kommen hier andauernd Züge entlang. Unser Verleger kann kräftig zubeißen, ich labe mich an einem Kümmerling. Weil das Ergebnis dieser Tour so kümmerlich sei, meint Hüne-Peter. »Wartet mal ab«, sage ich. »Man soll's ja nicht beschreien.« Immerhin hat hier in Ostkreuz erst vor kurzem eine Gruppe Jugendlicher den Bahnhof gestürmt und wahllos alles niedergeschlagen, was zu entdecken war. Und auf der S 10 nach Birkenwerder, die wir gleich nehmen werden, seien schon etliche Leute überfallen und aus dem Zug gestoßen worden.

Der Höhepunkt für mich ist indessen schon gekommen: Ich finde eine stille Ecke, in der ich endlich, um dies mit den Worten Kleists zu sagen – siehe Michael Kohlhaas –, mein Wasser abschlagen kann. Während ich erlöst bin, lösen sich die anderen ihren zweiten Fahrschein.

Vom Ringbahnhof oben hat man einen herrlichen Blick auf das nächtliche Berlin. Hoch wölbt sich der Himmel über der Stadt, Wolken rasen zwischen den Sternen umher und brechen sich am Fernsehturm.

Ein Kurzzug nimmt uns auf, ganz genau gesagt: der Wagen 875607-4. Es ist 23 Uhr 21 MEZ. Es gibt kackbraune Kunstledersitze, die so warm sind, wie es die Heizdeckenvertreter bei ihren Kaffeefahrten immer leicht betrügerisch versprechen. Die Wandverkleidung, ein nachgemachtes Furnier, erlesen scheußlich, ist mit einem dicken schwarzen Filzer so verschmiert, daß es an die frühen Anfänge japanischer Höhlenmalerei erinnert. Alle Scheiben sind zerkratzt.

Was kann man Karl-Hermann von unserer Metropolen-Herrlichkeit noch so alles zeigen. Das Velodrom, das hell angestrahlt ist, mehr nicht.

Ab **Bornholmer Straße** sind wir mit einer jungen Frau allein in unserem Waggon. **Pankow** springt sie ab, als der Zug noch nicht ganz gehalten hat, gerät mit ihren Plateausohlen in eine Pfütze und schlägt lang hin. Bevor Hüne-Peter hinauseilen und ihr aufhelfen kann, ist sie schon davongelaufen. Ganz vorn im Zug sitzt ein anderes junges Mädchen allein. Wir staunen. Den S-Bahn-Mörder-Roman scheinen nicht alle gelesen zu haben. Im zweiten Wagen entdecken wir noch ein Pärchen. Ohne uns säßen nur drei Passagiere im Vier-Wagen-Zug nach Birkenwerder.

Pankow-Heinersdorf entzückt mit seinem großen Güterbahnhof. Mittendrin leuchtet das gelb-geschwungene McDonalds-M. Auf dem ganzen langen Bahnsteig steht kein Mensch herum. Wir sind abermals verwirrt, denn laut Faltblattzugzielanzeiger müßten wir die grüne S 8 nach Bernau sein, wir fühlen uns aber als die blaue S 10 nach Birkenwerder. Was stimmt nun? Wir fahren los und wissen es nicht. In Blankenburg aber informiert man uns dahingehend, daß wir doch die S 10 sind.

Nun kommen die acht Minuten Fahrzeit zwischen **Blankenburg** und **Mühlenbeck-Mönchsmühle**. Wenn es jemand darauf anlegt, überfallen zu werden, sollte er sich nachts hier in die S-Bahn setzen. Niemand hörte seinen Hilfeschrei. Es geht übers flache Land, und ehe auf den gottverlassenen Bahnhöfen eine Aufsicht erscheint, wäre der Täter über alle Berge.

Kurz vor **Bergfelde** hätte es Hüne-Peter um ein Haar doch noch erwischt. Das Herz. Er hat beide Hände an den Aluminium-Klinken, als der Strom ausfällt und wir ein Stückchen durchs absolute Dunkel rollen. Da hole ich meinen Elektroschocker aus der Tasche und drücke auf den Auslöser. Und im selben Augenblick, als vorn zwischen den Elektroden die vielen tausend Volts unheimlich knistern, erzeugt der Stromabnehmer außen am Wagen einen so wahnsinnig großen bläulichen Funken, daß Hüne-Peter glauben muß, der würde zu ihm überspringen. Ein Schrei.

Zur Strafe bekomme ich Zahnschmerzen vom Elektrosmog.

Hohen Neuendorf verlassen wir die S 10, und verlassen steht sie nun da, als sie der S 1 nach Oranienburg Vorrang einräumen muß. Nur noch ihr Fahrer ist bei ihr an Bord. Fünf

Leute warten mit uns, zwei haben Fahrräder dabei. Der Altersdurchschnitt liegt bei zwanzig Jahren.

Pünktlich 0 Uhr 16 fährt er ab, unser Zug der S 1, bis Anhalter Bahnhof nur noch. Allein im ersten Wagen sitzen Leute. Wir steigen in den zweiten. Zwei dunkelblaue Wachmänner folgen uns.

Ich bete nicht gerade darum, aber denke doch: Bitte, liebe Hilfs-Sheriffs, beschuldigt uns, die dreckigen und zerrissenen Zeitungen im Wagen verstreut zu haben, schnauzt uns an, nehmt uns fest, durchsucht uns nach Waffen, schleudert uns in den Staub, werft uns in eine Zelle ... Es muß doch endlich was passieren, das sind wir dem Ruf Berlins ganz einfach schuldig. Normal ist schal, und eine Metropole, die New York immer ähnlicher werden will, muß doch mehr zu bieten haben als nächtliche Gemütlichkeit.

Doch alles ist vergeblich. Im Wagen 8764 30-0 gibt es keine Szenen aus dem Wilden Norden.

Frohnau: Die Sieger kehren heim. Furchtlos hatten wir uns in das Abenteuer der empirischen S-Bahnforschung gestürzt und waren tagelang davor nur noch mit den Gedanken an Tod und Verstümmelung ins Bett gegangen. Jetzt war alles überstanden, und wir hatten überlebt. Rauschhaftes Glück erfaßt uns nun.

Immerhin hat bei dieser denkwürdigen Nachtfahrt auf und mit der Berliner S-Bahn einer heftig gezittert: Der scharfe Wachhund, den wir zu unserem Schutze angeheuert hatten.

P. S. In den Polizeinachrichten des ›Tagesspiegel‹ vom 5. Mai 1997 lesen wir dies: *Von etwa 15 Neonazis sind vier Nachtschwärmer gestern früh gegen 0.10 Uhr auf dem S-Bahnhof Friedrichstraße in Mitte angegriffen worden. Als die Polizei zu Hilfe kam, sprangen die Täter in einen abfahrbereiten Zug und entkamen. Die Opfer erlitten Prellungen und teils blutende Gesichtsverletzungen. Ein Motiv für den Überfall war gestern nicht erkennbar.*

»Tegel – Zurückbleiben bitte!«

U-Bahn-Erinnerungen

Die U-Bahn und das Leben als solches

Der erste U-Bahnhof, den ich in meinem Leben bewußt wahrgenommen habe, war Rathaus Neukölln, damals – 1942 etwa – noch an der Linie C gelegen. Und es war etwas sehr Philosophisches, was mich, als Vierjährigen, damals bewegte: Wo eben, beim Warten, noch ein Nichts war, die Leere zwischen Bahnsteig und blaugrau gekachelter Wand, da war plötzlich etwas: der gelbe U-Bahnwagen, die »Tunneleule«. Man stieg ein – und wenig später war man ganz woanders, in einer anderen Welt, am Hermannplatz bei Karstadt. Kam hingegen zuerst der Zug in die andere Richtung, wurde abgefertigt und rauschte wieder davon, dann war plötzlich dort, wo eben noch die gelben Waggons mit den vielen Menschen drin gestanden hatten, eine absolute und erschreckende Leere. Der Zug war im Tunnel verschwunden, scheinbar im Nichts. Natürlich wußte ich schon, daß es hinter Rathaus Neukölln andere Bahnhöfe gab – Bergstraße und Neukölln (Südring) –, dennoch sagte mir mein Gefühl, daß dieser Zug für immer im schwarzen Nichts verschwand. Er starb sozusagen. Fuhr aber umgekehrt einer in den Bahnhof ein, dann war das wie eine Geburt. Noch heute gilt für mich das Bild: Wie U-Bahnzüge kommen wir aus dem Nichts und verschwinden wieder im Nichts. Und hoffen auf das Licht am Ende des Tunnels.

Die Faszination der U-Bahn hat tiefe Wurzeln in unserer Seele. Daß es auch Parallelen zum sexuellen Erleben gibt, liegt auf der Hand: der Zug als Phallus, der Tunnel als Öffnung, die Fahrt als lustvolle Bewegung. Wohin wir mit unseren tiefenpsychologischen Deutungen kommen, wenn die U-Bahn als Hochbahn fährt, im Einschnitt oder auf dem Damm, soll hier nicht weiter erörtert werden.

Wie auch immer – für uns ältere Berliner, die wir nicht im Auto gezeugt und aufgewachsen sind, ist die U-Bahn untrennbarer Bestandteil unseres Lebens. Für auswärtige Besucher steht sie als Symbol für Metropole und Großstadt, gleichberechtigt mit den unterirdischen Bahnen von New York, Paris oder London.

Einen Nachteil aber hat die U-Bahn: Guckt man aus dem Fenster, sieht man nicht viel. So simpel diese Erkenntnis sein mag, so entscheidend ist sie für die Wertung dieses Verkehrsmittels im Vergleich mit Straßenbahn, S-Bahn und Bus.

Aber dieses Nicht-aus-dem-Fenster-sehen-Können kann auch seine Vorteile haben. Als Kind habe ich das Auf und Ab der an den Tunnelwänden aufgehängten Kabel immer fasziniert verfolgt. Und dann kann man auf die hellen Nebelflecken der Ausstiegsschächte warten. Oder auf einen plötzlich abzweigenden Schienenstrang, der die Verbindung zu einer anderen Linie oder zur Werkstatt herstellt. Vor allem aber gibt einem die Fahrt mit der U-Bahn die Chance zur Kontemplation oder zu einer Art autogenem Training. Ich starre vor mich hin, ich denke nach über mich, meine Nächsten, Gott und die Welt. Das Gleichmaß von Halten, Anfahren, Beschleunigen, Bremsen und Halten ist von derselben Wirkung wie Gebetsmühle oder Rosenkranz. »Nach Alt-Tegel einsteigen ... Nach Alt-Tegel zurückbleiben bitte ...« Kleines Konzert, zuknallende Türen, weiter. Die Zeit dehnt sich, Urlaubsschläfrigkeit kommt auf,

Natürlich kann ich auch lesen, aber nichts ist schöner als das Dösen. Und dabei zuhören, was sich andere zu erzählen haben. Aber in der U-Bahn reden die Leute nicht soviel wie in der S-Bahn, will mir scheinen. In der U-Bahn schweigt man lieber. Wir sind schließlich *unter der Erde*, und *jemanden unter die Erde bringen*, heißt ja, ihn begraben. Für alle, die unter klaustrophobischen Ängsten leiden, ist die U-Bahn die

Hölle. Eingesperrt ist man und muß ersticken, wenn es einmal brennt. Siehe London. Aber wir wissen ja, daß die Berliner U-Bahn eines der sichersten Verkehrsmittel der Welt ist. Allerdings: Gegen einen Wahn und eine Phobie helfen keine rationalen Argumente. Ich habe zum Glück nur ein bißchen Höhenangst ...

Wir Berliner Schlüsselkinder hatten im Nachkriegswinter 1945/46 nur wenig Spielzeug, und das wenige liebten wir heiß und innig. Meine absoluten Schätze waren ein grüner Märklin-Personenwagen aus Blech und eine braunrote Lore derselben Firma, beide in der Größe 0. Leider hatte der Wagen nur noch drei Räder, und da eine neue Achse natürlich nirgends aufzutreiben oder gegen anderes zu tauschen war, mußte ich kräftig improvisieren. Mein Vater weilte noch in Kriegsgefangenschaft, aber sein Schraubstock und sein

Hochbahnhof Bülowstraße (© Bodo Schulz)

Werkzeugkasten hatten Bomben und Evakuierung überstanden. So sägte ich mir vom runden Stiel unseres Quirls das Rad und vom gleichfalls hölzernen Kartoffelstampfer den Radkranz ab, fügte beide mit den letzten Resten eines giftigen Klebers zusammen und bohrte da ein Loch, wo die Mitte zu vermuten war. Als das Rad dann auf der Achse saß, eierte es mächtig, aber nachdem ich den Radkranz noch ein wenig zurechtgefeilt hatte, entgleiste der Wagen nur noch ganz selten. Meine Mutter war von diesem – wie ich meinte – Geniestreich nicht sehr angetan, obwohl sie selbst doch immer zu mir sagte: »Von dem kannst du dir mal eine Scheibe abschneiden!« Womit sie aber eben nicht Quirl und Kartoffelstampfer meinte, sondern unsern Nachbarssohn Peter L. Das hölzerne Ersatzrad fiel auch gar nicht weiter auf, da das Achslager abgebrochen und von mir durch ein Teil meines Stabilbaukastens ersetzt worden war. Die Lore war zum Glück heil geblieben. Zu den beiden Industriefahrzeugen kam noch ein von meinem Vater, einem gelernten Maschinenbauer, aus Alublechen gebastelter Rungenwagen mit selbstgegossenen und -gedrehten Rädern aus Blei. So war also mein klassischer Drei-Wagen-U-Bahnzug komplett. Die Strecke bestand aus etwa zehn geraden und fünf gebogenen Märklin-Gleisen sowie einer von meinem Vater aus Messingprofilen selbst gebauten Weiche. Das erlaubte mir den Nachbau der grünen Linien B 1 und B 11, also eines Y-förmigen Streckenverlaufs. Reste meines ehemaligen Anker-Steinbaukastens, sämtliche noch vorhandene Domino-Steine und vor allem die zu zwei Dritteln erhaltene Reißschiene vom Zeichenbrett meines Vaters reichten aus, um die Hochbahn zwischen Warschauer Brücke und Nollendorfplatz stilecht nachzubauen, allerdings mit nur einem Bahnhof dazwischen: Hallesches Tor. Die Weiche, das Wertvollste von allem, kam hinter dem Wittenbergplatz zum Einsatz. Stolz und mächtig wie Gott selber lenkte ich meine Züge mal nach rechts, nach Ruhleben also, und mal nach links, nach Krumme Lanke. Auf der Schreibmaschine hatte ich mir die Zielschilder getippt und ausgeschnitten. »Warschauer Brücke« wurde mit Roggenmehlkleister auf die Lore gepappt, an den grünen Personenwagen kamen aber richtige Steckschilder. Daß ich keine Stromschienen hatte, war zwar ärgerlich, aber der Zug wurde ja eh nur mit der rechten Hand geschoben. Fahrgäste hatte ich eine Menge: die etwa vierzig Halmafiguren meiner Mutter – gelb, rot, grün und schwarz. Ab und an stürzten welche vom Rungenwagen, fielen in den Kanal oder wurden überrollt. Rückblickend würde ich sagen, das war das schönste Spiel meiner Kindheit, und schon in der vorletzten Schulstunde freute ich mich darauf.

Dann kam mein Vater mit einer steifen Hüfte aus der Kriegsgefangenschaft zurück, und es vergingen zwei Jahre, bis er wieder arbeitsfähig war. In dieser Zeit baute er mir – aus Sperrholz – richtige U-Bahnwagen, und sogar Drehgestelle trieb er dafür auf. Auch weitere Schienen kamen hinzu, gebrauchte natürlich, und so konnte ich alsbald die Linie C 1 eröffnen, mit einer echten Tunneleule natürlich. Erst als wir dann richtige H0-Modellbahner wurden, war es mit der U-Bahn vorbei.

Was mir bis heute blieb, sind ganz bestimmte mit der U-Bahn zusammenhängende Alpträume. Ich stehe auf einem engen Bahnsteig, und der Bahnsteig wird immer schmaler, während der Zug aus dem Tunnel herangerauscht kommt ... Oder: Ich sitze in der U-Bahn, der Zug hält, und ich lese auf dem Stationsschild einen Bahnhofsnamen wie UXALFÜ oder BOLQUAZ. Wo bin ich, wer bin ich? Schreiend und voller Panik fahre ich hoch. An Schlaf ist kaum mehr zu denken.

Dennoch ist mein ganzer Stolz ein Diorama, das in etwa dem Hoch- und Untergrundbahnhof Hallesches Tor entspricht. Oben steht ein Drei-Wagen-Zug von Freddy Woytnik – A I, gelb, rot, gelb – und unten im aufgeschnittenen Tunnel eine Tunneleule.

Beginnen will ich mit etwas U-Bahn-Historie, damit der große Überblick nicht verlorengeht.

Daten zur Berliner U-Bahn-Geschichte

1896: Nachdem ein 1880 geplantes Pfeiler- bzw. Schwebe-bahnprojekt gescheitert ist, erfolgt am 10. September 1896 der erste Spatenstich zum Bau der Viaduktfundamente für die Hochbahn in der Gitschiner Straße (Firma Siemens & Halske).

1902: Inbetriebnahme der ersten Berliner Hoch- und Unter-grundbahn am 18. Februar 1902 auf der 6 km langen Strecke zwischen Stralauer Thor (Osthafen) und Potsda-mer Platz. Am 11. März 1902 folgt die Inbetriebnahme des zweiten Streckenteils vom Potsdamer Platz zum Zoologi-schen Garten und am 25. März desselben Jahres die Auf-nahme des Durchgangsverkehrs vom Stralauer Thor über das Gleisdreieck bis zum Zoologischen Garten. Bis Ende 1902 werden die Endpunkte Warschauer Brücke (heute Warschauer Straße) und Knie (heute Ernst-Reuter-Platz) erreicht.

1906: Die Stammstrecke wird vom Knie bis zum Wilhelm-platz (heute Richard-Wagner-Platz) verlängert.

1908: Verlängerung der Stammlinie im Westen bis Reichs-kanzlerplatz (heute Theodor-Heuss-Platz) und im Osten bis Spittelmarkt.

1910: Eröffnung der Schöneberger U-Bahn vom Nollendorf-platz zum Bahnhof Hauptstraße (heute Innsbrucker Platz).

1913: Streckenverlängerung Reichskanzlerplatz – Stadion (heute Olympia-Stadion [Ost]).
Streckenverlängerung Spittelmarkt – Nordring (heute Schönhauser Allee).

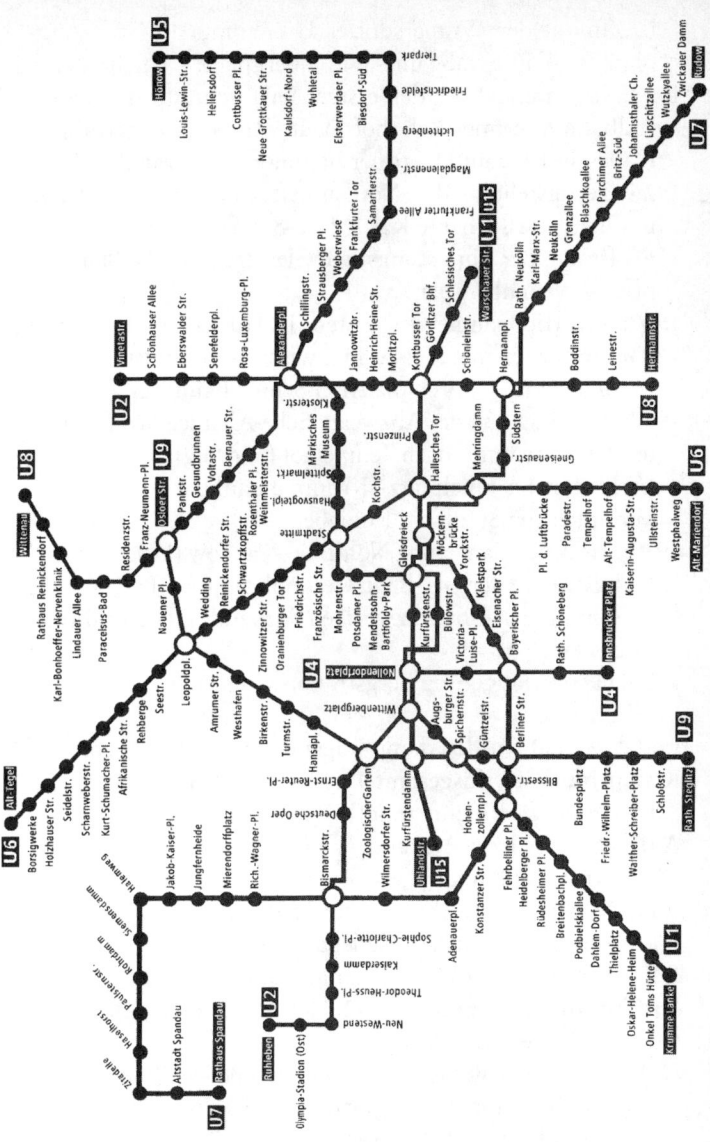

(© Sammlung Uwe Poppel)

Eröffnung der Wilmersdorfer U-Bahnlinien Wittenbergplatz – Uhlandstraße und Wittenbergplatz – Thielplatz.
1923: Inbetriebnahme der ersten Teilabschnitte der Nordsüdbahn (Stettiner Bahnhof [heute Zinnowitzer Straße] –
Hallesches Tor und Stettiner Bahnhof – Seestraße).
1926: Fertigstellung der Nordsüdbahn zwischen Seestraße
und Bergstraße (heute Karl-Marx-Straße).
Eröffnung der Entlastungslinie Gleisdreieck – Nollendorfplatz – Wittenbergplatz.
1927: Inbetriebnahme des ersten Teilstücks der GN-Bahn
(Gesundbrunnen – Neukölln) zwischen Boddinstraße und
Schönleinstraße durch die AEG-Schnellbahn AG.
1929: Fertigstellung des Abzweigs-Belle-Alliance-Straße (heu-
te Mehringdamm) nach Tempelhof (Südring).
Verlängerung Thielplatz–Krumme Lanke.
Verlängerung Stadion – Ruhleben.
1930: Streckenverlängerung Nordring – Pankow (Vinetastraße).
Fertigstellung der GN-Bahn Gesundbrunnen – Leinestraße.
Eröffnung der Linie E zwischen Alexanderplatz und Frie-
drichsfelde.
Streckenverlängerung Bergstraße – Grenzallee

Im Jahre 1930 wurden damit folgende Linien betrieben:
Kleinprofillinien (insgesamt 43,4 km Streckenlänge):
A I   Pankow (Vinetastraße) – Ruhleben
A II   Pankow bzw. Alexanderplatz – Wittenbergplatz –
         Krumme Lanke
A III Bismarckstraße (heute Deutsche Oper) – Wilhelmplatz
B I   Warschauer Brücke – Nollendorfplatz – Innsbrucker Platz
B II   Warschauer Brücke – Uhlandstraße
Großprofillinien (insgesamt 32,5 km Streckenlänge):
C I   Seestraße – Grenzallee
C II   Seestraße bzw. Stettiner Bahnhof – Belle-Alliance-
        Straße – Tempelhof (Südring)
D   Gesundbrunnen – Leinestraße
E   Alexanderplatz – Friedrichsfelde

1953: Erster Rammschlag für eine U-Bahn-Streckenverlängerung nach dem Krieg in der Müllerstraße im Wedding.

1956: Inbetriebnahme der Verlängerung Seestraße – Kurt-Schumacher-Platz.

1958: Verlängerung Kurt-Schumacher-Platz – Tegel (heute Alt-Tegel).

1961: Eröffnung der Linie G (heute 9) zwischen Leopoldplatz und Spichernstraße.

1961: Wegen der Spaltung der Stadt am 13. August werden die Linie A (heute 2) zwischen Thälmannplatz (heute Mohrenstraße) und Gleisdreieck und die Linie B (heute 1) zwischen Warschauer Brücke und Schlesisches Tor unterbrochen, während die Linie C (heute 6) – mit der Ausnahme Friedrichstraße – zwischen Reinickendorfer Straße und Kochstraße und die Linie D (heute 8) zwischen Voltastraße und Moritzplatz auf den Bahnhöfen in Ost-Berlin, den sogenannten »Geisterbahnhöfen«, nicht mehr halten.

1963: Verlängerung Grenzallee – Britz-Süd.

1966: Verlängerung Tempelhof – Alt-Mariendorf.

1972: Die Linie 7 erreicht Rudow.

1973: Die Linie E (heute 5) erreicht den Bahnhof Tierpark.

1974: Die Linie 9 erreicht im Süden Rathaus Steglitz.

1976: Die Linie 9 erreicht im Norden die Osloer Straße.

1984: Die Linie 7 erreicht mit Rathaus Spandau ihren westlichen Endpunkt.

1989: Die Linie E, (heute 5) erreicht mit Hönow ihren östlichen Endpunkt.

1993: Wiederinbetriebnahme der Strecke Mohrenstraße – Wittenbergplatz.

1994: Die Linie 8 erreicht ihren nördlichen Endpunkt Wittenau (Wilhelmsruher Damm).

1995: Wiederinbetriebnahme der Strecke Warschauer Straße – SchlesischesTor.

1996: Die Linie 8 erreicht ihren südlichen Endpunkt Hermannstraße.

Das Berliner U-Bahnnetz weist damit eine Länge von 143 km auf. Wer Genaueres beziehungsweise alles über die inzwischen 169 Bahnhöfe und ihre Architektur nachlesen möchte, der greife zu den vorzüglichen Werken von Sabine Bohle-Heintzenberg und Jürgen Meyer-Kronthaler (siehe Literaturverzeichnis). Einen umfassenden Überblick über die Berliner U-Bahn finden Sie bei Ulrich Lemke und Uwe Poppel und in der Sonderausgabe ›Nahverkehr in Berlin‹ der Zeitschrift ›Straßenbahnmagazin/Nahverkehr‹ (S. 46–71). Detailreiche Informationen über die Linien 1, 2 und 8 geben die ›Geschichte(n) aus dem Untergrund‹ des Denkmalpflege-Vereins Nahverkehr Berlin (DVN). Wer es poetischer und irgendwie »links-literarischer« – im Stil von ›Kopf und Bauch‹ und ›taz‹ – mag, alles wirklich eindrucksvoll, der schlage nach im U-Bahn-Lesebuch aus dem Verlag Gerald Leue, wo sich zum Beispiel das schöne Stimmungsbild meines geschätzten Krimischreiberkollegen Frank Göhre aus Hamburg findet:

»Hier unten treffen Leute zusammen, die oben in den Straßen achtlos aneinander vorbeilaufen, sind für Minuten auf Körperkontakt, steht der Bankangestellte neben dem Freak, setzt sich die Verkäuferin neben den Studenten, der Levi-Strauss durcharbeitet. Hört man Musikfetzen aus dem Walkman, geht der Blues ab, jeden Morgen: Osterstraße, Emilienstraße, Christuskirche, Schlump. Aussteigen, Einsteigen, Umsteigen. Anschluß in Richtung. Knoten. Verbindungen. Ein weitverzweigtes Netz, aufgezeichnet auf Tafeln zur Orientierung, farbige Linien, Adern, in denen es von früh bis spät heftig pulsiert, keine Ruhe gibt, kein Stillstand.« (S. 13)

Auch Ivo Köhler beschwört in der Broschüre ›Tunnelmania‹ den »Mythos U-Bahn«. Er führt aus, daß die Erbauer der Bahnen um die Jahrhundertwende das Ihre taten, *um den Gängen unter dem Pflaster mystisches Flair zu verleihen,* und definiert: *Mythos: Person, Sache, Begebenheit, die (aus meist verschwommenen, irrationalen Vorstellungen heraus) glorifiziert wird, legendären Charakter hat; auch: falsche Vorstellung,* »*Ammenmärchen*« … (Gympel u. a., S. 92f.)

Ja, sicher, ich glorifiziere die U-Bahn, aber das wird mich nicht hindern, auch vieles kritisch anzumerken, nach Meinung der BVG vielleicht zu vieles. Darum soll es dick unterstrichen werden: <u>Dies ist eine Liebeserklärung an die U-Bahn</u>.

Ehe es nun endlich heißt »Nach Tegel einsteigen bitte, nach Tegel zurückbleiben«, wollen und müssen wir noch einen Augenblick bei den Fahrgästen, Bahnhöfen und Zügen verweilen, denn da gibt es vieles, das zur Berliner U-Bahn gehört wie das sprichwörtliche Namensschild an meiner Tür zu mir – wie es Marianne Rosenberg in ihrem berühmten Schlager besingt.

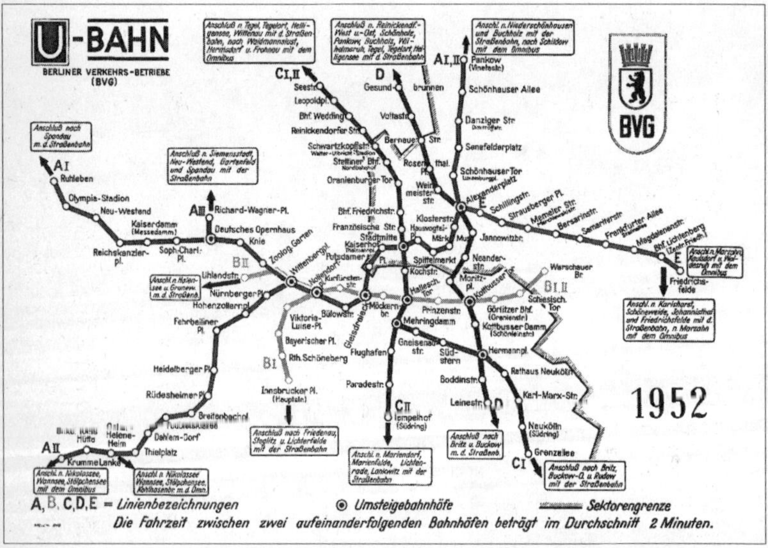

Die Entwicklung des Streckennetzes von 1936 (oben links) über 1952
(unten links) und 1960 (oben rechts) bis 1980 (unten rechts). Nicht nur
die Ausdehnung des Netzes entwickelte sich, auch die grafische Darstel-

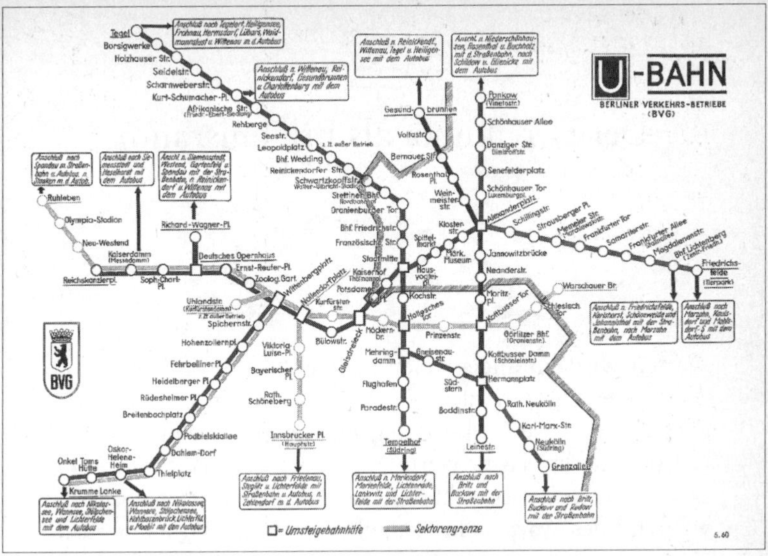

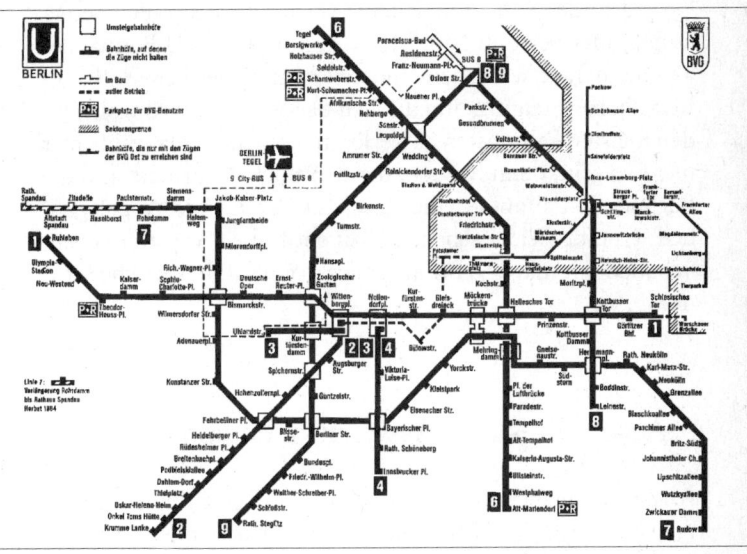

lung. Entsprach der Netzplan anfangs noch den geographischen Gegebenheiten, so wurde er später immer abstrakter.

(© Sammlung Uwe Poppel)

Der U-Bahnhof als Erlebnisraum

Warten wird im allgemeinen als ereignislose Zeit verstanden, die einzig und allein der Er-Wartung eines Ereignisses gewidmet ist. Sie ist das Uneigentliche, das Ereignis ist das Eigentliche. Ist das er-wartete Ereignis – im Guten wie im Bösen – von großer Fallhöhe, so inszenieren wir es jedoch während des Wartens in Gedanken vorweg. Wir empfinden Vorfreude – bekanntlich die schönste aller Freuden – oder erleben Stunden voller Qualen; die Wartezeit ist also nicht etwa leer, sondern erfüllt. Nun ist die Ankunft eines U-Bahnzuges an einem Tage wie jedem anderen ganz sicher kein außergewöhnliches Ereignis, und die Zeit des Wartens wird wohl von den meisten Fahrgästen als verloren betrachtet. Das muß aber nicht so sein, denn für den, der den Blick dafür hat, sind die Berliner U-Bahnhöfe eine durchaus spannende Angelegenheit. Es gibt viel zu sehen, viel zu entdecken, viel zu erleben. Schauen wir mal und bringen alles in eine alphabetische Ordnung ...

Accessoires und Assoziationen von A bis Z

Ängste: Neben der Klaustrophobie gibt es eine Reihe weiterer Ängste, unter der U-Bahnfahrgäste leiden können, nämlich 1. vor den einfahrenden Zug zu stürzen oder gestürzt zu werden, 2. nicht mitzukommen, 3. keinen Sitzplatz oder 4. nur einen sehr ungünstigen Stehplatz zu bekommen, 5. plötzlich

Durchfall zu haben (a) oder ganz dringend die Blase entleeren zu müssen (b), 6. während der Fahrt einen Herzinfarkt oder wenigstens einen Ohnmachtsanfall zu erleiden, 7. bestohlen, 8. angepöbelt, 9. in unerwünschte Gespräche verwickelt, 10. von Betrunkenen beschmutzt, 11. von Stadtstreichern und anderen angebettelt, 12. mißhandelt, verletzt oder gar ermordet zu werden, 13. bei einem Tunnelbrand qualvoll zu ersticken, 14. ohne gültigen Fahrausweis erwischt zu werden, 15. die Zielstation zu verpassen und 16. etwas im Zug zu vergessen. (Die Punkte 17 bis 20 bitte gemäß eigener psychischer Defekte sorgfältig ergänzen.) Wer auf einem Bahnhof steht und wartet, kann diese Ängste manchmal von den Gesichtern ablesen.

Aufstellanlagen: U-Bahn-Narren genießen es jedes Mal wieder, auf Endbahnhöfen, Osloer Straße beispielsweise, einen freien Blick auf die Kehrgleise zu haben. Wenn ein Zug losfährt und in den Bahnhof rollt, ist das so schön, als würde man an seiner häuslichen Modellbahn stehen und den Regler aufdrehen. Der Wagen ist leer und unberührt – ich bin als erster drin!

Ausgänge: »Der Herr segne Deinen Ausgang ...« Wenn ich das bei Beerdigungen höre, muß ich immer an die U-Bahn denken. Trotz aller Beschilderung ist dort mein Ausgang selten gesegnet, denn ich gerate immer an und in den falschen. Und bis man sich oben dann orientiert hat! Zuerst ist man immer ganz erschrocken: »Wo bin ich?« Kommt dann noch das »Wer bin ich?« hinzu, nennt die einschlägige Fachwissenschaft das De-Personalisation, und man sollte sich in Behandlung begeben.

Bahnsteigkanten: An denen heißt es: Vorsichtig sein! Wer wird schon gern erfaßt – sei es bei der Volkszählung oder von einem Zug. Auf dem Bahnhof Karl-Marx-Straße ist einmal eine Bahnsteigkante auf einer Länge von mehreren Metern abgebrochen. Wenn das nun passiert wäre, als ich selber ...

Die weißen geriffelten Fliesen, welche die Blinden warnen sollten, sind ebenso neu wie nützlich.

Beleuchtungskörper: Ach, was waren die Berliner U-Bahnhöfe früher funzlig – so als würden Sie zu Hause Ihr größtes Zimmer mit einer 15-Watt-Lampe beleuchten. Heute ist das anders. Von der bloßen Neonröhre bis zum Riesenkandelaber finden wir alles, was es auf dem Markt gibt.

Beschilderungen: Früher hatten viele Bahnhöfe eine eigene Schrifttype; heute ist fast alles genormt, was da auf den Bahnsteigen angebracht ist – wenn auch die Norm nicht sehr einheitlich zu sein scheint. Nur an den Wänden findet sich oft noch die alte Vielfalt und gibt jedem Bahnhof sein eigenes Gesicht.

Decken: Mal sind sie hoch wie im Bahnhof Rathaus Spandau, mal niedrig und eckig wie Friedrichsfelde. Mein Cousin Curt hat beim Anblick des Gartens unserer Tante Lolo einmal ausgerufen: »Jeder Baum ist anders!«, und das dürfte auch für die meisten U-Bahnhöfe gelten, mit Ausnahme der neuen am Ende der U 5 vielleicht.

Dreck: Ist ein integraler Bestandteil der Berliner U-Bahnhöfe, obwohl die BVG sich alle Mühe gibt, ihn immer schnellstmöglich zu beseitigen. Eine gewisse Verkommenheit ist allerdings auch unerläßlich, will Berlin wirklich Weltstadt sein. Kippen im Schotter, Bierbüchsen zwischen den Schwellen, verschütteter Saft auf den Bänken und Kaugummi auf dem Bahnsteigbelag sind wichtig für das Image Berlins.

Fahrpläne: Hängen überall aus, sind aber von mir ohne Brille kaum zu lesen und, habe ich diese dann umständlich aus Jacke und Etui gezogen und aufgesetzt, nur mühsam zu deuten. Mo–Fr, So und Sbd. Und dann immer nur von ... bis ...Was haben wir gerade? Zusätzlich verwirren die halben Minuten.

Fahrradfahrer: Ich bin sehr dafür, daß man Fahrräder auch in der U-Bahn mitnehmen kann, insbesondere in den Waggons, in denen ich nicht selber sitze oder stehe. Spannend ist es auch, Sportsfreunden zuzusehen, wie sie auf langen Bahnsteigen für die Sprintankunft einer Tour-de-France-Etappe üben.

Fahrscheinautomaten: Ich hasse sie! Sie haben Arbeitsplätze vernichtet und viele Menschen in tiefe Depressionen gestürzt. Früher habe ich gesagt »Zoo, bitte«, dann war die Sache erledigt, heute stehe ich vor der Tastatur wie der Ochs vorm Berg und muß mich mühsam in die Tarifwelten hineinfummeln. Und habe ich's endlich begriffen, fällt meine Münze wieder raus oder mein Geldschein wird so brüsk zurückgewiesen, als hätte mich die Elektronik als Falschmünzer entlarvt. Na schön, jetzt streicht die BVG ihre Automaten wenigstens gelb und weiß, so daß man sie nicht mehr so leicht erkennen kann wie früher in Ihrem Warnorange.

Fahrscheinentwerter: Früher waren sie knallrot, und man hat sie sofort gesehen; heute sind auch sie weiß und gelb – erinnern von daher an Narzissen im Schnee, was ja sehr schön und künstlerisch auch wertvoll ist – und sind erst zu sehen, wenn man gegen sie gelaufen ist. Sie leiden einsam vor sich hin, und in regelmäßigen Abständen, immer wenn sie weiterschalten, hört man ihr trauriges »Pling...«, was schon Goethe zu seinem Bestseller »Die Leiden des jungen Entwerters« angeregt hat.

Fahrscheinverkäufer/innen: Gibt es leider nicht mehr. Ach, wie habe ich sie mit blanken Kinderaugen bewundert, wenn sie hinter dem Schalterfenster an ihren blinkenden Messingmaschinen gesessen und die ausgedruckten Fahrscheine abgerissen haben!

Fahrstühle: Eignen sich nicht nur zur bequemen Überwindung von betriebsbedingten Höhenunterschieden, sondern auch zu der Beobachtung, daß sie nicht etwa besonders von jenen frequentiert werden, für die sie gedacht sind, als da wären: Rollstuhlfahrer, Kinderwagenschieber, Alte und Gebrechliche, sondern vielmehr von denen, die durchaus auch laufen könnten. Deren Spaß besteht dann hauptsächlich darin, die Bedürftigen ganz hinten in der Schlange zu sehen.

Fliesen: Sollten eigentlich an den Wänden sitzen, sind aber des öfteren herabgefallen. Auf manchen Bahnhöfen nur teilweise – Westhafen zum Beispiel –, auf anderen aber ganz, siehe Bernauer oder Blissestraße. Das hat einen ungeheuren Charme, und man sollte es so lassen. Die nicht sanierte S-Bahn war ja auch viel stimmungsvoller als die von heute. Öffentliche Armut ist schließlich das hervorstechende Merkmal der Moderne, und Berlin sollte sich ihrer nicht schämen, sondern sie weiter nach Kräften fördern.

Gänge: Hiermit sind keine Aus-, sondern Übergänge gemeint, oft endlos lang – so etwa der »Mäusetunnel« zwischen dem U 2- und U 6-Bahnsteig der Station Stadtmitte oder der bergwerksähnliche Stollen im Bahnhof Hallesches Tor. Sie sorgen dafür, daß nach längerem Sitzen im Zug der Blutkreislauf wieder auf Touren kommt. In den BVB 11/95 lese ich, daß im »Mäusetunnel« das System »Video Alarm 3000« installiert werden soll. *Da eine ständige Überwachung des Verbindungstunnels zu personalintensiv ist, schaltet sich das System erst bei einem Schlüsselwort (hier »Hilfe« in deutsch, englisch oder türkisch) ein.* (S. 223) Hm ... Da lernt man doch immer, daß man »Feuer« rufen soll, damit die Leute einem wirklich helfen. Und wenn ich nun scherzhaft rufe: »Wo ist denn hier die Erste Hilfe?«

Gefahrsignalschalter: Sehen wie die Notbremsen in den Zügen aus, hängen aber auf den Bahnsteigen, meist am Stationsvorsteherhäuschen, und man betätigt sie, um einen in den Bahnhof einfahrenden Zug abrupt zum Stehen zu bringen.

Etwa, wenn man kurz vor seiner Ankunft auf die Schienen gefallen ist. Oder habe ich da was falsch verstanden?

Graffiti: Sind auf fast allen Bahnhöfen zu bewundern und erfreuen die Rechten vor allem, wenn sie wieder weg sind. Die einen, sagen sie, drücken sich halt auf dem Klo aus, die anderen mit der Sprühflasche. Die Linken hingegen bekommen leuchtende Augen. Für sie ist es a) Kunst und/oder b) berechtigter Ausdruck des noch berechtigteren Protestes der Jugendlichen, die mit dem Gefühl, einmal so richtig wahrgenommen zu werden, ihre Ich-Identität stärken – nach dem Motto: Gebt mir Sinn und Arbeit, dann höre ich zu sprayen auf.

Haltetafeln: Bestehen aus großen schwarzen Ziffern auf weißem Grund und sind für den Lernerfolg unserer Vorschulkinder kontraproduktiv, da sie mit ihrem 2, 4 und 6 nicht so ganz Adam Riese entsprechen. Auch dem U-Bahn-Kenner bringen sie nicht viel, denn woher soll er wissen, ob der Zug mit zwei, vier oder sechs Wagen aus dem Tunnel kommen wird. Hauptsache aber, der Fahrer ist über die Länge seines Zuges ausreichend informiert und hält da, wo es das Gesetz befiehlt.

Imbißstände: Gibt es auf vielen Stationen, und auf manchen – wie zum Beispiel Alexanderplatz (U 2) und Leopoldplatz (U 9) – sind es eigentlich schon Bistros. Es ist sicher nur eine Frage der Zeit, dann gibt es auch Tische, Stühle und Kellnerinnen auf den dazu geeigneten Bahnsteigen.

Körperkontakt: Ist auf Umsteigebahnhöfen wie Alexanderplatz, Berliner Straße oder Zoologischer Garten kostenlos zu haben. Während man früher nur Tritte in die Hacken bekam, kann man es heute auch genießen, wenn einem Rucksäcke um die Ohren gehauen werden. Im ›Signal‹ steht dazu eine hübsche Glosse von Ingo Franßen über den Fahrgaststau, in der es unter anderem heißt:

Aus der Verkehrsbehörde ist ... zu hören, daß bei Treppen und Gängen, an denen der Fahrgaststau immer wieder auftritt, mit entsprechenden Schildern gewarnt werden soll. Man denkt auch an lichtsignalgesteuerte Anlagen, die bei Auftreten des Fahrgaststaus aufleuchten und zur Reduzierung der Abgangsgeschwindigkeit auffordern. (S. 19).

Der medizinisch-psychologische Fachausdruck für das lustbetonte Reiben der eigenen Genitalien an den bekleideten Körpern anderer Menschen heißt übrigens Frottage und gilt schon als Sexualdelikt.

Kommandozentralen: Auf dem Bahnhof Alexanderplatz (U 8) und vielen Stationen der Linie 5 saß bis zum Herbst 1998 das BVG-Personal in einer erhöhten Kanzel, ähnlich dem Tower eines kleinen Flugplatzes. Wenn man dicht herantrat, konnte man den Mitarbeitern beim Fernsehen zusehen: Bahnsteigbilder in Schwarzweiß.

Lagepläne: Mit einem dicken grünen Kreis zeigen sie einem an, welche Straßen und bedeutenden Einrichtungen sich jeweils in der Nähe des Bahnhofs befinden.

Langeweile: Ist eine Folge der Faulheit: Man hat es versäumt, die Kunst des Wartens zu lernen. Für Langeweilegeplagte gibt es jetzt auf einigen Bahnhöfen (z. B. Zoologischer Garten – U 9) Videowände mit Werbung. Sie hängen jenseits der Gleise an den Kacheln, damit die Leute stehenbleiben und schauen – und zwar genau an den Auf- beziehungsweise Abgängen, was den Menschenfluß auf den ohnehin zu engen Umsteigebahnhofen nicht wesentlich beschleunigt.

Lautsprecher: Sind zweifellos sehr nützlich, oft aber nehmen sie ihren Namen zu wörtlich und sind so laut, daß man sich Ohrenstöpsel wünscht.

Lustgefühle: Sind auf Berliner U-Bahnhöfen – da zahle ich gern 50 Mark in die Chauvikasse – beim Anblick manch weiblichen Geschöpfes kostenlos zu haben, werden aber auch schon dadurch ausgelöst, daß zu bestimmten Tageszeiten der nächste Zug schon nach 9 Minuten – bzw. überhaupt (noch) – kommt.

Netzspinnen: Wenn sie groß an den Wänden hängen, sind sie ein wunderschönes Spiel für mich. Ich werde nicht müde, den bunten Linien zu folgen und die verschiedenen Möglichkeiten, von A nach B zu kommen, theoretisch zu ermitteln. Jugend forscht für Olympia. Wenn ich von Friedrichsfelde zum Bundesplatz will, wie schaffe ich das mit den wenigsten Stationen: Wenn ich vom Alexanderplatz mit der U 8 bis Osloer Straße und dann mit der U 9 bis Bundesplatz fahre – oder mit der U 2 bis Zoo und dann weiter mit der U 9...? Auch kann man sich vornehmen, alle Bahnhöfe sämtlicher Linien auswendig zu lernen. Ich glaube, ich schaffe das schon zu 91,64 Prozent und habe nur bei der U 5 zwischen Friedrichsfelde und Hönow meine Schwierigkeiten.

Notrufsäulen: Sind schön anzusehen und außerordentlich praktisch. Hinter mir steht ein Gangster, zückt sein Messer und ruft das, was er rufen muß, wenn er seine Rolle richtig spielen will: »Geld her, oder ich steche dich ab!« – »Moment«, sage ich da, »ich drücke nur mal schnell den roten SOS-Knopf hier, dann sehen sie uns per Videokamera und Bildschirm in der Zentrale. Und wenn wir noch zehn Minuten miteinander plaudern, sind die Sicherheitskräfte zur Stelle. Also... Wie ist es nun mit Hertha: Kommen die in die Champion's League oder kommen sie nicht?«

Papierkörbe: Sind aufgestellt für alle die, die Basketball lieben, aber für diese Sportart nicht sehr begabt sind. Kaum ein Dreier gelingt ihnen, und so liegen denn auch ihre Ersatzbälle, als da sind: leere Dosen und Schachteln, vollgerotzte Tempotaschentücher, zusammengeknüllte Zeitungen und halbgegessene Äpfel, zumeist neben dem Korb.

Personenwaagen: Stehen nicht nur im Museum für Verkehr und Technik, sondern auch auf Bahnhöfen wie Heidelberger und Strausberger Platz und sind immer ein paar Groschen wert.

Pfeiler: Sind zumeist aus genietetem oder glattem Stahl oder aus mit Fliesen verkleidetem Beton und sollen eigentlich die Decke stützen, dienen aber auch anderen Zwecken, so zum Beispiel dem Aufhängen von Lautsprechern, Gefahrsignal-Schaltern oder Hinweistafeln und dem Dagegenlaufen. Aua, Scheiße!

Reklametafeln: Werbung muß sein, ich weiß, und da wir das auf den U-Bahnhöfen nicht bezahlen können, darf ich Sie an dieser Stelle auf meine Romane ›Brennholz für Kartoffelscha-len‹, ›Capri und Kartoffelpuffer‹ sowie ›Champagner und Kartoffelchips‹ und ›Quetschkartoffeln und Karriere‹ – in de-nen auch viel U-Bahn vorkommt – und natürlich auf das zu-sammen mit Jan Eik geschriebene ›Berlin-Lexikon‹ – in dem noch mehr U-Bahn vorkommt – aufmerksam machen.

Rolltreppen: Sind eine herrliche Erfindung, ganz besonders, wenn sie funktionieren und so lang sind wie die auf den Bahnhöfen Gesundbrunnen, Schloßstraße oder Kottbusser Tor. Früher stand »Rechts stehen, links gehen« über jeder Rolltreppe, was sehr praktisch war. Heute blockieren die Lahmärsche, indem sie auch links stehenbleiben, den Dyna-mischen die Wege. Mein Zug geht erst in fünf Minuten, warum soll ich mich da etwas schneller bewegen?

Rucksackträger/innen: Rucksacktragen ist schön; ich habe auch einen. Und wir Rucksackträger/innen haben viel ge-meinsam, doch bei einigen Exemplaren dieser Spezies scheint der IQ nicht für die Erkenntnis zu reichen, daß sie sich nicht so umdrehen können, als wären sie flach wie ein Besenstiel oder ein Laternenpfahl, da die erhebliche Ausbuchtung, die sie hinten aufweisen, beim Umdrehen infolge der Fliehkraft wie eine Abrißbirne wirkt. Krach, und mir an den Kopf!

Selbstfahrer: Ich frage den Verkehrssenator: Stimmt es, a) daß zwecks weiterer Personalabbaus bei der BVG ab 1.1.2001 die U-Bahnzüge von dazu berechtigten Fahrgästen selber gefahren werden sollen, und plant der Senat b) die rechtzeitige Ausgabe von U-Bahn-Führerscheinen für Nicht-BVG-Angehörige? Und wie wird c) sichergestellt, daß immer genügend Fahrgäste mit einer gültigen U-Bahn-Fahrberechtigung zur Stelle sind?

Servicepersonal: Ist zwar im Stellenplan vorhanden, empirisch aber schwer auffindbar; zumindest gilt da die alte Weisheit meines Vaters, die er vor Jahrzehnten anläßlich der Reklame für einen Haushaltsfeuerlöscher preisgab: »Minimax ist großer Mist, wenn de nich zu Hause bist.« Überall aber hängen Plakate mit der frohen Botschaft: »Jetzt völlig aus dem Häuschen: das mobile Fahrgast-Serviceteam der BVG.« Mir – und sicherlich 99,2 Prozent aller Fahrgäste – wäre der/die gute alte Zugabfertiger/in zu jeder Zeit auf jedem Bahnsteig viel lieber. Wir fordern also: Wieder *Tiger in den Tunnel* – und zwar Zugabfertiger.

Signale: Stehen auf jedem Bahnsteig, zumindest da, wo die Züge in den Tunnel fahren, und zeigen auch bei der U-Bahn grün und rot. Die weißen Signale, die dem Fahrer das Zeichen zum Losfahren geben, wurden im Frühjahr 1999 abgeschafft.

Sitzbänke: Sind mal aus Holz und mal aus Drahtgeflecht. Möchte man kreativ sein – und nur als Kreativer gilt man ja in dieser Gesellschaft noch etwas –, suche man sich die hölzernen Bänke und kratze dort seine Ornamente, Botschaften an die Weltbevölkerung oder Sauereien in die vielschichtige Farbe.

Spiegel: Stehen neuerdings immer auf den Bahnsteigen, wo sich die Fahrer selbst abfertigen. Selbstabfertigung klingt so nach Selbstbefriedigung, finden Sie nicht auch? Und zu fragen wäre natürlich, ob nicht die meisten Fahrer – wir Fahrgäste wohl ohnehin – die gute alte Fremdabfertigung durch einen bahnhofsstationären Zugabfertiger vorziehen würden.

Stadtpläne: Gibt es auf allen Bahnsteigen, und wenn man eine Lupe und ein kleines Kissen, das man sich unter die Knie legen kann, mit hat, findet man die gesuchte Straße auch irgendwann – es sei denn, sie ist gerade einmal wieder umbenannt worden. Was als wahrscheinlich gelten kann, da immer wieder Politiker und Politikerinnen das Zeitliche segnen. Müssen sie auch, damit andere eine Chance bekommen. In den Lehrbüchern stand das früher unter »Kreislauf der Eliten«, heute fehlt dieses Stichwort. Warum wohl?

Stationsvorsteherhäuschen: Heißen in der Fachsprache sicher anders, sind aber zumeist urgemütlich. Als Kind habe ich immer davon geträumt, einmal Zugabfertiger zu sein und hier mein Zuhause zu haben – im warmen Schein einer Schreibtischlampe sitzen, Kaffee trinken und dann meine Kelle nehmen, um den nächsten Zug hoheitsvoll abzufertigen.

Schotter: Dient eigentlich der Fixierung der Gleise, wird aber zunehmend als Aschenbecher und Müllkippe genutzt.

Schwellen: Dienen ebenfalls der Fixierung der Schienen, erzeugen aber im Gegensatz zum Schotter die nach ihnen benannte Angst. Meistens ist es ja auch wirklich letal, wenn man auf die Schwellen fällt, vor allem dann, wenn ein Zug einfährt und einen überrollt.

Treppen: Eignen sich nicht nur zum Betreten und Verlassen der Bahnhöfe, sondern auch zu Stürzen. Wobei natürlich die zu beglückwünschen sind, die eine Treppe hinauffallen.

Überwachungskameras: Hängen überall herum und verhindern zwar keine Kriminalität, sorgen aber dafür, daß die Kerle auf wenig frequentierten Bahnhöfen ihr Wasser nicht mehr so oft am Bahnsteigende abschlagen. Oder erst recht? Ich sehe das Ganze als sehr ambivalent an. Ärgerlich ist, daß ich nun auf dem Bahnsteig nicht mehr zu popeln wage, erfreulich aber, daß ich mich hin und wieder – Friedrich-Wilhelm-Platz zum Beispiel – auf einem Bildschirm sehen kann. Ohne im Fernsehen gewesen zu sein, ist man ja heutzutage ein Nichts hoch drei.

Uhren: Sind dazu da, daß man auf den Zeiger starren kann. Ruckend zieht er weiter. Als Kind hatte ich immer die Befürchtung, er werde dabei abbrechen. Am Potsdamer Platz gibt es keine Zeiger mehr, da steht dann 11:11 neben dem Zugzielanzeiger.

Verbotsschilder: Gibt es zumeist an den Bahnsteigenden. »Kein Durchgang« oder so ähnlich.

Wände: Tragen nicht nur die Decke, sondern sind auch *das* Kennzeichen eines jeden Bahnhofs, was Farbe und Struktur betrifft. Ich habe sie fast alle im Kopf gespeichert. Unterschiede zu meinen vier Wänden zu Hause gibt es reichlich, ein ganz wesentlicher ist aber der, daß ich die Wände in einem U-Bahnhof *recht eigentlich*, um einmal Fontane ins Spiel zu bringen, nie anfassen kann, da sie immer erst meterweit hinter der Bahnsteigkante zu finden sind. Also *unbegreiflich* für mich, es sei denn, ich würde im Zug stehen, die Tür öffnen und hinauslangen, was aber ebenso verboten wie gefährlich ist und bei den modernen Fahrzeugen eh nicht mehr geht. Also, Frage: »Was ist unmöglich?« Antwort: »Auf einem U-Bahnhof mit dem Kopf gegen die Wand zu rennen.«

Warenautomaten: Finden Sie überall, zumeist für Süßigkeiten, Zigaretten und Kondome. Dies, obwohl Berlin kein Kondominium ist wie zum Beispiel die Antarktis.

Werbung: Die alten A 1-Wagen habe ich nur mit der »Chlorodont«-Werbung vor Augen. In weißer Schrift auf blauem Grund und in einem weißen Kästchen: »Weiße Zähne **Chlorodont** Gesunde Zähne.« Mein Woytnik-Modell zeigt sie auch. Den BVB 11/94 entnehme ich, daß in neuerer Zeit nur drei U-Bahn-Doppeltriebwagen Total-Werbeaufschriften getragen haben: Nikita, Woll-Laube und Citibank. Viel wirkungsvoller aber war die Werbung *in* den alten Wagen – wer hat da nicht noch die Verse mit dem Paech-Brot im Kopf ...

Und der Orje fragt den Kulle, haste nicht 'ne Paech-Brot-Stulle?
Gar furchtbar schimpft der Opapa – die Oma hat kein Paech-Brot da!
Kuno sprach zu Kunigunde: »Paech-Brot ist in aller Munde!«
Für jeden Sportsfreund ist es wichtig, wer Paech-Brot tippt, liegt immer richtig!
»Mahlzeit, Herr Krause, na, wie geht's?« – »Recht gut! Ich esse Paech-Brot stets.«
»Ach liebe Mutti, bitte, bitte, gib mir noch 'ne Paech-Brot-Schnitte!«
Haste im Verkehr mal Frust, mit Paech-Brot kriegste wieder Lust.

Zeitungskioske: Sind auch nützlich, wenn man nichts kauft, denn durch bloßes und mehrfach wiederholtes Umkreisen kann man eine Menge Zeit totschlagen, das heißt das lesen, was man sonst nicht gelesen hätte, und Magazine betrachten, die erstaunlicherweise auf keinem Index stehen. Auch über die Frage »Wer kauft denn das alles und aus welchen Motiven?« kann lange und intensiv nachgedacht werden.

Zigarettenkippen: Sind die Zierde jedes U-Bahnhofs, und sie unten im Schotter auf nur einem Quadratmeter zu zählen beschäftigt einen garantiert bis zum Eintreffen des nächsten Zuges.

Zug: Dort, wo Züge durch enge Tunnelröhren fahren, gibt es immer wieder Zug. Und in der Zugluft des engen Bahnsteigs Bundesplatz habe ich mir im schweißreichen Sommer 1982 eine schwere Bronchitis geholt.

Zugzwang: Besteht in der U-Bahn (noch) nicht, das heißt, man kann sich aussuchen, mit welchem Zug man wohin fährt, und es ist auch statthaft, einen Zug davonfahren zu lassen und auf den nächsten zu warten, wenn er einem überfüllt erscheint. Häufig wird vom Personal direkt auf diese Möglichkeit hingewiesen.

Zugabfertiger/innen: Waren früher auf jedem Bahnsteig zu finden, versehen aber heute leider nur noch auf größeren Stationen ihren Dienst. Seit meinen Kindheitstagen sehe ich ihnen gerne zu. »Nach Grenzallee einsteigen. Zurückbleiben!«, so klingt es mir immer noch im Ohr. Ein Bahnhof ohne sie ist kein Bahnhof mehr. Das hat nicht nur damit zu tun, daß sie einem mehr Sicherheit geben, sie sind auch das unabdingbare menschliche Element im Verkehrssystem. Gebt sie uns zurück!

Zugzielanzeiger: Früher zogen die Zugabfertiger/innen die Schilder mit ihrer Kelle aus dem Kasten, heute haben wir entweder die formschönen Fallblattzugzielanzeiger (bei Microsoft Word vom Computer als Unwort ärgerlich rot unterkringelt) oder die altmodischen Transparentkästen, die wie selbstgebastelt wirken. Auf dem Bahnhof Alexanderplatz am Gleis 1 der U 8 haben sie zum Beispiel acht Felder. Oben finden wir: Richtung, Nicht einsteigen, Pendelbetrieb, leer. Unten sind zu erkennen: Hermannstraße,

U 8 , Wittenau, leer. Dabei ist »Pendelbetrieb« rot gehalten und U 8 blau.

Wenn der Zug, auf den Sie, liebe Leserin und lieber Leser, warten, nun noch immer nicht gekommen ist, dann sehen Sie sich doch noch schnell Ihre Mitwartenden etwas genauer an und prüfen Sie, zu welchem der 15 nachstehend aufgelisteten Typen sie recht eigentlich gehören. Hoffentlich nicht gerade zum letzten ...

Kleine Typologie der Wartenden

1. Die Ruhelosen
Sie gehen nicht nur auf und ab, sondern unternehmen regelrechte Wanderungen von einem Bahnsteigende zum anderen. Wahrscheinlich waren sie schon als Kleinkinder hippelig, wissenschaftlich: hyperkinetisch. Sie müssen immer in Bewegung sein, sich alles anschauen, alles erforschen. Alle anderen Typen interessieren sie, und aus dem Anblick einiger ziehen sie auch Lustgewinn.

2. Die Einstiegsoptimierer
Wie die Ruhelosen legen sie längere Strecken zurück, doch lassen sie sich nicht ungerichtet treiben, sondern haben ein festes Ziel im Auge: bei Ankunft des Zuges nicht ausgerechnet da zu stehen, wo nur die Lücke zwischen zwei U-Bahnwagen klafft, sondern direkt vor einer Tür.

3. Die Angewurzelten
Sie kommen auf dem Bahnsteig an und verankern sich an einer x-beliebigen Stelle, von der sie nicht mehr weichen, was auch immer geschieht und mit wieviel Verspätung ihr Zug auch eintrifft. Ihre Blicke gehen ins Nichts, und sie weisen ein derart abgesenktes Bewußtsein auf, wie man es sonst nur bei

Autogenem Training, Hypnose oder längerer Beschäftigung mit asiatischen Kontemplationstechniken erreichen kann.

4. Die Fußschwachen
Sie stürzen sich sofort auf die aufgestellten Bänke und lassen sich dort niedersinken. So selig sind sie dort, daß das Einlaufen des Zuges sie fast zu stören scheint.

5. Die Fleißigen
Sie nutzen die Wartezeit, um Hausaufgaben zu machen, Fachbücher zu lesen, etwas in ihren Laptop zu tippen oder sich Notizen für ein U-Bahn-Buch zu machen.

6. Die Kaufenden
Sie wissen, was Sache ist und daß der moderne Mensch nur ist, wenn er kauft. Also kaufen sie zumindest ihre Zeitungen und Zeitschriften in der U-Bahn, aber auch Zigaretten, Süßigkeiten und Kondome und nutzen Aufenthalte auf Bahnhöfen wie Zoo oder Alexanderplatz zu einem kleinen Einkaufsbummel.

7. Die Speisenden
Während des Wartens auf den nächsten Zug schnell mal 'ne Currywurst zu essen ist für viele schon zum Ritual geworden. Reisen macht hungrig, und zu verhungern ist ja eine der Urängste des Menschen. Vielleicht schmeckt Fast-food im Bahnhofsambiente auch besonders gut.

8. Die Kindzentrierten
Sie schieben Kinderwagen vor sich her, tragen Babys im Wickeltuch oder zerren ihre gerade lauffähigen Sprößlinge hinter sich her, immer in der Sorge, sie könnten ihnen verlorengehen oder auf die Schienen stürzen.

9. Die Spielenden
Kids spielen Versteck hinter Häuschen, Säulen und Tafeln,

rauschen auf Inline-Skates Bahnsteige und Gänge entlang und lieben es ganz besonders, auf abwärts laufenden Rolltreppen nach oben zu rennen.

10. Die Sichaustauschenden
Sie reisen zu zweit, dritt oder viert, und sie plaudern, klatschen, tratschen, plappern, lachen und kichern auf dem Bahnsteig, als würden sie auf einer Bühne stehen. Eine Unterform des Sichaustauschenden ist der Handybesitzer.

11. Die Sichinszenierenden
Nicht nur die ganze Welt, wie wir bei Shakespeare nachlesen können, ist eine Bühne, sondern auch der U-Bahnhof. Man kleidet und schminkt sich so, daß man anderen garantiert ins Auge sticht. Die Wartezeit wird so zum narzißtischen Glück.

12. Die Obdachsuchenden
Ihr Zuhause ist die U-Bahn, und wenn sie hier warten, dann auf Godot oder darauf, daß wieder ein Tag vergehen möge. Die Aktiveren unter ihnen warten auf den nächsten Zug, um einzusteigen und die ›Motz‹, die ›Platte‹ oder den ›Straßenfeger‹ zu verkaufen.

13. Die Abholenden
Sie warten nicht auf einen Zug, um mit ihm los- oder weiterzufahren; sie sind nur gekommen, um jemanden in Empfang zu nehmen. Rauscht es im Tunnel, flammt ihre Hoffnung auf. Wieder nichts, wieder keiner drin. Hoffen und Harren macht manchen zum Narren ... Einen Zug noch, dann gehe ich aber. Noch einen ... Hat er mich vergessen? Ist ihr womöglich was passiert? Bange Fragen. Ein dauerndes Hin und Her zwischen Mitleid und Verfluchung.

14. Die Taschendiebe
Man sieht es ihnen an, worauf sie warten, doch als Gutmensch verbietet man sich, das zu denken, was zutreffend ist.

15. Die Selbstmörder

Sie warten auf den Tod und sehen so aus wie wir anderen auch, so daß man sie nicht hindern kann.

Diese Typologie der Wartenden auf Berliner U-Bahnhöfen ist natürlich nicht empirisch abgesichert, so daß ich Sie noch einmal ausdrücklich bitten möchte, weitere Wartezeiten im Berliner U-Bahnnetz zu nutzen, um 25 repräsentativ ausgewählte Bahnhöfe zu allen Tages- und Nachtzeiten systematisch zu beobachten und mir das Ergebnis für eine Nachauflage zukommen zu lassen. Herzlichen Dank. Ein zweiter Hinweis sei mir noch gestattet: Nicht alle, die warten müssen, weil sie einen Zug verpaßt haben, sind ja im entwicklungspsychologischen Sinne (geistig und körperlich) zurückgeblieben. Obwohl, wenn man sie so stehen sieht, nachdem ihnen der Zug vor der Nase weggefahren ist ...

Kleine Typologie der Zurückgebliebenen

1. Der katzengleiche Fahrgast

Beobachten Sie einmal eine Katze, die ihre Beute verfehlt: Völlig desinteressiert schaut sie drein, so als wäre nichts gewesen. In dieser Manier steht der Fahrgast, dem eben nach einem Spurt um alles oder nichts die Wagentür vor der Nase zugeknallt ist, auf dem Bahnsteig. »Wo bitte, ist hier der Zeitungskiosk, wo gibt es Gummibärchen?« scheint er zu fragen und nichts anderes ihn zu kümmern. Sein Gesicht spricht Bände: »Wenn Ihr wüßtet, wieviel Geld ich in der Tasche habe ... Ich könnte mir zehnmal eine Taxe leisten und bin in keinster Weise auf diese Scheiß-U-Bahn angewiesen.«

2. Der betroffene Fahrgast

Der ihm vor der Nase weggefahrene Zug erschüttert sein Selbstbewußtsein und gefährdet seine Identität. »Immer dasselbe: Mein ganzes Leben lang verpasse ich die Züge, die für mich wichtig sind ... Das Schicksal ist nie auf meiner Seite.« Er sieht sich in seiner Rolle als ewiger Verlierer (neudeutsch: loser, sprich: luuser) bestätigt. Er ist furchtbar zornig, aber seine Aggressionen richten sich nach innen, gegen sich selbst.

3. Der ideologische Fahrgast

Auch er ist entsetzlich zornig, gibt aber die Schuld an seiner offensichtlichen Niederlage nicht sich selber und/oder den höheren Mächten, sondern der BVG und/oder der politischen Führung dieser Stadt. »Früher, als es noch Zugabfertiger gegeben hat, hätten die gewartet!« Noch wütender macht es ihn dann, daß der nächste Zug viel zu lange auf sich warten läßt. Und das, obwohl die nächste Tariferhöhung gerade wieder zugeschlagen hat. »Diese Sparmaßnahmen, der Fahrplan immer weiter ausgedünnt ... Klar, der Verkehrssenator fährt ja nicht U-Bahn, der hat ja 'n Dienstwagen.«

4. Der gleichmütige Fahrgast

Er setzt sich auf die Bank und liest oder wandert wartend auf dem Bahnsteig auf und ab, beguckt sich die Leute und die Werbung und läßt den lieben Gott einen guten Mann sein. »Auf *die* fünf Minuten kommt es ja nun wirklich nicht an.« Und wenn er Gefahr läuft, tatsächlich irgendwohin zu spät zu kommen, dann denkt er auf echt berlinisch: »Schad' mir gar nischt, det mir die Finga frier'n, warum kooft'n mir mein Vata keene Handschuhe. «

5. Der clevere Fahrgast

Seine Devise lautet: Retten, was zu retten ist. Er weiß sofort, wie er es noch einrichten kann, pünktlich anzukommen. Entweder er stürzt nach oben zum Taxenstand (was aber als nicht systemkonform betrachtet werden muß), oder aber er kennt die Netzspinne der Berliner U- und S-Bahnen so gut, daß er, ohne länger als zwei Sekunden nachzudenken, sofort in den gerade einfahrenden Zug der Gegenrichtung springt, um sein Ziel auf anderen Wegen zu erreichen.

Wie auch immer, lassen Sie uns hoffen, daß Sie nicht zu den Zurückgebliebenen gehören und viel Spaß und Erkenntnisgewinn an Ihren und unseren Fahrten haben werden – Linie für Linie ...

Mit der U-Bahn durch Berlin

Sicher gäbe es andere Ordnungsprinzipien – etwa nach Vorlieben und Abneigungen oder nach Häufigkeiten –, doch das numerische Herangehen beziehungsweise das »assoziative Abfahren« der U-Bahnlinien von 1 bis 9 scheint mir am einleuchtendsten zu sein.

U 1 Warschauer Straße – Krumme Lanke

In meiner Erinnerung fing die grüne Linie, die Linie B, immer Warschauer Brücke an und ging bis zur Uhlandstraße und zum Nollendorfplatz. Das bestätigt auch der Blick in Alfred Gottwaldts Streckenplansammlung für das Jahr 1947 (1994, S. 41). Zehn Jahre später wird es etwas komplizierter: Das Grün hat sich ausgebreitet. B I führt nun von Warschauer Brücke nach Ruhleben, B II von Warschauer Brücke nach Krumme Lanke, B III vom Nollendorfplatz zum Innsbrucker Platz und B IV von Gleisdreieck nach Uhlandstraße. Der Plan von 1968 zeigt hingegen nur eine grüne Linie: von Schlesisches Tor bis Ruhleben, und zwar jetzt als legendäre Musical-Linie 1. So soll es denn bis zum November 1993 auch bleiben, bis zur Wiedereröffnung der U 2. Uns nicht mehr ganz so jungen Berlinern bereitet es noch immer Schwierigkeiten, diese grundsätzliche Verfärbung im Berliner U-Bahnnetz zu verdauen. Schwer zu fassen, daß die Linie 1 jetzt nach Krumme Lanke und die Linie 2 nach Ruhleben geht. Die IGEB sieht diese Veränderung im ›Signal‹ 8/93 jedoch sehr positiv: *Die bisher relativ problemlose, aber bei dichtem Verkehr hinderliche niveaugleiche Kreuzung von U 1 und U 2 bei der Ausfahrt aus Wittenbergplatz wird es in Zukunft nicht mehr geben.*

Wir können also bedenkenlos in Fahrt kommen ...

Warschauer Straße: Nein, Warschauer Brücke! – So hieß der Endbahnhof der grünen Linie B I und II früher und bis 1995. Als Kind war er für mich ein großes Faszinosum. In dieser grauen Fabrikhalle war die Strecke ganz plötzlich zu Ende, hörte alles auf. Ein filigraner Prellbock, ein Haufen Kies – Schluß und aus. Unfaßbar für mich.

»Vati, warum geht die U-Bahn nicht weiter?«

»Weil da die S-Bahn ist. «

»Warum bauen die'n die U-Bahn nicht über die S-Bahn rüber?«

»Weil die dafür kein Geld haben.«

»Warum haben die'n dafür kein Geld?«

»Weil Krieg ist.«

»Warum is'n Krieg?«

»Komm jetzt!«

Die Antwort, die ihm auf der Zunge lag, hätte ihn ins KZ gebracht, aber wie hätte ich das 1943 ahnen können.

»Du, Vati, was passiert'n, wenn der Fahrer nicht rechtzeitig bremst?«

»Der bremst schon rechtzeitig.«

Bevor mein Vater eingezogen wurde, stiegen wir, von Neukölln kommend, öfter hier aus, um mit der Straßenbahn die Warschauer Straße hochzufahren. Oben in der Boxhagener Straße hatten wir Erwin Prause, seinen Kollegen bei der Post, und jenseits der Frankfurter Allee, in der Ebertystraße, gab es Bulgrins, die engsten Freunde meiner Eltern. Zu Prauses, die im Vorderhaus wohnten, wollte ich immer, um den Straßenbahnen aufs Dach zu schauen; und bei Bulgrins konnte ich mit den zwei Kindern, Gerhard und

Inge, spielen. Inge hatte eine Puppenstube mit einem echten Herd, und mein größter Wunsch war es immer, darauf Haferflocken zu kochen. Doch zumeist beharrte sie auf geschlechtsspezifischer Sozialisation und strikter Rollentrennung und ließ mich nicht.

Wenn meine Kohlenoma, die in der Manteuffelstraße wohnte, an einem Freitag oder Sonnabend Geburtstag hatte, stiegen wir Warschauer Brücke von der Hochbahn in die S-Bahn um, weil das der schnellste Weg hinaus nach Schmöckwitz war. Als mein Vater nach dem Krieg eine steife Hüfte hatte – wie meine Oma immer sagte, ein »Krüppel« war –, schimpfte er über den langen Weg zwischen den beiden Bahnen. »Warum diese Idioten den einen Bahnhof nicht über den anderen gebaut haben!? Aber die hohen Herren, die das zu entscheiden haben, die fahr'n ja alle mit'm Auto.«

Mit dem Mauerbau 1961 war es dann aus mit dem Bahnhof Warschauer Brücke, und man konnte ihn nur von der S-Bahn aus, so man denn als West-Berliner Passierscheine hatte, sehnsüchtig ins Auge fassen. »Einst wird kommen der Tag ...«, hieß es tröstlich, doch niemand glaubte daran. Nun ist es schon wieder etwas ganz Alltägliches, hier ein-, aus- und meistens umzusteigen. Am 14. Oktober 1995 ist Warschauer Brücke wieder ans Netz gegangen. Ich weiß, der Ausdruck ist anders besetzt, ich finde ihn aber trotzdem an dieser Stelle schön. Nur negiert man jetzt die Brücke, die doch wirklich lang, unübersehbar und an dieser Stelle der Stadt das Eigentliche ist, im Stationsnamen.

Osthafen: Fuhren wir, von Bulgrins oder Prauses kommend, Richtung Hallesches Tor, kam gleich, kaum daß der Zug an Fahrt gewonnen hatte, der Bahnhof Osthafen (früher Stralauer Tor). Daß sie ihn nach dem Krieg nicht wieder in Betrieb nahmen, fand ich empörend. Wie konnte man einen Bahnhof so einfach verschwinden lassen. Ich habe ihn heute noch irgendwie lieb und möchte am liebsten eine Bürgerbewegung gründen, um ihn wieder zu eröffnen.

Vor der Fahrt über die Oberbaumbrücke hatte ich als Kind jedes Mal gehörigen Bammel. Die Brücke könnte unter dem Gewicht des Zuges zusammenbrechen, wie öfter bei mir zu Hause auf dem Teppich, und wir würden in die Spree stürzen. Ich wäre dann zwischen den Sitzen eingeklemmt, während das Wasser unaufhaltsam in den Wagen strömte ... Gleichzeitig genoß ich diese Fahrt, es war die Angstlust pur. Sie wurde nicht geringer, als es in Schlangenlinien zum nächsten Bahnhof ging ...

Schlesisches Tor: Für mich ist er der schönste aller Berliner Bahnhöfe, eine richtige märkische Burg. Er würde in Bernau oder Gransee in die Stadtmauer passen. Dennoch löst er nicht die besten Assoziationen aus, war er doch vom Mauerbau bis 1995 Endstation der West-Berliner Linie 1 und stand für die Teilung Berlins, Deutschlands und der Welt. Mit allen Besuchern – Inländern von Bremen bis Konstanz und Ausländern von Frankreich bis China – ging es mit der U-Bahn bis Schlesisches Tor und dann ein paar Meter zu Fuß zur Spree hinunter, wo immer wieder Kinder ins Wasser fielen, die, da der Fluß in ganzer Breite zum Osten gehörte, von den West-Berliner Polizisten nicht gerettet werden durften. Bei meiner Enttarnung als -ky, 1981, haben wir hier gedreht, natürlich ohne Erlaubnis der BVG. Diese wurde nicht so gern gegeben, angeblich aus der Sorge heraus, das Scheinwerferlicht könne den Fahrer blenden oder sonstwie Unfälle heraufbeschwören.

Schlesisches Tor hatte sich ja nie träumen lassen, einmal Endbahnhof der Linie B I, II beziehungsweise 1 zu werden, Kopfbahnhof auch noch, und so hatten seine Erbauer natürlich keine Kehranlage vorgesehen, nicht einmal einen Gleiswechsel. Der mußte eiligst angelegt werden, doch noch lange nach dem Mauerbau saß ein Mann an der schnell installierten Weiche und stellte sie für jeden Zug per Hand. Irgendwie beneidete ich ihn um diese Tätigkeit. Für mich war er einem Modemacher vergleichbar, der den Topmodels die Kleider glattstreicht, bevor sie über den Laufsteg schreiten.

Setzte ich mich zu dieser Zeit, 1961 also, in Fahrtrichtung rechts auf die Bank, konnte ich im Postamt in der Skalitzer Straße meinem Vater ins Fenster sehen. Der saß dort am Prüfschrank und kontrollierte die Arbeit seiner Störungssucher. Mitunter muß es in seiner Dienststelle sehr lustig zugegangen sein. Einmal hefteten sie einer sehr attraktiven Kollegin – von ihr selbst unbemerkt – das Schild »Vorübergehend außer Betrieb« an den Rücken.

Linkerhand in der Wrangelstraße ist meine »Mischpoke« mütterlicherseits groß geworden, und auf dem Görlitzer Güterbahnhof hat meine Kohlenoma, nachdem sie mit ihrem eigenen Kohlenkeller in der Manteuffelstraße ausgebombt worden war, für einen fremden Händler geschuftet.

Folgt – nun wieder auf der rechten Seite – die Emmaus-Kirche mit der schönen Inschrift: »Herr, bleibe bei uns, denn es will Abend werden.« Hier ist mein Vater bei den Pfarrern Schubrig, Brasch und Böhlig (Spott der Jungen dunnemals 1920: »Schubrig, Brasch und Böhlig – Schubrigs Arsch is ölig!«) eingesegnet worden. Auch hatte mein Onkel Richard, der dickbäuchige Fußballschiedsrichter, hier am Lausitzer Platz seinen Zeitungs- und Lottoladen, und nicht weit davon entfernt, in der Muskauer Straße, ist meine Mutter aufgewachsen. In meinen Romanen ›Brennholz für Kartoffelschalen‹ und ›Capri und Kartoffelpuffer‹ habe ich versucht, ihnen, deren Gräber zumeist schon eingeebnet sind, ein kleines Denkmal zu setzen. Bei jeder Fahrt mit der Hochbahn durch Kreuzberg sehe ich sie vor mir, genau wie damals.

Görlitzer Bahnhof: Hier war auszusteigen, wenn ich zur Kohlenoma wollte, die nach dem Krieg im Hause Manteuffelstraße 36 eine kleine Wohnung gefunden hatte, ein Zimmer mit Küche und Gemeinschaftsklo. Lag man bei ihr im Fenster, konnte man die Hochbahnzüge sehen, wie sie entlang der Skalitzer Straße die Kreuzung mit der Manteuffel-, Wiener und Oranienstraße passierten. Verläßt man den Bahnhof sieht man gleich links unten die Ecke, wo einmal der

Supermarkt gestanden hat, den die »Chaoten« vor Jahren einmal anläßlich der »Kreuzberger Festspiele« am 1. Mai niedergebrannt haben. Hier beginnt auch, mit einem auflodernden Bauwagen, ›Schau nicht hin, schau nicht her‹, der erste und letzte gesamtdeutsche Krimi, geschrieben von Steffen Mohr (Leipzig/DDR) und -ky (BRD beziehungsweise WB, der berüchtigten »politischen Einheit West-Berlin«). Eine noch größere Rolle spielt die Hochbahn jedoch in ›Da hilft nur noch beten‹. Hier klärt mein Kommissar Hans-Jürgen Mannhardt einen Fall dadurch auf, daß er das tut, was auch ich immer mit Behagen tue: den Leuten ins Fenster sehen. Voyeure aller Länder, vereinigt euch zur Fahrt vom Schlesischem Tor zur Möckernbrücke.

Früher haben die Leute aus SO 36 die Hochbahn als »Magistratsschirm« bezeichnet. Zu der Zeit waren darunter noch keine Autos geparkt, und man konnte auch bei Regenwetter trockenen Fußes seine Ziele erreichen.

Kottbusser Tor: Ein Bahnhof, der mein Herz schon immer höher schlagen ließ, vor allem weil es hier in Richtung Osten ein Kehrgleis gab (und noch immer gibt). Bei großen Fußballspielen im Olympiastadion starteten und endeten hier die meisten Verstärkungszüge, und für uns Neuköllner, die wir mit der Linie D oder der 94 angereist kamen, war das immer sehr praktisch, kam man doch noch mühelos mit. Das Umsteigen von der Hoch- in die eigentliche Untergrundbahn (Leinestraße – Gesundbrunnen) war zudem ein besonderes Erlebnis, hatte man doch auf der Treppe nach unten freie Sicht auf die Straßenbahn, die auf ihrem Weg von der Kottbusser zur Dresdener Straße quer über die Mittelinsel fuhr und dicht an den Gitterstäben vorbeikam, hinter denen man ging. Ein bißchen fühlte man sich auch wie ein Tier im Zoo. Nach oben fuhr man natürlich mit der Rolltreppe, damals eine der längsten Berlins. Hinab war die Rolltreppe selber nur von geringem Reiz, da lockte die Mutigsten von uns – mich nicht – vielmehr die lange Rutschbahn, das heißt, das blanke Blech zwischen den beiden rollenden Treppen. Leider fiel das bei der BVG in die Kategorie des groben Unfugs, und man beeilte sich, als wieder mehr Geld in der Kasse war, diese Art Sprungschanze durch eingeschraubte Dornen unbrauchbar zu machen.

Zu Beginn meiner Zeit als Siemens-Lehrling – 1957/58 – mußte ich immer Kottbusser Tor von der Straßenbahn, der 94, in die U-Bahn umsteigen, um zur Wilmersdorfer Straße zu kommen, zum Bahnhof Deutsche Oper. Damals litt ich mächtig am Leben (und an mir) und empfand das Büro als Gefängniszelle und mich selber als Freigänger, und wenn nicht der Spaß am Bahnfahren gewesen wäre, hätte ich womöglich morgens gar nicht die Kraft gehabt, mich hinzuschleppen. Am meisten Angst allerdings hatte ich vor dem Gedanken, der öfter kam: mich einfach vor den Zug werfen. Manchmal war das so behandlungsbedürftig, daß ich mich bei Einfahrt des Zuges schnell hinter den Kiosk flüchtete.

Neuerdings entzückt uns die BVG mit einem Ratespiel der ganz besonderen Art: Konnte man über fast hundert Jahre hinweg schon lange, bevor der Zug kam, auf einem manuell herausgezogenen Schild oder im entsprechenden Feld des Transparenzkastens lesen, wohin er fahren würde – und sich innerlich darauf einstellen –, so heißt es jetzt lakonisch und wenig kundenfreundlich: »Fahrziel erscheint vor Einfahrt des Zuges.« Erst *kurz* vor Einfahrt des Zuges! Klar: Das macht der jetzt per Elektronik selber – und man hat wieder einen Bediensteten mehr der Arbeitslosigkeit zugeführt.

Prinzenstraße: Auf dieser Station war auszusteigen, wenn man ins Prinzenbad wollte. Dies ist der Ort, zu dem die Frau meiner Träume als Kind wie als Teenie jeden Sommersonntag im Familienverband hingeschleift wurde. Allerdings zu Fuß von der Hobrechtstraße aus. Für U-Bahnfahrten – wie für Ausflüge zum Wannsee hinunter – fehlte das Geld.

Hallesches Tor: Dieser Bahnhof hatte es mir schon immer

angetan, insbesondere das Provisorium nach dem Krieg. Und heute: Nur mit leichtem Schauder kann ich auf dem südlichen Bahnsteig stehen und warten ... Unter mir das tödlich-trübe Wasser des Landwehrkanals. »Es schwimmt eine Leiche im Landwehrkanal ...« Das war die erste Assoziation, die wir als Kinder hatten, und noch 1989, als Pieke Biermann, Peter Heinrich und ich die Berliner CRIMINALE planten, wollten wir mit dieser Überschrift eine der Veranstaltungen ankündigen, bis uns jemand sagte, daß wir damit in Teufels Küche kämen, weil das ein Spottlied der Nazis gewesen sei, gesungen zur Verhöhnung der von ihnen so schändlich ermordeten Rosa Luxemburg und Karl Liebknecht. Wie auch immer: Heute habe ich den Bahnhof Hallesches Tor – oben wie unten – als Diorama bei mir zu Hause stehen, geschmückt mit den Supermodellen von Freddy Woytnik aus Rudow (U-Bahn) und der Firma Fröwis aus Spandau (Straßenbahn).

Bis Möckernbrücke konnte und kann man eine Menge sehen, beispielsweise die Wiege der »Schaubühne« an der Ecke Hallesches Ufer und Großbeerenstraße. Anschließend beherrscht der eloxierte Klotz des Postscheckamtes die Szene.

Möckernbrücke: Zu meiner Siemens-Zeit war hier an ein Umsteigen zu einer anderen Linie, der heutigen 7 (Rudow – Rathaus Spandau), noch nicht zu denken, es war ein ganz normaler Bahnhof. Doch ungemein spannend wurde es, wenn morgens Eisregen kam, das heißt Nieselregen, der sofort gefror – eben auch auf den Stromschienen, die ja beim Kleinprofilnetz von oben bestrichen wurden und werden. Der Kontakt zwischen Stromschiene und Schleifschuh kam nicht mehr zustande, so wie bei der Modellbahn etwa, wenn die Schienen zu stark verdreckt sind. Der Zug in Richtung Gleisdreieck schaffte es dann nicht die Rampe hinauf. Weißbläulich und grell zuckten die Blitze, und es zischte und knisterte so stark, daß man es mit der Angst bekam. Der Zug ruckelte anfangs immer noch ein Stückchen weiter, blieb dann aber stehen, um schließlich am Ende seiner Kräfte in den Bahnhof Möckernbrücke zurückzurollen. Dort beschlossen Fahrer und Schaffner, einen neuen Anlauf zu nehmen. War es endlich geschafft, spürte ich die Angstlust pur, denn es ging nun in extremer Höhe über die aufgelassenen Gleise der Anhalter Bahn und über den Kanal hinweg. Wenn nun gerade in diesem Augenblick ... Gleisdreieck war ja schon einmal ein Unglück geschehen – das Schrecklichste in der Berliner U-Bahngeschichte:

Gleisdreieck: Schon als Kind habe ich immer wieder fasziniert auf das Foto vom großen Hochbahnunglück am 26. September 1908 gestarrt. Im GVE-Band ›U I – Geschichte(n) aus dem Untergrund‹ wird der Unfall so geschildert:

Um 13.42 Uhr fuhr ein Zug von Potsdamer Platz in Richtung Warschauer Brücke ab, und in die gleiche Richtung verließ um 13.39 Uhr ein Zug den Bahnhof Bülowstraße. Dem von Potsdamer Platz kommenden Zug wurde vor der Zusammenführung beider Strecken »Halt« signalisiert, trotzdem fährt er sowohl am Vor- als auch am Hauptsignal vorbei. Er ist noch vor dem freigegebenen Zug auf der Verbindungsweiche und wird durch den von Bülowstraße kommenden Zug derart in der Flanke gerammt, daß ein Wagen (Nr. 3) in den Hof der Gesellschaft für Markt & Kühlhallen stürzte. 21 Menschen kamen ums Leben, über 20 wurden schwer verletzt. (...) Der schuldige Triebwagenführer wurde zu einer Haftstraße verurteilt. (S. 36)

Wenig später wurde das Gleisdreieck, das anfangs keine Station war, zu einem sogenannten Turmbahnhof umgebaut und das Netz so umgestaltet, daß sich die Züge im Linienbetrieb nicht mehr berühren konnten. Außerdem begann man mechanische Fahrsperren zu entwickeln, und der Zugbegleiter, der vorher – wie bei der Straßenbahn etwa – mehr als eine Art Schaffner fungiert hatte, wurde nun zur Beobachtung der Strecke herangezogen.

Gleisdreieck habe ich aber auch in angenehmer Erinnerung. In dem Fernsehfilm ›Die Studenten von Berlin‹ nach dem gleichnamigen Roman von Dieter Meichsner – damals in den Sechzigerjahren ein Großereignis – gibt es eine schöne Kamerafahrt über die Brücken hinter dem Bahnhof Gleisdreieck, das heißt durch die Brückenträger hindurch, und diesen Film habe ich sehr oft gesehen, denn im Nachspann stehe ich mit meinem Freund Gerrard Breitbart vor dem Immatrikulationsbüro der Freien Universität in der Boltzmannstraße. Das erste Mal, daß ich auf dem Bildschirm zu sehen war. Zwanzig Jahre später habe ich die beiden ersten Folgen zur Serie »Detektivbüro Roth« geschrieben, und da gibt es eine Szene, wo Manfred Krug auf eine Werkstattlore der Magnetbahn springt, um einen Gangster zur Strecke zu bringen. Der stürzt sich dann in höchster Not von der Brücke in den Landwehrkanal.

Der Blick von der Hochbahn auf das Gelände des ehemaligen Potsdamer Güterbahnhofs war lange Jahre etwas, das einen sehr melancholisch stimmte, stand doch diese Brache für das Elend der Teilung und das Abseits, in das Berlin geraten war. Über das »Spontanbiotop« jubelte noch keiner. Heute renkt man sich die Hälse aus, um zu sehen, wie es auf der »größten Baustelle Europas« nun weitergeht. Sand- und Kiesberge beherrschen das Bild unterhalb der Hochbahntrasse, erst hinten am Horizont beginnt der Tanz der Kräne.

Obwohl wir eigentlich noch immer in der Hochbahn sind, gehen nun im Zug die Lampen an, und es wird finster. So absurd es klingt: Wir sind in einem oberirdischen Tunnel verschwunden. Die Hochbahn fräst sich durch Mietskasernen hindurch und rattert dann auf einer ummauerten Rampe zum ersten unterirdischen Bahnhof hinunter.

Kurfürstenstraße: In den Jahren 1973 – 75 bin ich hier, allerdings aus der anderen Richtung kommend, viermal die Woche ausgestiegen, um »zum Dienst« zu gehen, wie meine Mutter das trotz meines Einspruchs immer nannte, zur Fachhochschule für Verwaltung und Rechtspflege also, um dort zu lehren. Vor dem (ersten) Umzug ins Kudamm-Karree hatten wir dort unsere Hörsäle, die Büros aber in der Bayreuther Straße (aussteigen: Wittenbergplatz). Der Bahnhof Kurfürstenstraße hatte damals noch seine alten grünen Kacheln, war sehr düster und schmuddelig und galt als Drogenumschlagplatz.

Unter Kurfürsten- und Mackensenstraße hinweg ging es nun zum Bahnhof ...

Nollendorfplatz: Dessen Anlage begreift nur der, der im Fach räumliches Denken gut bis sehr gut ist (ich nicht). Das Umsteigen zur Linie 4 nach Innsbrucker Platz ist eine Wissenschaft für sich. Drei Ebenen gibt es. Oben – klar – ist der Hochbahnhof der heutigen Linie 2, unten aber gibt es zwei Ebenen. Auf der zweiten fährt man ein, wenn man von Kurfürstenstraße kommt, auf der ersten, wenn man den Bahnhof Nollendorfplatz vom Wittenbergplatz her erreicht. Hier ist auch umzusteigen in die Linie 4. Oder ist nicht doch alles ganz anders?

Wittenbergplatz: Wegen seiner fünf Gleise und der außergewöhnlichen Breite läßt er mich immer an einen unterirdischen Fernbahnhof denken. Auch das ganz eigene Stationsschild, ein Geschenk der Londoner U-Bahn, verwirrt ein wenig. Schon als Kind genoß ich es, daß man beim Umsteigen von einer Linie zur anderen nicht treppauf, treppab und durch lange enge Gänge laufen mußte, sondern nur zur anderen Bahnsteigseite zu huschen hatte. Doch auch das ging nicht immer ohne Rempler ab, denn wer nur umsteigen wollte, kreuzte – und kreuzt auch heute wieder – die Bahn derer, die hinaufeilen ins KaDeWe, Berlins erster Kaufhausadresse; den Luxus eines direkten Zuganges gibt es ja nicht. Nach dem Mauerbau ging es Wittenbergplatz erheblich ruhiger zu, denn nachdem man die angeblich zu gering frequentierte Strecke Nollendorfplatz – Bülowstraße – Gleisdreieck (der letzte Bahnhof im Westsektor) stillgelegt hatte, endeten und starteten die

Züge aus beziehungsweise nach Krumme Lanke hier, und der nächste Zug in diese Richtung stand nach dem Einfahren noch lange wartend im Bahnhof. Besonders auf- und anregend war für mich als Junge die Stichstrecke zur Uhlandstraße, das spätere separate Stummelstück der Linie 3 mit nur drei Bahnhöfen: Wittenbergplatz, Kurfürstendamm (ab 1961) und Uhlandstraße. Als wir mit der Fachhochschule ins Kudamm-Karree umgezogen waren, bin ich hier öfter umgestiegen. Verloren stand das Zwei-Wagen-Züglein auf dem langen Gleis, und mir tat der Fahrer leid: Die ganze Schicht über nichts weiter tun als die fünf Minuten pendeln. Monotonie pur. Wenn man das nun als Beruf hätte ...

Als Kind beschäftigte mich hier noch ein anderer Alptraum: auf der falschen Seite auszusteigen, von Krumme Lanke kommend also in Fahrtrichtung rechts, denn dort lag zwar der Bahnsteig der Linie 3, war aber nicht zugänglich, da mit einem schmiedeeisernen Zaun versehen – einer Art Palisade mit scharfen Eisenspitzen oben. Wenn man da nun stand, den Bahnsteig nicht verlassen konnte und schreiend darauf warten mußte, vom nachfolgenden Zug erfaßt und zerstückelt zu werden ... Das ist der Stoff, aus dem die Alpträume sind.

In den Jahren 1972 bis 1975 bin ich Wittenbergplatz ausgestiegen, um (siehe oben) in die Bayreuther Straße zu eilen, wo meine Fachhochschule gegründet wurde und in den ersten Jahren ihr Verwaltungszentrum hatte. Diese Zeit stand ganz im Zeichen meines Freundes und Kollegen Karl-Otto Nickusch, der Jurist war und eine große Karriere in der Industrie aufgegeben hatte, um etwas Neues zu schaffen. »Verwaltungsreform durch Ausbildungsreform«, das war sein und unser Motto; und das meiste von dem, was die Managementberaterfirmen dem Senat heute für viele Millionen verkaufen, haben wir damals schon zu Papier gebracht und umzusetzen versucht. »Otto«, wie er überall hieß, war ein überaus sympathischer Workaholic und ackerte für zwei. Er arbeitete so verbissen und bis zur totalen Erschöpfung, wie er früher Radrennen gefahren war. Er nahm sich nicht mal die Zeit, zur Toilette zu gehen.

»Wie hast du das denn früher beim Rennen gemacht?«

»Während der Fahrt durchs Hosenbein durch.«

Seit wir diesen Dialog geführt hatten, sah ich zuweilen – unsere Schreibtische standen sich gegenüber – unten durch die »Brücke«, ob sich da nicht neben seinem Drehstuhl ...

Im Winter fuhren wir einmal die Woche zum Eisstadion Wilmersdorf, um dort auf dem großen Oval unsere Runden zu drehen. 25 x 400 Meter ergaben zehn Kilometer, und die wollten wir schaffen. Neben der sportlichen Ertüchtigung hatte ich jedoch auch im Sinn, so richtig zu entspannen, schönen Mädchen – Eisprinzessinnen – hinterherzusehen und zu träumen, noch einmal zwanzig zu sein. Doch immer, wenn ich gerade in der erhofften Stimmung war, tauchte Otto neben mir auf:

»Du, Hotte, ich finde, wir sollten den Fachbereichsrat beschließen lassen, das Sozialhilferecht vom dritten wieder ins vierte Semester zu schieben ...«

1977 ist Otto dann an einem Gehirntumor verstorben, und das letzte Zeichen, das ich von ihm bekommen habe, ist die Widmung in einem Buch, dessen Mitautor er war. Eine krakelige Kinderhandschrift – er hatte nach der ersten Operation gerade wieder begonnen, schreiben zu lernen ...

Früher folgte, fuhr man weiter in Richtung Krumme Lanke, ein Bahnhof, den es heute nicht mehr gibt:

Nürnberger Platz: Wer genau aus dem Fenster schaut, kann ihn, obwohl wir ja durch einen Tunnel fahren, auch heute noch ausmachen: als Abstellgleis. Nach Inbetriebnahme der Linie 7 hätte der Bahnhof Nürnberger Platz zu dicht am neuen Kreuzungsbahnhof Spichernstraße gelegen. Statt seiner eröffnete man eine neue Station:

Augsburger Straße: Wer, wie ich, Anfang der sechziger Jahre an der Freien Universität Berlin Soziologie studiert und noch den »alten Bülow« erlebt hat, für den ist die Augsburger Straße ein fester Begriff. Friedrich Bülow schwärmte in seinen Lehrveranstaltungen immer wieder von der großen Opernsängerin Frieda Hampel und vergaß nie hinzuzufügen, daß sie in der Augsburger Straße gewohnt habe. »... damals eine vornehme bürgerliche Adresse. Und wenn Sie diese Straße heute betrachten, dann haben Sie den sozialen Abstieg eines Quartiers vor Augen: Prostituierte und Bordelle.« Das war weit vor der Zeit, da C&A die Ecke Joachimstaler/Augsburger Straße zu prägen begann.

Spichernstraße: Hier kann heute in die Linie 9 umgestiegen werden. Kommt man von Warschauer Straße, geht das mit einem kleinen Fußmarsch ganz gut, aus der Gegenrichtung aber muß man erst tief hinab- und dann mühsam hinaufsteigen, um die beiden Streckengleise der U1 zu unterqueren. Für Ältere, Behinderte und Kinderwagenschieber eine ziemliche Qual.

Damals also gab es keinen Bahnhof Spichernstraße, und nach Nürnberger Platz kam:

Hohenzollernplatz: Hier bin ich im Sommer 1962 einmal mit klopfendem Herzen ausgestiegen. Nein, nicht auf dem Wege zu einem Rendezvous, sondern zu einer literarischen Agentin. Für den Bastei-Verlag hatte ich meinen ersten Heftroman geschrieben – ›Der Mörder stirbt im Treppenhaus‹ –, doch der war wegen zu gewagter Liebesszenen der Bundesprüfstelle für (oder gegen ...?) jugendgefährdende Schriften zum Opfer gefallen, und ich war nun auf der Suche nach einem neuen Abnehmer. Auch hatte ich einen Roman mit dem schönen Titel ›Großmutti und wir‹ im Gepäck. Die Agentin in der Holsteinischen Straße war wie eine Göttin für mich, Pförtnerin für den Zugang zum alleinseligmachenden Leben. Einmal gedruckt zu werden war das Ziel all meiner Träume, ohne das schien mir die Existenz nicht denkbar, alles war darauf fokussiert. Doch ich hatte Pech, denn für keines meiner beiden Produkte konnten wir einen Interessenten finden. Und dennoch bin ich nicht umsonst Hohenzollernplatz aus der U-Bahn gestiegen, denn ich bekam von der Dame die Adresse des Marken-Verlages in Köln und von dessen Lektor alsbald den Auftrag, Romane mit dem CIA-Serienhelden John Drake zu schreiben. Ein Dutzend sind es schließlich geworden, und das war für mich die handwerkliche Lehre zum Krimischreiber. Die Heldin aus ›Großmutti und wir‹, meine Schmöckwitzer Oma, ist dann in ›Brennholz für Kartoffelschalen‹ und ›Capri und Kartoffelpuffer‹ wieder- und weiterverwertet worden.

Fehrbelliner Platz: Er hat für einen Liebhaber märkischer Geschichte natürlich einen mystischen Klang. »In den Staub mit allen Feinden Brandenburgs!« – wie Kleist die ganze ›Prinz von Homburg‹-Truppe am Ende seines Stückes ausrufen läßt. Aber auch die Kritiker der öffentlichen Verwaltung können sich am Fehrbelliner Platz so richtig hochziehen, siehe folgenden Witz: »Wo befindet sich Berlins größter Friedhof?« – »???« – »Am Fehrbelliner Platz. Denn hier ruhen viertausend Beamte.« Gemeint sind die Innenverwaltung und das Bezirksamt Wilmersdorf. Als ich im Winter 1972/73 Fehrbelliner Platz aus der U-Bahn stieg, geschah das mit der Absicht, frischen Wind in die Berliner Verwaltung zu bringen – siehe oben. Von Bremen aus, wo ich im Rathaus in der »Kommission für Verwaltungsreform« meinen Dienst versah, hatte ich mich um eine Stelle in dem Stab beworben, der die Berliner Fachhochschule für Verwaltung aus dem Boden stampfen sollte. Keuchend kam ich oben an: Nach einer schlaflosen Nacht war mein Kreislauf ziemlich am Ende. Ich hatte im Wohnzimmer meiner Mutter geschlafen, das heißt: nicht schlafen können, da kurz vor Mitternacht gegenüber in einem Supermarkt eingebrochen worden war – so richtig mit allem Drum und Dran: klirrende Scheiben, Martinshörner und Aufräumlärm. Eine riesige »Findungskommission« verhörte mich, und ich war so durcheinander, daß ich nicht einmal meinen Namen richtig zusammenbekam. Trotzdem nahmen sie mich. Vielleicht hatte sich kein anderer beworben ...

Heidelberger Platz: Die mächtigen Gewölbe dieses Bahnhofs fand ich als Kind immer etwas furchterregend, und dennoch stellte ich mir vor, als Zwerg oder Gnom in einer der Höhlungen über den Stromschienen zu leben. War das schon behandlungsbedürftig? Nachdem ich 1973 mit meiner Familie aus Bremen heimgekehrt war in die »Frontstadt« Berlin und in der Koblenzer Straße eine Wohnung gefunden hatte, bin ich mit den Kindern des öfteren von hier aus zum Schlachtensee und zur Krummen Lanke gefahren. Die große Attraktion war die alte »Personenwaage« auf dem Bahnsteig unten. In meinem Kriminalroman ›Ich wünschte, es wäre Nacht‹ habe ich sie auf Seite 10 beschrieben:

»Auf der wollt ich mich schon lange mal wiegen ...«

»Mit Sachen an bringt das doch nichts ...«

»Wenn's weiter nichts ist ...«

Und Gottfried zögerte keine Sekunde, sich sämtliche Kleidungsstücke vom Körper zu reißen und die hingestreckten Arme seiner Frau als Kleiderständer zu verwenden. Splitterfasernackt stand er dann auf dem geriffelten Tritt, steckte seine zwanzig Pfennig in den Schlitz, vernahm voller Entzücken das Rattern, Dröhnen und Ratschen im Innern des Monstrums, sah, wie sich das blitzende Gestänge hob und senkte, in Zahnräder griff, Gewichte in Bewegung setzte und zuletzt zornig rumpelnd in einen Blechkasten fuhr, den Drucker, nur damit der dann ein kleines Pappkärtchen ausspucken konnte. »77 Kilo« ...

Mein Sohn wollte diese Waage immer noch einmal ausprobieren, denn vielleicht hatte sich sein Gewicht in einer halben Minute doch erheblich verändert, und wir opferten ihr bei jeder Fahrt etliche Groschen.

Rüdesheimer Platz: Hier bin ich in meinem ganzen langen Leben nie ein- oder ausgestiegen, und ich habe direkt das Gefühl, etwas versäumt zu haben. Angenommen, ich habe wirklich nur das eine Leben ... und dann dies. Dabei ist es oben auf dem Platz wirklich sehr schön, so richtig feudal. Die ganze Strecke zwischen Wittenbergplatz und Dahlem ist ja damals von der reichen Gemeinde Wilmersdorf gebaut worden, um dem armen Berlin gegenüber gehörig zu protzen. Fast muß man an die Moskauer Metro denken. Man wollte die »besseren Kreise« anregen, in die geplanten und mit Grünanlagen durchsetzten Vororte zu ziehen. Die »Wilmersdorf – Dahlemer Schnellbahn« fällt damit in die Kategorie der sogenannten »Erschließungsbahnen«.

Breitenbachplatz: Dieser Bahnhof war mir als Junge wesentlich wichtiger als Hohenzollern-, Heidelberger oder Rüdesheimer Platz, denn hier endeten ab und an die Verstärkerzüge, und es gab ein richtiges Abstellgleis. Ich stellte mir vor, wie herrlich es sein müßte, U-Bahnfahrer zu sein und hier beim Kehren des Zuges vorne auszusteigen und durch den Tunnel zum anderen Fahrerstand zu laufen – Herr über einen ganzen Zug, ein kleiner Gott mithin.

So richtig spannend wurde es dann knappe zwei Minuten hinter Breitenbachplatz, denn hier ging es ins Freie, in den Einschnitt, hinaus, und die U-Bahn war im Grunde keine mehr, denn der Tunnel hatte ja keine Decke, keinen Deckel mehr. Und war damit ein offener Tunnel? Nein, denn laut Brockhaus ist ein Tunnel »eine unterirdisch geführte Strecke eines Verkehrswegs«. Und wir fuhren ja nun in der Erde und nicht unter der Erde. Ich würde es so definieren: Tunnel ist da, wo es auch tagsüber dunkel ist.

Podbielskiallee: Der erste Bahnhof, bei dem sich die Prophezeiung »Es werde Licht!« erfüllt hat. Von hier ab fährt man also weder mit der U(ntergrund)- noch mit der Hochbahn, sondern mit der – ja: was? – Einschnittbahn.

Dahlem-Dorf: Wer zur West-Berliner Inselzeit Kinder hatte, der ist hier im Spätherbst und Winter, wenn es noch keinen Schnee gab und fürchterliches Schmuddelwetter herrschte, des öfteren ausgestiegen, um ins nahe Völkerkundemuseum zu gehen, denn wo sollte man sonst noch hin: ins Aquarium? »Ö, nich schon wieda!« Ins Museum für Verkehr und Technik? »Da war'n wir doch letzten Sonntag erst . . .« Ich habe mit meinen Kindern sogar das »Museum für Volkskunde Berlin« besucht – zu einer Ausstellung über die Schule früher. 1990 war ich dann noch einmal hier, um zur Ausstellung »Auf's Ohr geschaut – Ohrringe aus Stadt und Land vom Klassizismus bis zur neuen Jugendkultur« einen Auftragskurzkrimi, in dem ein Ohrring die entscheidende Rolle spielt, zu Gehör zu bringen.

Sehr zu empfehlen ist auch die Domäne Dahlem im Winkel zwischen Pacelliallee, Königin-Luise-Straße und U-Bahntrasse, und ich freue mich immer, wenn ich in ihren Räumen oder open air etwas aus meinem »Manfred-Matuschewski-Opus« vorlesen darf.

Thielplatz: Das Lehrbuch in die Collegetasche gesteckt, Reißverschluß zu und aus dem Wagen gesprungen. Aussteigen zur Freien Universität. Bis zum 13. August 1961 hatte ich natürlich die S-Bahn benutzt, um von Neukölln zur Alma mater zu kommen, dann aber ging das nicht mehr (siehe West-Berliner S-Bahn-Boykott). Es war ein symbolischer Akt: Wer mit der (von der DDR betriebenen) S-Bahn fuhr, war für Walter Ulbricht, den verhaßten Mauerbauer – und umgekehrt. Also mußte ich mit dem Bus durch die Stadt tuckeln, erst mit dem 4er bis Hauptstraße und dann mit dem 48er, was entsetzlich lange dauerte, oder bis Fehrbelliner Platz im 4er bleiben und dort in die U-Bahn steigen, um bis Thielplatz zu fahren. Der Weg zu den Hörsälen in der Garystraße war schön, doch schon bald setzten Bauchschmerzen ein, und auch andere psychosomatische Beschwerden machten sich bemerkbar, denn die Angst vor der Uni war groß. Es gab so viel Stoff, und keiner konnte einem

sagen, was davon wichtig war. Und alle anderen schienen besser und klüger zu sein als man selber, zumal wenn man vom
Neuköllner Hinterhof kam. Sicher, ich habe es alles irgendwie gepackt und die akademischen Weihen bis hin zur Pro-
fessur bekommen, aber ich habe vor dem Bahnhof Thielplatz
noch heute dieselbe Angst wie die Ratte vor dem elektrischen
Gitter, bei dessen Berührung sie ganz früher einmal einen
Schlag erhalten hat, und weigere mich strikt, Thielplatz auszusteigen.

Oskar-Helene-Heim: Das klingt irgendwie so anheimelnd,
zumal ich selber Horst Otto Oskar heiße: H_2O, wie ein kluger
Student einmal angemerkt hat.

Im Winter 1948 hat mein Vater hier mehrere Monate in
Gips gelegen, mit einer Hüftgelenk-Tbc heimgekehrt aus sowjetischer Kriegsgefangenschaft. So ging es zweimal in der
Woche mit der U-Bahn von Neukölln ins Oskar-Helene-
Heim: von Rathaus Neukölln auf der Linie C I nach Stadtmitte, mit der Tunneleule natürlich, und von dort auf der Linie A II in Richtung Krumme Lanke.

In meinem Roman ›Brennholz für Kartoffelschalen‹ fährt
mein Held Manfred Matuschewski, knappe zehn Jahre alt,
auch auf dieser Strecke, denn wie mein Vater lag auch seiner
im Oskar-Helene-Heim.

Was die Fahrt aber so sensationell für Manfred machte,
war die Tatsache, daß die Bahn gleich hinter dem Potsdamer
Platz nach oben strebte und zur Hochbahn wurde. Unten
fuhr die Straßenbahn, und man konnte den Leuten in die
Fenster sehen. Wenn ihre Häuser noch standen. Aber Feld-
bahngleise und Trümmerfrauen bei der Arbeit sah er nicht
mehr. Dann kam die Rampe zum Wittenbergplatz, und es
ging wieder unterirdisch weiter. Kurz vor Podbielskiallee
wurde es dann wieder hell, und sie fuhren den Rest der
Strecke auf der Sohle eines Einschnitts. Viel Grün gab es
jetzt, und oben sah er die schönsten Villen stehen, nicht eine
einzige zerbombt. Wenn die Mondmenschen hier landen

würden, dachte Manfred, hätten sie keine Ahnung, daß ein paar U-Bahnstationen weiter eine Trümmerwüste war.

Das Krankenhaus Oskar-Helene-Heim war weiträumig angelegt, und seine Mutter hatte ihm erzählt, daß es im Bereich der Orthopädie einen guten Ruf hätte, sein Vati also ganz bestimmt wieder gesund werden würde mit seiner Hüftgelenk-Tbc.

»Jetzt ist er aber noch ans Bett gefesselt.«

Beim Wort fesseln dachte Manfred automatisch an Old Shatterhand und Winnetou und fand es abscheulich, daß mit seinem Vater ebenso verfahren wurde . . .

So weit der Roman mit seinen Parallelen. Merken wir noch an, daß die BVG heutzutage dem reinen Linienbetrieb den Vorzug gibt und die Strecke zwischen Stadtmitte und Wittenbergplatz von der Linie 2 befahren wird.

Onkel Toms Hütte: Hier staunten wir mehr oder minder etwas ärmlichen Neuköllner Hinterhofkinder immer ganz besonders: Für uns waren die (US-)Amerikaner ja gottähnliche Wesen, und dieser U-Bahnhof war – schon des Namens wegen, denn das Buch von Beecher-Stone kannten wir alle, und natürlich auch weil das amerikanische Hauptquartier und die Siedlungen der GIs gleich um die Ecke lagen – ein Stück Klein-Amerika. Ein U-Bahnhof, der in ein Einkaufszentrum eingebettet war – ja, gab's denn das!? Es war eine völlig andere Welt als unsere . . . und immer noch nicht meine, als ich gute dreißig Jahre später wieder hier aussteige, um mit den eigenen Kindern zur Rodelbahn zu eilen. Sicher, von Status, Prestige und Einkommen her könnte auch ich hier wohnen, aber ich würde immer ein Fremder bleiben.

Krumme Lanke: »Und dann saß ich mit der Emma auf der Banke . . .« Dieses Lied von Freddy Sieg gilt als die eigentliche Hymne der Berliner. Ich weiß nicht . . . Mir fällt bei Krumme Lanke immer nur ein: Schulausflug und Wandertag, endloses Latschen um Schlachtensee und Krumme Lanke, vom Durst geplagt, mit Blasen an den Füßen und dem Wimmern der Kameraden im Ohr, die sich einen Wolf gelaufen hatten. Aber später mit Sohn und Tochter auf dem Eis – das war herrlich. Obwohl … Wenn wir nun eingebrochen wären … Übrigens: An sich ist der Bahnhofsname Schummel, denn von der Bahnsteigkante bis zum See ist es fast ein Kilometer.

P. S. Manchmal schleppte uns unser Kunstlehrer auch zu einer Ausstellung ins Haus am Waldsee, und das war eine noch schlimmere Quälerei.

U 15 Warschauer Straße – Uhlandstraße

Da diese Linie zwischen Warschauer Straße und Wittenbergplatz identisch mit der aktuellen U 1 ist, brauchen wir erst am ersten Bahnhof einzusteigen, der ihr allein gehört, nämlich …

Kurfürstendamm: Doch auch den teilt sie sich mit der U 9, wobei die Strecke der U 15 die wesentlich ältere ist. In alten West-Berliner Frontstadt- und Inselzeiten pendelte immer ein Zwei-Wagen-Züglein als U 3 zwischen Wittenbergplatz und Uhlandstraße. Diese beiden Wagen sahen an den ewig langen Seitenbahnsteigen immer sehr putzig und ganz nach Spielzeug aus. Vom Bahnsteig aus kam man lange Jahre, ohne auf und über die Straße zu müssen, direkt zu »Tuberg«, einem Modellbahnlädchen. Und um sich dort kurz einmal umzuschauen, reichte die Zeit allemal, auch wenn man sehr in Eile war und nur eben schnell zu »Wertheim« wollte. Da blödele ich im Hörsaal beim Thema Werte immer: »In einer Gesellschaft, wo das Materielle ganz weit obenan steht, haben die Werte hier ihr Heim. Ich kaufe, also bin ich.«

Ob ich aus der Koblenzer Straße in Wilmersdorf (mit der U 9 vom Bahnhof Bundesplatz her) oder aus Frohnau (mit der U 9 aus Richtung Norden) kam, bei Sauwetter bin ich immer in die U 3 umgestiegen, um trockenen Fußes zur Fachhochschule zu gelangen, die ja bis 1993 im Kudamm-Karree zu Hause war. Auszusteigen war da ...

Uhlandstraße: Auch hier verloren sich die zwei Kleinprofil-wagen im großen Bahnhof und wirkten merkwürdig unberlinisch, provinziell wie zwei »Ferkeltaxen«, nur gelb statt rot gestrichen. Nur alle zehn Minuten kam das U-Bähnlein, aber die schönen alten Straßenbahnfotos an den Wänden machten das Warten angenehm.

U 2 Vinetastraße – Ruhleben

Weil man hier gleich zweimal Hochbahn fahren kann, wo doch normalerweise ein wenig mehr zu sehen ist als nur im Tunnel, macht es immer wieder Spaß, auf der U 2 unterwegs zu sein, wenn das auch nie mit der Tunneleule möglich war. Rot war die Strecke von Pankow nach Ruhleben bereits in meiner Kindheit in die Pläne eingezeichnet, damals aber noch als Linie A (später A I), wie auch ihre Abzweigungen nach Richard-Wagner-Platz (später A III) und Krumme Lanke (später A II). Das alles läßt sich bei Alfred Gottwaldt (1994) genau nachlesen – hier erfährt man auch, daß 1960 bereits das große rote A mit der Endstation Breitenbachplatz zu finden ist. Am 13. August 1961 wird die Linie dann zwischen Thälmannplatz und Gleisdreieck unterbrochen, und am 1. Januar 1972 wird auch der Betrieb auf dem West-Berliner Teilstück zwischen Gleisdreieck und Wittenbergplatz eingestellt. Erst 32 Jahre später gibt es wieder einen durchgehenden U-Bahnverkehr zwischen Alexanderplatz und Zoo, am 13. November 1993 wird die sogenannte »Durchbindung« gefeiert. An Hoch-bahnbrücken hängen Transparente mit der Aufschrift »Zwischen Ruhleben und Pankow ist was im Gang«, und Jürgen Meyer-Kronthaler und Uwe Poppel schreiben in den BVB 12/93: »Mit der U 2 ab durch die Mitte!« Fahren wir los ...

Vinetastraße: Pankow (Vinetastraße) hieß der Bahnhof früher, und ausgestiegen bin ich hier bis heute nicht, nur einmal eingestiegen – und das auch erst im Jahre 1991, als mich ein Ost-Berliner Schriftstellerkollege dort abgesetzt hatte, also schon zu Zeiten, als es keinen Führungsoffizier mehr gab, dem er als treuer IM diese Aktion schnell hätte melden müssen.

Schönhauser Allee: Als S-Bahnfahrer wußte ich natürlich, daß es dort eine Hochbahn gibt, aber gefahren bin ich als »junger Mensch« von Schönhauser Allee bis Alexanderplatz meines Wissens nach nur einmal: 1958 in meiner Zeit als Siemens-Lehrling. Ich wollte zur Geburtstagsfeier meiner Kohlenoma in Kreuzberg und hatte vergessen, Gesundbrunnen in die Linie D umzusteigen. Ansonsten aber ist mir als West-Berliner gar nicht so recht bewußt gewesen, daß wir neben der Kreuzberger Hochbahnstrecke in Berlin noch eine zweite hatten. Erst durch das Adlershofer Fernsehen und seine Filme ist mir das aufgefallen.

Eberswalder Straße: Danziger Straße/Dimitroffstraße ... Im Umbenennen ihrer Banhöfe haben es die Berliner zu einer gewissen Meisterschaft gebracht (siehe dazu das hervorragende Buch von Jürgen Meyer-Kronthaler). Grünes Blech wölbt sich über einem, wie in einer Fabrikhalle fühlt man sich. In letzter Zeit bin ich hier öfter ausgestiegen: Der Kollege Hartmut Mechtel hat in der Sredzkistraße gelebt (und prompt lasse ich dort in meinem Kriminalroman »Fendt hört mit« eine meiner Figuren wohnen), und ab und an gibt es Lesungen in der nahen »Kulturbrauerei«. In der Schliemannstraße habe ich mir bei einem Rechtsanwalt Rat geholt, als die Drehbücher für Christian Quadflieg als »Jugendgerichtshelfer W. P. Anders« zu schreiben waren. Bei all diesen Besuchen bin ich immer etwas aus der Zeit gefallen, denn in dieser Gegend sieht es – abgesehen von den vielen Copy-Shops sowie den schrillen Computer- und Videoläden – fast noch aus wie bei uns damals im Neukölln der fünfziger Jahre. Was hat Willi

Schneider immer gesungen: »Man müßte noch mal zwanzig sein ...«

Die nächsten Bahnhöfe – **Senefelderplatz** und **Rosa-Luxemburg-Platz** – kann ich gedanklich ohne Halt durchfahren, denn dort bin ich nie ein- oder ausgestiegen; auch sind sie als solche die pure Langeweile. Im Gegensatz zum Bahnhof ...

Alexanderplatz: Hier zeigt sich Alfred Grenanders ganze Meisterschaft als U-Bahn-Architekt. Auch kann man sich am Kiosk köstliche Backwaren kaufen und an den Wänden, statt der Reklame, Kunst bewundern.

Klosterstraße: Das ist *der* Bahnhof für alle S- und U-Bahn-Narren sowie Straßenbahn- und Omnibus-Fans, denn an den Wänden hängen alle interessanten Wagentypen (mit Ausnahme der Tunneleule, was eine Schande ist), poppig-naiv gestaltet, und dort, wo am Bahnsteigende der halbe A I-Wagen in der Stirnwand steckt, sollte einmal ein drittes Gleis abgehen, die spätere Strecke nach Friedrichsfelde. Trotz dieser Genüsse steige ich Klosterstraße nur ungern aus, denn im nahen Gebäude sitzt die Fachaufsicht unserer Hochschule, und unser Verhältnis zu ihr ist in etwa so innig wie das zwischen den Apachen und den Kommantschen bei Karl May. Wobei wir die Guten, also die Apachen sind.

Am 27. Juni 1998 stehe ich hier zur kuriosesten Lesung meines Lebens. Es ist 2 Uhr 31 nachts beziehungsweise morgens, als man mir ein Pult auf den Bahnsteig stellt und das Mikrofon einschaltet. Vor mir sitzen 150 Zuhörerinnen und Zuhörer in einem Zug, bestehend aus zwei Diesellokomotiven und drei Bauwagen. Diese »Cabrio-Wagen« sind mit Längssitzen versehen, so daß mir die Hälfte der Lauschenden den Rücken zuwendet und an die gekachelte Tunnelwand starrt. Und woraus lese ich? Aus dem Manuskript dieses U-Bahn-Buches natürlich ... Um 1 Uhr 16 sind wir – mit gelbem Bauhelm auf dem Kopf – am Bahnhof Deutsche Oper gestartet und mit 35 km/h auf der U 2 Richtung Pankow gefahren. An allen Bahnhöfen haben sie uns bestaunt, und auf der Hochbahn hatten wir unseren Höhepunkt: den Blick auf die Bau- und Schaustelle am Potsdamer Platz. Zwanzig Minuten lese ich. Pärchen knutschen sich, einige Singles sind alsbald sanft entschlafen, eine Gruppe buchabstinenter Kids reißt die Bierbüchsen auf und lärmt wie in der großen Pause. Die ›Abendschau‹ des SFB berichtete anschließend von einer »diffusen Lesung«, schmähte mich also, vergaß aber das Wesentliche: daß ich mich zu dem Auftritt nicht gedrängt hatte. Es handelte sich um eine Benefizveranstaltung des Fördervereins »Forschung Contra Blindheit e. V. – Initiative Usher-Syndrom«, bei der auch ich gebeten worden war, der guten Sache wegen honorarfrei mitzumachen. Gleichviel, das Ganze war eine sehr schöne Sache, und Karl-Hermann aus Bodenwerder an der Weser, der Bruder meines mitreisenden Freundes Peter Hüne (siehe S-Bahn-Buch), bringt es, als man ihn abfilmt, auf den Punkt: »Gewaltig!« Durch den »Klostertunnel« und den Verbindungstunnel zwischen der U 8 und der U 7 am Hermannplatz geht es dann zurück zum Ausgangspunkt. Nachvollziehen kann man das alles, indem man sich das vortreffliche Video ›U-Bahn Berlin – Nächtliche Besichtigungsfahrten‹ von Dieter und Uwe Bohrer ansieht – oder aber für 50 Mark selber mitfährt (ohne Lesung, also ohne die Qual, zuhören zu müssen). Anmeldungen unter 030/25627602 bei der BVG. Die Warteliste soll länger sein als der Zug.

Märkisches Museum: Früher frug (= fragte) man sich, ob man nicht irrtümlich in die Londoner Underground geraten sei, denn das hohe Tonnengewölbe dieser Station ist so richtig unberlinsch. Heute jedoch ist alles abgestützt und mit Bretterböden abgesichert, damit die locker gewordenen weißen Kacheln den Leuten nicht die Schädel einschlagen. Durchregnen soll es auch, das heißt: soll es nicht. Das Museum oben widerlegt die Sprachforscher, die meinen, Mus–eum und Mus – topf hätten nicht den gleichen Stamm. Die Macher im Märkischen Museum scheinen jedenfalls, was die modernen Präsentationstechniken betrifft, aus selbigem zu kommen. Schön, ich habe Vorurteile, aber... Dem wohl interessantesten Mann der frühen Mark, dem Markgrafen Waldemar, dem letzten Askanier oder falschen Waldemar, widmen sie keinen einzigen Quadratmeter. Und als der in München ansässige dtv-Taschenbuchverlag um ein Foto bittet für das Cover meines Buches »Wie ein Tier«, der fast schon legendären Geschichte des Berliner *S-Bahn*-Mörders Paul Ogorzow, der seine (Un-)Taten 1940/41 begangen hat, schickt man ihnen die Ablichtung eines *U-Bahn*zuges, gebildet aus A I-Wagen aus dem Jahre *1902*, der auf dem U-Bahnhof Kottbusser Tor steht. So hat man es mir aus München berichtet. Mein Ruf als Nahverkehrsexperte ist für immer ruiniert, bei Lesungen verhöhnt man mich. Ich versichere aber an Eides Statt, nichts davon gewußt zu haben und erst bei Erhalt des Belegexemplars in Ohnmacht gefallen zu sein. Nach meiner sofortigen Intervention ziert nun den Umschlag der zweiten Auflage tatsächlich ein alter S-Bahnzug (wenn auch einer, wie er so 1940/41 nicht gefahren ist).

Spittelmarkt und **Hausvogteiplatz:** Wirken ausgesprochen ärmlich, ihre Kacheln erinnern mich ein jedes Mal an die scheußliche Toilette meiner alter Heiligenseer Laube beziehungsweise Datsche.

Stadtmitte: Das ist ein alter Stationsname (seit 1936), er hätte jedoch auch von den PR-Beratern unserer großen K.o.alition extra erfunden werden können, denn er signalisiert da Gewißheit, wo ansonsten keine ist: »Seht her, die Stadt hat eine Mitte, und diese eine Mitte ist hier...« Nicht etwa am Alexanderplatz, in der Gegend Zoo/Kudamm/Gedächtniskirche oder gar in den Zentren respektive Centern der Bezirke. Mitte... das steht auch für den ruhenden Pol, für den Ausgleich und die Mäßigung. Die U-Bahn-Benutzer wissen allerdings, daß Stadtmitte eigentlich als gehörige Fehlkonstruktion zu werten ist, denn will man von der Linie 2 in die Linie 6 umsteigen, hat man sich auf einen längeren Fußmarsch einzurichten. Ein bißchen gruselig ist das immer, auch für einen, der nicht wegen eines klaustrophobischen Syndroms in Behandlung ist. Es ist wie in einem Film beziehungsweise Alptraum (was an sich zwei verschiedene Sachen sind): Man sieht sich von einem Killer verfolgt, läuft davon, hat keine Kraft mehr, endlos ist der Tunnel ... Oder ein großer Brand ist ausgebrochen, giftige Rauchschwaden ziehen durch den Tunnel, in panischer Angst flieht die Menge, hustet sich die Lunge aus dem Hals. Wir stecken mitten drin, stolpern, fallen, werden von unzähligen Füßen in den Boden gestampft, verlieren das Bewußtsein ... Viele Menschen in Berlin meiden diesen »Mäusetunnel«, wie er im Volksmund heißt, weil sie diese Ängste haben, unbewußt zumindest. Um diese etwas abzubauen, hat man wohl die Barriere in der Mitte, die die Menschenströme seit Jahrzehnten in rechts und links geteilt hat, beseitigt. Auch sitzen immer Musikanten am Boden und sorgen für Konzertsaalstimmung. Nach der Wende waren die Wände mit Hauptstadtnamen verziert, dies aber in Lautschrift. Als Kind war der »Mäusetunnel« stets ein Höhepunkt meiner U-Bahnfahrten. Ging es in den Zoo, freute ich mich mehr auf ihn als auf die Tiere dort. Außerdem war es unfaßbar für mich, ein Mysterium, daß auf der Linie C die Tunneleule fuhr, mit all ihren Rundungen, und auf der Linie A, in die es umzusteigen galt, eckige Kästen, Kleiderschränke oder Zigarrenkisten, die Wagen vom Typ A I.

Mohrenstraße: Wie ...? Fragt mich jemand nach dem Bahnhof Mohrenstraße, bin ich erst einmal geneigt, ganz spontan auszurufen: »Tut mir leid, kenn' ich nicht, gibt's nicht in Berlin.« Für mich ist das **Thälmannplatz** (so hieß diese Station immerhin von 1950 bis 1986). Weiß Gott nicht aus ideologischen Gründen, sondern vielmehr aus alter Gewohnheit, war sie doch vom Mauerbau bis zur Wende der Endpunkt einer der beiden Ost-Berliner Linien. Ganz früher hörte sie auf den Namen **Kaiserhof** (von 1908 bis 1950) und für kurze Zeit auch auf **Otto-Grotewohl-Straße** (von 1986 bis 1991). Wie soll man da so schnell schalten. Außerdem: Der gute, edle und schöngeistige Linke hat etwas gegen den Mohren zu haben. Nicht gegen meinen Freund Steffen Mohr in Leipzig (siehe sowohl oben als auch weiter unten), gegen Friedrich Schiller (»Der Mohr hat seine Arbeit getan,/Der Mohr kann gehen ...«) und erst recht nicht gegen Farbige, blacks oder wie auch immer ... ganz im Gegenteil. Mohr steht für Neger und damit – wie Mohrenkopf und Negerkuß – für imperialistische Sklavenhalterpolitik und rassische Diskriminierung. So falsch ist es ja nicht, und wer die rechte Gesinnung auf diese Weise offenbart, muß viel zu verarbeiten haben, also soll er. Vielleicht sollten wir konsequenterweise auch darauf verzichten, deutsche Namen zu tragen, weil Deutsch schließlich, wie wir alle wissen, die Sprache derer ist, die ... Gott sei Dank: *Ich* habe einen polnischen Namen und bin damit frei von aller kollektiven Schuld. Wenn ich mal viel Zeit habe, schreibe ich für ›Die Zeit‹ einen Essay über die Inländerfeindlichkeit der linken deutschen Tiefsinnsschickeria.

Potsdamer Platz: »Der Potsdamer Postkutscher putzt seinen Potsdamer Postkutschkasten.« Das sollte ich als Kind, wenn der Zug hier hielt, immer ganz schnell hintereinander hersagen, dreimal möglichst, schaffte es aber selten bis nie. Von 1961 bis nach der Wende gab es keine Chance, es im Bahnhof Potsdamer Platz zu üben, denn stillgelegt war alles, diente nur als Aufstellanlage für das Ost-Berliner Kleinprofil, zugänglich nur für absolut westresistente BVBler. Heute ist die Station, auch weil in einer Kurve gelegen, einer der schönsten Grenander-Bauten, und das Warten macht Spaß. Will man zur S-Bahn überwechseln, muß man über die Straße, an der roten Info-Box vorbei und kann sich, so man will, am Werden Neu-Berlins ergötzen. Mir scheint, es wollen in der Regel nur Touristen. Sollen sie. Wenn ich früher unartig war, rief meine Mutter immer: »Na, hast du heute wieder deine Tour!« Hängt das irgendwie zusammen? Vielleicht ließe sich das in einer mit Magna cum laude zu bewertenden Dissertation einmal gültig bis endgültig klären.

Auf einer Rampe geht es nun zu Hochbahnhöhe hinauf, und rechts in Fahrtrichtung tanzen die Kräne. Mein Berlin ist das nicht mehr, was da entsteht. Irgendwelche Außerirdischen, die mich einen feuchten Kehricht interessieren, bauen da. Und da kann der Herr Hassemer noch so viele gut bezahlte Orgasmen kriegen, wenn er uns das alles anpreist.

Mendelssohn-Bartholdy-Park: Dieser Bahnhof sollte ursprünglich Hafenplatz heißen und wurde erst am 1. Oktober 1998 eröffnet, damit die Bediensteten in den Neubauten am Potsdamer Platz nicht so weite Wege gehen müssen und auch die vielen Besucher so richtig strömen können.

Gleisdreieck: Über diesen Bahnhof ist weiter oben schon berichtet worden, doch nun fahren wir mit dem Zug der Linie 2 ein, unter den Gleisen der Linie 1. Gleisdreieck ist ein sogenannter Turenbahnhof. Zu ergänzen ist auch noch, daß von hier aus einmal eine waschechte Magnetbahn Richtung Kemperplatz gestartet ist. Von 1989 bis 1991 ist das gewesen. Irgendwer hat sogar die hirnrissige Idee gehabt, das ganze West-Berliner Kleinprofilnetz auf die Magnetbahn umzurüsten. Ich hatte nie etwas mit diesem Mini-Transrapid im Sinn und bin aus Protest gegen diese Steuergeldverschwendung auch nie damit gefahren, habe aber nicht verhindern können, daß in einem meiner Drehbücher zur Fernsehserie »Detektivbüro Roth« Manfred Krug den Gangster auf einem Werkstattwagen der Magnetbahn verfolgt. Kurz vor der Brücke über den Landwehrkanal springen sie dann beide ab ... und der Gangster hechtet kopfüber ins Wasser. Der Krug folgt ihm nicht, obwohl ein Taucher den Kanalgrund zuvor nach lauernden Gefahren abgesucht hat.

Schade, dabei war es ja gar kein Brunnen, zu dem er hätte gehen müssen. Unvergessen ist das Foto, das einen Zug der Magnetbahn im Dezember 1988 zeigt: Nachdem am Kemperplatz, dem Endbahnhof, die Bremsen versagten und er durch die Gebäudewand schoß, sieht man ihn dort hängen, halb drinnen, halb draußen. (Nachzulesen in dem Beitrag von Ivo Köhler im GVE-Band »U 2 – Geschichte(n) aus dem Untergrund«, S. 98–100).

Um das Gleisdreieck herum bleibt es aufregend, so am 4. März 1998, als ... Doch genießen wir es im O-Ton des ›Tagesspiegels‹ vom Morgen danach:

Sturmböen bis Stärke 10 brachten gestern nicht nur Fahrradfahrer aus dem Gleichgewicht. Kurz vor 13 Uhr stoppte die BVG sogar die Züge auf der U-Bahnlinie 2 – der Turm der Luther-Kirche am Dennewitzplatz drohte auf die Hochbahntrasse zu stürzen. Zehntausende Fahrgäste mußten zwischen Gleisdreieck und Nollendorfplatz auf die Linien 1 und 15 ausweichen. Am Abend gaben die Meteorologen Entwarnung, gegen 18 Uhr fuhr die BVG wieder.

Bülowstraße: Da zünden sofort allerlei Assoziationen:

1. Vicco v. Bülow gleich Loriot, der Komiker, den (auch) ich vergöttere, zumal mein ältester Freund ebenfalls mit Möbeln gehandelt hat und nicht ganz ohne das Verhalten war, das wir aus ›Ödipussi‹ kennen: »Eiche imitiert ... den kann ich dir 15 Prozent billiger lassen.«

2. General Bülow von Dennewitz – nach ihm ist die Station benannt. Das ist der B. aus meinem Zigarettenbildchen-Album, Bild 131: ... *einer der erfolgreichsten preußischen Heerführer der Befreiungskriege. Er besiegte die Franzosen bei Großbeeren und Dennewitz; ferner kämpfte er in der Völkerschlacht bei Leipzig und später unter Blücher in Frankreich. Bei Waterloo trug sein Eingreifen wesentlich zum Siege der Verbündeten bei.*

3. Bernhard Heinrich Martin Fürst v. Bülow, Reichskanzler von 1900 bis 1909.

4. Hans v. Bülow, Musiker und verehelicht mit Franz Liszts Tochter Cosima.

5. Frau Bülow, meine Klassenlehrerin im Herbst 1945 in Neukölln. Eingeschult worden bin ich im Herbst 1944 im Dorfe Zieko im heutigen Sachsen-Anhalt (bitte bei Gelegenheit Gedenktafel anbringen), wo wir evakuiert waren, um dann nach abermaligem Ortswechsel bis zum Kriegsende in Groß Pankow (Prignitz) in die erste Klasse zu gehen, was insgesamt nur ein halbes Jahr in der ersten Klasse ergeben hat. Nach unserer Rückkehr ins zerbombte Berlin im Oktober 1945 wollte mich nun besagte Frau Bülow nicht in die zweite Klasse der Volksschule am Hermannplatz aufnehmen, sondern die erste Klasse wiederholen lassen. Da hätten Sie einmal meine Mutter sehen sollen. »Er kann schon alles rechnen!« trumpfte sie auf, während ich intelligent zu gucken suchte. »Und schreiben auch.« Der Bluff wirkte, und Frau Bülow gab schließlich nach. Irgendwie aber wirkt ihr Blick, wie sie mich da als Halbidioten einstuft, noch heute leicht traumatisch in mir nach.

6. Das Bülow als der Raum, in dem ein Chinese arbeitet. Nun ja ... Nach der Stillegung des Bahnhofs am 1. Januar 1972 gab es hier zunächst das Restaurant »U-Tropia« und anschließend einen »Türkischen Basar« und als Touristenattraktion auf der Hochbahn den Pendelverkehr eines TM 34-Triebwagens der Straßenbahn zum Nollendorfplatz. Ich bin die Strecke einmal mit meinen Kindern gefahren ... und irgendwie empfand ich es als, sagen wir, pervers. Wer miterleben und nachvollziehen will, wie der Hochbahnbau in der Bülowstraße begann und wie es vorher hier aussah, der schlage bei Erdmann Graeser nach, in »Lemkes sel. Wwe.«. Oder waren es »Die Koblanks« ...?

Nollendorfplatz: Siehe oben, aber diesmal sind wir tatsächlich auch oben, auf dem oberen Bahnsteig. Bei Nollendorf hat einmal eine wichtige Schlacht der Preußen stattgefunden, habe ich dunkel im Gedächtnis und finde beim Nachschlagen tatsächlich etwas in dieser Richtung, wenn auch nicht im »Großen Ploetz«, sondern im Zigarettenbildchen-Album, Bild 132: *FELDMARSCHALL KLEIST VON NOLLEN-DORF, 1762–1823, befehligte in den Befreiungskriegen ein Korps in der Hauptarmee der Verbündeten. Durch seinen kühnen Umgehungsangriff bei Nollendorf führte er die sieg-reiche Entscheidung der Schlacht gegen den französischen General Vandamme herbei.* Vor ihrer Zerstörung 1944 war diese Hochbahnstation mehr Dom als Bahnhof, jetzt ist sie nüchtern funktionalistisch. Nicht zu vergessen ist, daß sie zwischen der Streckenstillegung 1972 und der Wiedereröff-nung am 13. November 1993 als Trödelmarkt und Restau-rant gedient hat, Stichwort »Nolle«. Die südliche Seite des Platzes, wo auch das »Metropol« zu finden ist, muß von der Polizei als schwer revolutionär oder kriminell eingeschätzt werden, denn immer sind hier Mannschaftswagen zu sehen.

Von nun an geht's bergab, das heißt wieder in den Tunnel hinein, denn als diese Strecke gebaut wurde, wollten die Charlottenburger nicht, daß ihre schöne Kaiser-Wilhelm-Ge-dächtniskirche von einer Hochbahntrasse verschandelt wird – wofür man sie eigentlich nur loben kann. Ein Charlottenbur-ger müßte demnach als ein klug vorausschauender Mensch gelten, steht aber bei älteren Berlinern für etwas ganz anderes, nämlich für jene Handlung und ihr Ergebnis, mit der man gelblichgrünen Nasenschleim, vulgär: Rotz, mit Daumen und Zeigefinger der rechten Hand durch Druck auf die Nasenflü-gel aus der vollen Nase flutschen läßt und auf den Boden schleudert. Während meiner Bremer Zeit lachte man sich dort schon halbtot über das große Kennedy-Wort »Ich bin ein Ber-liner« (was dortzulande ein Pfannkuchen ist), wie aber wür-den wir erst reagieren, wenn einer unserer über alles geliebten Spitzenpolitiker Charlottenburg ähnlich ehren würde …

Gefährlich ist es an dieser Stelle, wie wir dem ›Tagesspiegel‹ vom 2. Mai 1997 entnehmen können, wo unter der Über-schrift »Auto landete auf U-Bahngleisen« zu lesen steht:

Auf den Gleisen der U-Bahnlinie 2 landete am späten

Mittwochabend ein BMW: Das Fahrzeug war auf der Kleist-
straße in Schöneberg mit einem Golf zusammengestoßen,
hatte das Schutzgitter zur U-Bahn durchbrochen und war
etwa drei Meter tief auf die Gleisanlage gestürzt. Etwa 50
Meter vor der Unfallstelle verläßt die U-Bahn den Tunnel
und fährt als Hochbahn zum Nollendorfplatz weiter. Bei
dem Unfall wurden die beiden 22 Jahre alten Fahrer sowie
zwei Frauen in dem BMW leicht verletzt. (...) Der U-Bahn-
verkehr war bis 1.10 Uhr unterbrochen. Die Gleise blieben
allerdings unbeschädigt. Die Feuerwehr zog den Wagen mit
einem Kran zurück auf die Straße.

Dunkel wird es nun, der Zug rattert über mehrere Wei-
chenstraßen.

Wittenbergplatz: Siehe ebenfalls weiter oben. Umzusteigen
ist hier in die Linien 1 und womöglich auch 15: derselbe
Bahnsteig, nur hinüber zum anderen Gleis. Wir bleiben aber
im Zug der Linie 2 nach Ruhleben.

Zoologischer Garten: Hier ist es immer sehr voll und eng
beim Aussteigen, und man muß aufpassen, nicht gegen eine
der stählernen Stützen gedrückt zu werden und dort zu zer-
schellen. Mitte der fünfziger Jahre, als mein Vater und ich
abends einmal auf dem Weg ins Schiller-Theater waren, standen nicht ganz so viele Leute auf dem Bahnsteig und warte-
ten, aber zwei Dutzend waren es doch in unserer Nähe. Mein
Vater, der eine Hüftgelenk-Tbc aus sowjetischer Kriegsgefangenschaft mit nach Hause gebracht hatte und zeitlebens am
Stock gehen mußte, war vor dem Stadtplan stehengeblieben
und erläuterte mir, in welchen Postdienststellen er seit 1928
gearbeitet hatte. Er tat dies sehr ausführlich, und da ich alles
schon etliche Male gehört hatte, schlenderte ich weiter. Leise
und in schelmischer Absicht zwar, aber doch nicht ahnend,
was nun geschah. Er hatte nicht gemerkt, daß ich gegangen
war, und sprach weiter, nun allein vor dem Stadtplan und immer mehr in Rage geratend. »Der Zappe, das war vielleicht

ein Schubiak (= böser, hinterhältiger Mensch), der hat mich meine Beförderung gekostet. Wenn ich dem noch einmal im Dunkeln begegnen sollte, dann ...« Dabei schwang er seinen hölzernen Stock wie der Alte Dessauer seinen Säbel und hieb damit die Luft in Stücke. Die Leute wichen zurück. Die einen murmelten etwas von einem »armen Irren«, andere meinten, daß man den Stationsvorsteher benachrichtigen müsse, »um ihn einzuliefern«. Da blieb mir nichts weiter übrig, als ihn zu retten.

1958, beim Bau der U 9, fuhr man hier stellenweise im Freien, das heißt, die Tunneldecke war abgebrochen. Das erinnerte sehr an die Tage im Krieg, als es so ähnlich ausgesehen hatte.

Ernst-Reuter-Platz: Ich verehre Berlins großen Bürgermeister (»Ihr Völker der Welt, schaut auf diese Stadt«) in hohem Maße, aber Kontinuität ist auch ein hoher Wert, und die Sucht, alles umzubenennen, zerstört die Identität einer Stadt ganz erheblich. Darum spreche ich, steige ich hier ein oder aus, öfter noch vom **Knie,** trug doch die Station von ihrer Eröffnung 1902 an bis 1953 diesen einprägsamen Namen. Nicht etwa benannt nach dem Knie von Lilian Harvey oder Marlene Dietrich, auch nicht nach den Schlagern »Ich hab' ihr Knie geseh'n, das durfte nie gescheh'n« oder »Was machst du mit dem Knie, lieber Hans, beim Tanz«, sondern ganz einfach, weil die U-Bahn hier einen Knick machte und in die Ost-West-Achse einschwenkte. TU-Student war ich nicht, bin aber dennoch oft hier ein- und ausgestiegen, denn von 1969 bis 1970 habe ich in der Knesebeckstraße 16 in Untermiete gewohnt, aber auch um ins Renaissance- und Schiller-Theater zu gehen oder bei Kiepert Bücher zu kaufen. Nun, das Schiller-Theater haben die Berliner Kulturbarbaren der Vergessenheit anheimgegeben, und Kiepert ist die einzige der maßgebenden Berliner Buchhandlungen, in der ich noch nie Geschriebenes verlesen durfte. Ich fahre also weiter.

Deutsche Oper: Wenn ich diesen Bahnhofsnamen lese, bekomme ich plötzlich Herzrhythmusstörungen und Atemnot ... Das alte Elend steht mir wieder vor Augen. Was für andere rückblickend ihr Gefängnisaufenthalt ist, ist für mich meine Siemens-Lehre von 1957 bis 1960, zumindest die Berliner Zeit am Anfang (siehe oben unter Kottbusser Tor). Siemens & Halske hatte die Firma Nora aufgekauft, und so verbrachte ich das erste Jahr bei Nora in der Wilmersdorfer Straße. Aussteigen Deutsche Oper und dann in Fahrtrichtung links. Vom Kottbusser Tor kam man zu dieser Zeit ohne Umsteigen hierher. Schöner ist da die Erinnerung an die großen Staffelläufe Potsam – Berlin, wo ich – erst im blauweißen Dreß von TuS Neukölln, dann in den weiß-roten Farben von NSF – tapfer meine 400 Meter die Bismarckstraße entlang gewetzt bin. Noch süßer aber ist der Gedanke an die Zeit, als diese Station noch **Deutsches Opernhaus** hieß und man hier in eine Stichbahn zum Richard-Wagner-Platz umsteigen konnte, wo meine Lieblingstante wohnte. Exkurs auf der Linie A III:

Richard-Wagner-Platz (alt): Unter dem Namen Wilhelmplatz war dieser Bahnhof Endpunkt der sogenannten Stammstrecke, nachdem man am 14. Mai 1906 die Verlängerung vom Knie (Ernst-Reuter-Platz) über die Bismarck- und Seesenheimer Straße in Betrieb genommen hatte; erst später wurde er zum Appendix der Linie A. Wie am Bahnhof Warschauer Brücke stand ich hier als Kind atemlos und staunend an der Bahnsteigkante und versuchte zu erfassen, wie sich die Gleise plötzlich in einem Sandhaufen verlieren können und ein Prellbock aller Fahrherrlichkeit ein Ende machen kann. Bis hierher und nicht weiter. Wir stiegen ans Tageslicht, und ich marschierte als kleiner Mann tapfer bis zur Ilsenburger Straße, wo Tante Gerda und Onkel Gerhard ihre Neubauwohnung hatten. Neubauwohnung, das klang 1941 wie Villa oder Schloß. Mit Toilette und Bad! Und Tante Gerda duftete immer so schön. Das war das Parfum, das Onkel Gerhard ihr als Soldat aus Paris mitgebracht hatte. Zum letzten Mal war ich im Herbst 1944 in der Ilsenburger Straße. Da hatte gerade eine Bombe die eine Hälfte des Hauses weggesprengt, und wenn Tante Gerda ihre Badezimmertür aufmachte, konnte man die Leute unten auf der Straße sehen.

Bismarckstraße: Die Möglichkeit, an diesem Bahnhof (eröffnet am 28. April 1978) zur U 7 zu wechseln, ist so neu, daß sie auf der Festplatte meines Gehirns noch nicht so richtig abgespeichert ist. Weiter. Nein, halt, zu sagen ist noch, daß der heutige Bahnhof Deutsche Oper auch einmal Bismarckstraße hieß, aber das alles bitte ich nachzulesen in der unverzichtbaren Bibel der Berliner U-Bahnhöfe von Jürgen Meyer-Kronthaler.

Sophie-Charlotte-Platz: Hier bin ich in meinem Leben nur einmal ausgestiegen, so etwa um 1992 herum, um mit einem amerikanisch-französisch-deutschen Filmteam bei einem Italiener zu speisen. Ich hatte das Drehbuch für einen kleinen Film geschrieben und wollte gern, daß NN (den Namen verschweige ich aus Angst vor einer möglichen einstweiligen Verfügung) die Hauptrolle spielte. Ich fand NN wahnsinnig gut – wie das halt so ist, wenn man jemanden verehrt. Die Diva, ständig über ihre Nichtbeschäftigung in Deutschland klagend und wild auf eine Rolle, kam auf meinen Anruf hin schnell her. Es gab eine heftige Diskussion in vier bis fünf Sprachen, und gegen Mitternacht hatte NN unter Aufbietung all ihres tiefen- und höhenpsychologischen Wissens und so richtig faustisch-deutsch, wie sie es an uns Deutschen so sehr haßt, der Produzentin klargemacht, daß mein Drehbuch und ihre Rolle darin großer Mist wären und man den Film auf keinen Fall realisieren sollte ...

Kaiserdamm: Daß aus ihm Adenauerdamm wird, haben die Berliner zu verhindern gewußt. So richtig dankbar sind sie »dem Alten aus Rhöndorf« wegen seiner Verdienste um die

Spaltung Deutschlands nie gewesen. Wer – neben den »Soffjets« und den Funktionären in der »Zone« – hatte ihnen denn die goldenen Inselzeiten beschert? Lassen wir das … Kaiserdamm ist auszusteigen, wenn man zum Busbahnhof will, ohne Gepäck zumindest, zum Funkturm oder zu den Messehallen. Bis zur Eishockeyhalle war es ein bißchen weit zu Fuß, aber die BVG ließ ja – bis zur Wiederinbetriebnahme der S-Bahn Richtung Spandau – immer ihre Sonderbusse anrollen. Als Fan des »Berliner Schlittschuhclubs«, der »Preußen«, der »Devils« und der »Capitals« bin ich jahrelang zur früheren Jafféstraße geeilt, um das umzusetzen und auszunutzen, was wir Soziologen den »Ventileffekt« und die funktionalen – gleich positiven – Folgen abweichenden Verhaltens nennen. Was meint das? Daß ich meine aufgestauten Aggressionen durch Schreie abgelassen habe, die mir im Professorenstand eigentlich streng verboten sind. Beispielsweise: »Macht sie alle, schießt sie aus der Halle«, wenn die Krefelder oder Düsseldorfer in Berlin antraten. Das ist streng genommen die Aufforderung zu einer Straftat, verstößt aber auf alle Fälle gegen das Gebot von Fair Play und Gastfreundschaft. Noch schlimmer war es mit O'Brien, einem Kanadier in den Diensten Kassels, der ein ziemliches Rauhbein war. Hatte er einen Berliner gefoult, schrie ich mit im Chor: »O'Brien, du Schwein! O'Brien, du Schwein!« Ganz übel in Zeiten der Political Correctness, des multikulturellen Jubels und meiner unwürdig! Hinterher aber war ich wieder ein überaus friedlicher Mensch und ganz lieb zu den O'Briens in unserer Stadt. Da ich von Eishockey eine ganze Menge zu verstehen glaube, habe ich auch einen Kurzkrimi über den Konflikt zwischen den »Eisbären« und den »Devils« geschrieben, in dem es unter anderem heißt:

Der Bürgerkrieg fand auf dem Eise statt und wurde ausgetragen nach den Regeln der DEL. In der Eissporthalle in der Jafféstraße bekämpften sich der BSC Preußen (West) und der EHC Eisbären (Ost) …

Auch ein ›Tatort‹ sollte daraus werden, doch der SFB hat

mein Drehbuch in den Papierkorb geworfen. ›Feuer für den Großen Drachen‹ ist hingegen nach vielen Drehbuchbesprechungen entstanden, ebenso wie die Filme zu den Vorabendserien über Wirtschaftskriminalität (›Kommissariat K 9‹) und Wirtschaftsspionage (›Detektivbüro Roth‹). Und da bin ich natürlich mit der U-Bahn angereist. Es gibt aber noch einen Grund, Kaiserdamm auszusteigen: Das Modellbahngeschäft ein paar Schritte weiter, an dessen Schaufensterscheibe ich mir immer, bevor es an die Arbeit geht, die Nase platt drücke.

Theodor-Heuss-Platz: Im Gegensatz zu Ernst Reuter verehre ich Theodor Heuss keineswegs, schließlich war er einer derer, die im Reichstag für Hitlers Ermächtigungsgesetze gestimmt haben. Und für mich ist es schon von einer sehr makaberen Logik, daß Platz wie U-Bahnstation vor ihm den Namen »des Führers« getragen haben. Folglich fahre ich heute nie zum Theodor-Heuss-, sondern immer nur zum Reichskanzlerplatz. Bei der Eröffnung des Bahnhofs am 29. März 1908 hieß der Reichskanzler, dies zur Erinnerung, nicht ... Bismarck, nein, sondern Fürst Bernhard v. Bülow. Der Bahnhof ist insofern ein Kuriosum, als man – mit langen Ampelwartezeiten – oben über die Straße gehen muß, will man von einem Richtungs- beziehungsweise Seitenbahnsteig zum anderen.

Neu-Westend: Hier bin ich immer ein- und ausgestiegen, als wir in meinem ersten Leben in einer kleinen Wohnung in der Bayernallee wohnten. Von 1969 bis 1970 muß das gewesen sein. Es war ein Dachgeschoß, das man im Krieg mit schlechten Materialien ausgebaut hatte, und als wir im Januar bei hohen Minusgraden von einem Grunewaldspaziergang zurückkehrten, sahen wir einen Feuerwehrmann auf seiner ausgefahrenen Leiter gerade zu unserem Mansardenfenster hochklettern. Unsere Schreie kamen zu spät ... die Axt sauste schon in die Fensterscheibe. Rauch und Flammen waren nicht zu sehen, das war es nicht. Was dann? Ganz einfach:

Eines der schlecht isolierten Heizungsrohre war erst zuge-
froren und dann geplatzt und hatte die Wohnung der Leute
unter uns gehörig unter Wasser gesetzt. Nachts – 18 Grad,
keine Heizung und vor dem Fenster nur Pappe und eine
kleine Decke. Das härtet ab.

Olympia-Stadion (Ost): Ich stutze beim Betrachten der Netzspinne. Wieso Ost ...? Jahrelang war es eine Kultstätte der
West-Berliner ... und ist nun in den Osten verpflanzt wor-
den? Wie das? Haben sie es im Westen abgerissen und im
Osten wiederaufgebaut ...? Auch Jan Gympel fragt sich das
im ›Tagesspiegel‹ vom 17. Januar 1998:
  Gab es denn plötzlich auch ein Olympia-Station im
Osten, in Marzahn etwa oder wenigstens in Prenzlauer Berg,
das zwar nicht geographisch, aber politisch in dieser Him-
melsrichtung liegt?
  Desgleichen reflektiert er darüber, warum die U-Bahn
Olympia-Stadion, die S-Bahn aber Olympiastadion heißt.
  Zwischen 1980 und Januar 1998 gab es keine Möglichkeit,
mit der S-Bahn ins Olympiastadion zu fahren, so war man
auf die Ölsardinenzüge der U-Bahn angewiesen. Die alten U-
Bahnbauer müssen damals schon gewußt haben, wie wichtig
der intensive Körperkontakt für die Entwicklung eines Menschen ist, sonst hätten sie sich nicht für das Kleinprofil ent-
schieden. Nur so kommt Stimmung auf. So richtig spannend
wurde und wird es aber erst auf dem Bahnhof selber, wenn
alle durch nur einen Ausgang Richtung Stadion strömen. Der
erste Wellenbrecher sind die »Wannen« im Empfangsgebäude
oben, und man mußte als Kind sehr aufpassen, nicht er-
drückt zu werden. Dann kommt der allseits gefürchtete Fla-
schenhals: der Tunnel unter der Rominter Allee. Die ersten
Programmverkäufer sind da und versuchen den Stau zu nutzen. Ist man auch hier noch nicht in Panik geraten oder zer-
quetscht worden, kann man bis zum Stadioneingang eigentlich aufatmen. Im Hohlweg geht es zum Olympischen Platz
hinauf. Stände und Buden locken, so man Hunger hat und

durstig ist. Als Junge hatte ich nie genug Geld für Eis, saure Gurken und Bratwürste, jetzt halten mich meine Gallensteine davon ab, all das in mich hineinzustopfen, was ich gerne möchte. Nach einem Fußballspiel oder dem ISTAF-Abend erlebt man das ganze Geschiebe und Gedrängle auf dem Weg zur U-Bahn zurück und in den Zügen auf dem Heimweg noch einmal erheblich potenziert. »Aba det jehört ehm dazu.« Und wenn Hertha erst wieder deutscher Meister wird, dann ... Ach ja, die Angst vor den grölenden und besoffenen Fans fährt auch immer mit.

Ruhleben: Unvermittelt und völlig unlogisch hört die U-Bahnstrecke plötzlich auf. Und wie immer im Verkehr ist der Interruptus nicht so schön. Daß es nicht, immer dicht an der Charlottenburger Chaussee entlang, weiter bis nach Spandau geht, ist unbegreiflich und schmälert die Lust am innerstädtischen Reisen ganz erheblich. Jene, die diese Nichtverlängerung zu verantworten haben, mögen sich, sofern sie noch am Leben sind, bitte der Reihe nach aufstellen, damit man ihnen in den Hintern treten kann. Mit Ruhleben als Endstation kann man nicht in Ruhe leben. Ansonsten ist es bis zum Friedhof nicht weit. Machandel- und Murellenweg, schön hört sich das an. In meiner Charlottenburger Zeit hat hier mein SPD-Abteilungsvorsitzender gewohnt. Als ich da, 1969 muß es gewesen sein, einmal zu Gast war, wollte ein Bankangestellter in die Partei eintreten. »Aber nur, wenn man mich mit Herr ... anredet und nicht mit Genosse.«

Eine U 3 gibt es im Berliner Netz derzeit nicht, siehe aber im Hinblick auf die gewesene Linie 3 unter U 15.

U 4 Nollendorfplatz – Innsbrucker Platz

Man munkelt immer wieder, daß die Linie 4 aus Kostengründen eingestellt werden soll. Das Gelb, mit der sie auf der Netzspinne markiert ist, läßt sich eh kaum erkennen. Wie lange bleibt die BVG noch stur und läßt die Züge nicht wieder wie früher auf der Relation Innsbrucker Platz – Warschauer Straße (oder wenigstens Kottbusser Tor) verkehren ...? Das wäre die Rettung.

Nollendorfplatz: Die zwei bis vier gelben Wägelchen, die hier im allgemeinen pendeln, wirken wie umgespritzte »Ferkeltaxen«, also museumsreife Triebwagen der Bundes- respektive Reichsbahn. Dabei ist hier seit 1981 Hightech im Einsatz: der automatische Betrieb nach dem SELTRAC-System, alles also ohne Fahrer und Bahnhofspersonal. Ein Arbeitsloser soll die Gesellschaft 42 000 Mark per anno kosten, ein Stationsbeamter hätte vielleicht 35 000 Mark erfordert – 7000 Mark mehr für weniger Leistung auszugeben, das nenne ich betriebswirtschaftlich denken. Dafür kann der Mann jetzt allerdings tagsüber zu Hause sitzen, fernsehen und damit die Einschaltquoten erhöhen. So macht das alles Sinn.

Viktoria-Luise-Platz, Bayerischer Platz: Ist das noch Berlin? Man fühlt sich wie in einer fremden Stadt, in tiefster Provinz. The time stood still! Ich erinnere mich, daß ich Ende 1945 mit meiner Mutter einmal hier ausgestiegen bin. Sie wollte oben im »Bayerischen Viertel« nach einer alten Bekannten suchen, aber ringsum gab es nur das, was so treffend »Trümmerwüste« heißt, und wir hatten bald jede Orientierung verloren. Es wurde dunkel, und ich hatte Angst, wir müßten im Keller eines zerbombten Hauses übernachten. Mein Vater war noch in sowjetischer Kriegsgefangenschaft, und Tante Claire hatte erzählt, daß immer wieder Menschen gefangen und geschlachtet würden. »Mein Braten vom schwarzen Markt, der hat neulich auch so süßlich geschmeckt ...«

Rathaus Schöneberg: Nanu, plötzlich hat der U-Bahntunnel Fenster und man kann in den Park hinaussehen, den Volkspark, der offiziell Rudolph-Wilde-Park heißt. Wer immer der wilde Rudolph gewesen ist – ich will es nicht wissen, Sie wollen es nicht wissen, also schlage ich nicht nach. Seit meiner Zeit als Fußballer beim 1. FC Neukölln weiß ich, daß das Nachschlagen eines der übelsten Fouls ist, heute wird es zu Recht mit der roten Karte geahndet. Erlaubt ist höchstens, Shakespeare zu foulen, denn wie haben die legendären Wolfgangs – Neuss und Müller – immer gesungen: »Schlag nach bei Shakespeare.« Enten schwimmen auf dem kleinen Teich, ich sehe mich kinderwagenschiebend herankommen. Und stoppe mit dem Kinderwagen, um mich im Zug sitzen zu sehen. Wir winken uns zu.

Innsbrucker Platz: Hier ist schon Endstation und man kann in die S-Bahnlinien 4, 45 und 46 wechseln. Nur wenige tun es. Wie wäre es, wenn man die U 4 als Museumsbahn mit alten A I- und A II-Zügen fahren ließe ...?

Wie sagte mein Vater immer: »Daß sie das nicht tun werden, darauf kannst du beruhigt einen fahren lassen.« Der Bahnhof ist leer genug dazu.

U 5 Alexanderplatz – Hönow

Im Bewußtsein des Neuköllner und West-Berliner Jungen hat es diese Linie, vormals E, recht eigentlich gar nicht gegeben, zumal zu dieser Zeit keine Freunde und Verwandten in ihrem Einzugsbereich wohnten. So hatte sie für mich immer etwas Exotisches. Nur einmal bin ich mit meinem Vater vor 1945 hier unterwegs gewesen, wir fuhren zu einem seiner Kollegen, wie ich mich erinnere. Die hohen Bahnsteighallen fand ich bedrohlich und gemessen an dem niedrigen Gewölbe meines »Heimatbahnhofs« Rathaus Neukölln sehr befremdlich.

Im Kopf habe ich auch noch die großen Uhren an den Bahnsteigen, die anzeigten, wie lange noch zu warten war, bis der nächste Zug einlief. Die Kleinprofilwagen mit den »Blumenbrettern«, die hier nach dem Krieg fuhren, habe ich nie selbst gesehen, was ich als einen erheblichen Mangel meines langen Lebens empfinde. Heute nun sitze ich mehrmals im Monat auf der Linie 5 in den Wagen, mit denen ich zu Mauerzeiten auf der West-Berliner Linie 8 unterwegs war. Komisch alles. »Ihre Fahrausweise, bitte ...!« Eine Kontrolleurin steht vor mir, deutlich sächselnd, eine Frau vom Typ der Angestellten, die die West-Berliner beim DDR-Zoll jahrzehntelang genervt, schikaniert und geängstigt haben. Ob sie hier einen neuen Arbeitsplatz gefunden hat ...? Diese verdammten Fahrscheinkontrollen! Ich hasse sie. Nie im Leben würde ich schwarzfahren, dazu bin ich zu wertkonservativ; immer kaufe ich mir die neue Umweltkarte schon zehn Tage vor dem Monatsende, und dennoch sitze ich beklommen da, wenn die Kontrolleure kommen. Die Angst, doch einmal beim Wechsel von Jacke und Weste ... Wie ein Schwerverbrecher komme ich mir vor. Gleich werden sie mich festnehmen und abführen. Die Würde des Menschen H.B., mir vom Grundgesetz hoch und heilig garantiert, wird durch diese Kontrolleure ein wenig verletzt. Davon einmal abgesehen: sie stören mich ständig beim Lesen, beim Arbeiten, beim Dösen, beim Plaudern und beim Schlafen im Zug. Das ist Anti-Kundenservice hoch drei. Schön, »diese Menschen tun doch auch nur ihre Pflicht« (eines der schrecklichsten Argumente in Deutschland), und man schafft dadurch Arbeitsplätze (was man kaum widerlegen kann). Den Nulltarif für alle öffentlichen Verkehrsmittel darf man schon gar nicht mehr fordern, ohne vom Großen Lauschangriff erfaßt zu werden, bleibt mir also nur der pragmatische Vorschlag, daß BVG (und S-Bahn Berlin GmbH) ab 1. Januar 2001 bitte nur noch diejenigen Fahrgäste kontrollieren mögen, die keinen gültigen Fahrausweis bei sich haben.

Im Zug klebt an den Türen die Warnung »Achtung Taschendiebe«. Ein organgefarbenes Vorhängeschloß verschließt eine blaue Tasche. Ich bin leicht verunsichert, obwohl ich keine blaue, sondern nur eine schwarze Tasche habe. Der Perl-schnur-Linienplan oben an der Decke ist braun, und ich frage mich, ob er vom FC St. Pauli aus Hamburg gesponsert worden ist, die haben nämlich Hosen und Jerseys von ähnlich brauner Farbe. Der Mut zur braunen Farbe ist bemerkenswert.

Alexanderplatz: Irgendwie muß ich mir im Labyrinth dieses Bahnhofs als Kind einen traumatischen Schaden geholt haben, denn viele meiner auf die U-Bahn bezogenen Alpträume (siehe oben) spielen in dieser Szenerie. Ein Labyrinth, ich verlaufe mich, stehe plötzlich mitten unter der Erde auf einer Brücke, blicke auf braungrau schmutzige Wagendächer hinab und drohe auf oder vor einfahrende Züge zu fallen. Immer neue Treppen gehen immer tiefer hinab. Wo geht es zur U 2, zur U 5, zur U 8? Hier nur ankommende Züge. Wo gehen sie ab? Hönow, höhnt es mir entgegen. Aber der Zug dort auf dem Hönow-Bahnsteig ist dunkel und nur abgestellt. Der andere Bahnsteig also. Da steht ein Zug. Wo ist sein Ende, wo sein Anfang. Ich gerate in Panik, fast so wie ein Pilot im Landeanflug, weil ich nicht mehr weiß, wo über mir Norden und wo Süden ist. Wo steht der Fernsehturm, wo das Rathaus?

Wenn ich von Frohnau zu meiner Fachhochschule nach Friedrichsfelde fahre, nehme ich, wenn es unter fünf Grad minus ist, Glatteis und/oder hoher Schnee liegt, lieber die U- als die S-Bahn, und auch, wenn diese mit Pendelei und Schienenersatzverkehr wieder einmal die Kunden nervt. Endlich sitze ich im Zug und lese. Irgendwie fühle ich mich auf der U 5 immer noch fremd, obwohl ja jetzt die alten West-Berliner U-Bahnwagen und nicht mehr die umgebauten S-Bahnzüge im Einsatz sind.

Bei den nächsten Bahnhöfen – **Schillingstraße, Strausberger Platz, Weberwiese, Frankfurter Tor** (oder wie immer er gerade heißt: Petersburger Straße oder Rathaus Friedrichshain), **Samariterstraße** (hier steht am Kiosk tatsächlich »Reisebedarf«), **Frankfurter Allee** und **Magdalenenstraße** – habe ich das Gefühl, irgendwo in einer anderen Stadt in der U-Bahn zu sitzen, in Hamburg, München, Nürnberg oder Wien. Halt, zu DDR-Zeiten, als meine Cousine Christine mit ihrer Familie noch in der Straße der Pariser Kommune gewohnt hat, sind wir öfter Marchlewskistraße ein- und ausgestiegen. Gibt es nicht mehr. Wie mag das heute heißen? Ich denke eine Weile nach und entscheide mich schließlich für Weberwiese. Bingo.

Eine meiner Studentinnen steigt ein und berichtet mir, daß die Ausbildungsbehörden darauf drängen, den Anteil an Soziologie im Beamtenstudium um 15 Prozent zu senken. »Warum denn das?« – »Weil wir in Soziologie so gute Noten haben, also quasi alles können.« – »Dann sollte die Lufthansa auch mal die Ausbildung ihrer Piloten verschlechtern und verkürzen, weil die ja seit langem keinen Crash mehr gehabt haben.« In den Stationen Magdalenen- und Samariterstraße gibt es an den Wänden statt der Werbung Kunst. Da kunnste mal sehen, wat so allet möglich is. In den Kommandozentralen sieht man orangefarbene Sanitätskästen und an den Türen ein weißes Kreuz auf gelbem Grund. Wenn das man nichts zu bedeuten hat. »Ab jetzt endet der Service nicht mehr an der Bahnsteigkante«, lese ich immer wieder. Auch: »Gefundene Gegenstände (dies in Rot) sind an das Zug- und Bahnhofspersonal abzugeben. Vordrucke für Verlustanzeigen auf allen Bahnhöfen.« Wenn ich nun den Glauben an das Gute im Menschen verloren habe, macht das Sinn, wenn ich da eine Verlustanzeige abgebe ...?

Frankfurter Allee: Hier steige ich von der S- in die U-Bahn um, wenn ich mit meiner Tochter zusammen Richtung Friedrichsfelde fahre, da sie meint, das ginge ein paar Minuten schneller. Man muß allerdings erst über die Straße, wenn man die schmal gewordene Passage zwischen dem neuen Ring-Center und der S-Bahntrasse noch so nennen kann. Kleiderhändler versperren einem den Weg, Vietnamesen stehen herum und verkaufen ihre Zigaretten. Wie groß ist die Wahrscheinlichkeit, daß die Bandenmitglieder ausgerechnet dann aufeinander schießen, wenn ich da vorbeigehe?

Noch bis vor kurzem hingen auf fast allen Bahnhöfen der Linie 5 uralte Stationsschilder, offensichtlich gleich nach dem Kriege von einem Schildermalerlehrling angefertigt. Der hatte noch nicht mitgekriegt, daß ein i weniger Platz beansprucht als ein o, folglich für alle Buchstaben dieselben Zentimeter festgelegt. Auch muß er bei von oben nach unten durchgehenden Lettern wie l oder h Spaß an der Reihenfolge »mal gerade, mal schief« gehabt haben. Ende Oktober 1998 finden sich hier erste Versuche, die Berliner U-Bahn auch als Tropfsteinhöhle zu nutzen. Durch die vergammelte Tunneldecke drang reichlich Wasser herein, und damit die sehr verehrten Fahrgäste nicht vom herabfallenden Putz getroffen werden, hat man das Areal mit rot-weißen Flatterbändern abgesperrt.

Lichtenberg: Diesen Bahnhof meide ich wie die Skinnerschen Ratten das elektrisch geladene Gitter. Wir haben den 10. November 1994, es ist kurz nach 21 Uhr, und ich komme mit meiner Mutter, die über 84 Jahre alt ist, von Edith S. aus Hellersdorf. Edith ist die Tochter des Bauern, bei dem wir 1944/45 nach der Evakuierung gelebt haben und die mit ihrem Mann nach Berlin gezogen ist. Wir reden über die alte und teils auch schreckliche Zeit, und meine Mutter ist sehr aufgewühlt, als wir wieder nach Hause fahren. Die ein, zwei Cognac, die sie getrunken hat, mögen dazu beitragen, daß ihr Blutdruck noch höher wird. Ich merke, daß ich sie nach Hause bringen muß. Sie lehnt das ab und will partout mit Bahn und Bus nach Neukölln fahren. Ich dränge sie jedoch, in Lichtenberg auszusteigen. »Da nehmen wir uns 'ne Taxe und sind im Nu bei dir.« In Lichtenberg in die Taxe zu klettern ist wirklich optimal. Wir steigen also auch aus und machen uns auf den Weg nach oben; es ist um diese Zeit schon sehr leer. Wer zur Fernbahn will, eilt davon. Wir lassen uns Zeit. Meine Mutter geht rechts am Geländer, ich bleibe an ihrer linken Seite, damit sie sich bei mir an Arm und Aktentasche ein wenig festhalten kann. Sie tut es nicht, es ist nur so zur Sicherheit. Seit meiner Rückenoperation trage ich meine Taschen immer rechts an die Hüfte gepreßt. Das soll man so machen, um die Wirbelsäule zu entlasten. Wir sind schon fast oben und plaudern ganz locker über die Johannisbeerernte damals auf der »Plantage« unseres Bauern, da stürzt meine Mutter urplötzlich nach hinten. Sie will sich noch bei mir festhalten, doch ich habe in diesem Augenblick einen so unsicheren Stand, daß sie mich mit nach hinten reißt. Ich lasse meine schwere Aktentasche los und greife mit beiden Händen nach ihr. Ich war ja einmal Fußballtorwart, und meine Reflexe sind noch phantastisch. So bekomme ich sie in der Tat noch zu packen und kann sie eine Minisekunde lang in der Schwebe halten. Dann aber wird ihr Gewicht zu schwer, und sie reißt mich, rückwärts, den Kopf voran in die Tiefe stürzend, mit sich. Die Treppe hat scharfkantige Betonstufen – und wenn ich mit meinen achtzig Kilo auf sie falle, dann ... Es gelingt mir irgendwie, mich zur Seite zu werfen und neben ihr auf den Beton zu knallen. Aber ich kann ihren Sturz nicht mehr verhindern, nichts mehr aufhalten, muß, während ich mich hochzurappeln versuche, hilflos mit ansehen, wie sie sich überschlägt, immer weiter hinunterrollt und schließlich unten mit dem Hinterkopf so heftig auf den Boden schlägt, daß sie leblos liegenbleibt. *Sie ist tot. Mutti ist tot.* Ich fühle in diesem Moment nichts, stehe nur da wie gelähmt. Niemand ist da, der den Unfall beobachtet hat. Nun springe ich hinunter zu ihr. Ihr Kopf liegt in einer Blutlache. *Meine Mutter liegt tot vor mir, vor meinen Füßen* So muß es gewesen sein, als Tante Lolo, ihre Cousine, im Frohnauer Haus mit Tante Claire, ihrer Mutter, die Treppe hinuntergefallen ist. Die Kripo war da, die Beerdigung Tage später. Ein Fluch scheint auf unserer Familie zu liegen. Ich beuge mich hinunter. »Mutti, bitte ...« Da schlägt sie die Augen auf. Ich habe keine Ahnung von Erster Hilfe, vielleicht ist es falsch, aber ich ziehe sie hoch zu mir und nehme sie in die Arme, wie ein Kind. Sie kann noch sprechen. »Wie ist das bloß passiert? Mir ist plötzlich schwarz vor Augen geworden und dann ... Meine Kappe hat mir das Leben gerettet.« Es ist eine Art Baskenmütze aus dickem rotem, filzartigem Stoff. Ich schleppe und schleife sie zum Geländer, damit sie sich anlehnen kann. Dann schreie ich um Hilfe und laufe auf den Bahnsteig, um jemanden von der BVG zu suchen. Die Stationsvorsteherin kommt, ein Serviceteam. Sieben Minuten dauert es, dann ist die Feuerwehr da. Schnell sind wir im nahen Oskar-Ziethen-Krankenhaus. Sie wird geröntgt. »Nichts weiter, nur eine leichte Gehirnerschütterung.« Ein Krankenwagen bringt uns in ihre Wohnung. Ich schlafe die Nacht nebenan auf der Couch, halte Wache, doch wir müssen keinen Notarzt mehr holen, alles ist okay.

Friedrichsfelde: Aussteigen zur FHVR, der Fachhochschule für Verwaltung und Rechtspflege. Der Bahnhof sieht aus, als sei der Krieg gestern erst zu Ende gegangen. Überall ist Wasser durchgesickert, die Farbe bröckelt von der Decke, die Eisenträger rosten vor sich hin, die Kacheln segnen nach und nach das Zeitliche und sind teilweise durch eingefärbten Putz ersetzt. Slawistik-Studenten der Humboldt-Universität haben ja neulich (Ende 1997) an Boris Jelzin geschrieben, daß ihre Fachbibliothek so schlecht bestückt sei ... und prompt eine Bücherspende erhalten. Vielleicht richtet die BVG einmal ein Bittschreiben an die Moskauer Metro ...

In den BVB 12/93 finde ich einen Anzeigentext der BVG mit der fett gedruckten Überschrift »Manche Berliner kommen gut an«. Im Text heißt es dann, der BVG sei es wichtig, *daß sich unsere Fahrgäste bei uns wohl fühlen. Modernste Technik, Sicherheit, Sauberkeit und die Gestaltung unserer Gebäude und Anlagen tragen dazu bei. Unser Ziel ist ein lebenswertes Berlin.* Abgebildet ist als vorbildlicher Bahnhof Paulsternstraße. Wie aber nun, wenn sich einer wie ich Friedrichsfelde wohler fühlt als Paulsternstraße, weil »das seine Welt ist und sonst gar nichts«? »BVG. Gut für Sie. Und Berlin«, steht am Schluß besagter Anzeige.

Die Neonröhren hängen nackt an der Decke. Zwei Frauen rauchen auf einer arg zerkratzten braunen Bank. Das Rauchverbot amüsiert sie. Verläßt man den Bahnhof in Fahrtrichtung, kommt man an einem Zeitungskiosk vorbei, der das ›Neue Deutschland‹ im Ständer noch immer ganz oben plaziert hat, um dann zehn Minuten die Alfred-Kowalke-Straße ostwärts zu gehen, was bei eisigem Wind Polarforscherglück aufkommen läßt. Wegen fehlender »Fußgängerfurten« kann die Straße Am Tierpark, die einer Autobahn gleicht, nur mühsam überwunden werden. Kostenlos sind dann ein paar Mufflons, oder wie immer sie heißen, in ihren Freigehegen zu bewundern.

Tierpark: Hier bin ich in zu DDR-Zeiten nur einmal ein- und ausgestiegen, und zwar mit einem Passierschein in der Tasche, um mit meiner Ost-Berliner Cousine Christine und ihrer Familie in den Friedrichsfelder Konkurrenz-Zoo zu gehen. Das wird wohl noch bis weit ins nächste Jahrtausend so bleiben: Die West-Berliner gehen in den Zoo, die Ost-Berliner in den Tierpark. Im »Gewässerviertel« ganz in der Nähe (Schwarzmeer-, Baikal-, Balaton-, Dolgensee-, Michigansee- und Moldaustraße) wohnt der Schriftstellerkollege Jan Eik, bis vor kurzem Chefredakteur des ›Secret Service‹, und wenn ich nach einem Besuch bei ihm heimwärts strebe, steige ich Tierpark in die U-Bahn. Zuletzt haben wir gemeinsam das ›Berlin-Lexikon‹ bekakelt. Bei der CRIMINALE 1997 in Jever, dem Jahrestreffen des SYNDIKATS, in dem sich fast alle deutschsprachigen Spannungsschreiber/innen vereinigt haben, übernachten Eik und ich mit einigen anderen von uns in einer abgelegenen Pension am Rande Jevers. Im Auto, das Eik gerade aus der Werkstatt geholt hat, erzähle ich ihm, daß es in der Nähe unserer Pension von Mardern nur so wimmelt. Er hat nun Angst um seine Kabel und Schläuche und fragt mich, der ich neben ihm sitze, was man dagegen tun könne. »Naphtalin soll helfen, also das gute alte Mottenpulver, dann auch Hochfrequenzsender, Hundehaare, Hundekot …« –

»Hab' ich alles nicht bei mir.« – »Manche sagen auch: Menschenurin. Ich hab' mal bei mir 'ne Schale voll auf'n Dachboden gestellt.« – »Und … hat es geholfen?« – »Ja …« Das hätte ich nicht sagen sollen, denn kaum sind wir auf unserem Parkplatz angekommen, pinkelt Eik gegen seine Autoreifen. Sein Blasenvorrat reicht sogar für alle vier, denn Jever ist ja bekannt für sein vortreffliches Bier.

Biesdorf-Süd und Elsterwerdaer Platz: Lösen bei mir keinerlei Erinnerungen aus, abgesehen davon, daß der Name des zweiten Bahnhofs befremdlich aussieht, da im Deutschen a und e hintereinander nun einmal ä ergeben, und das ein klein wenig zungenbrecherisch ist.

Wuhletal: Dieser U-Bahnhof nun ist der absolute Hit für alle S- und U-Bahn-Narren, denn er ist der einzige im Berliner Netz, wo die Züge beider Systeme am selben Bahnsteig halten, man also nur ein paar Meter hinüberhuschen muß, will man umsteigen von der U 5 in die S 5 und umgekehrt. ›Unfaßbar für uns alle‹, um es einmal mit einem meiner Krimititel auf den Punkt zu bringen.

Als ich von der Fachhochschule zu Edith und Herbert nach Hellersdorf fahre (siehe oben), probiere ich es aus, aufgeregt wie der kleine Horst mit 5,7 statt mit coolen 57 Jahren. Ich beschließe, Wuhletal einmal im Diorama nachzubauen.

Mit **Kaulsdorf-Nord** und **Neue Grottkauer Straße** kann ich nicht viel anfangen und freue mich, daß es schnell weitergeht. Mir fällt ein, daß ich mir nach Fertigstellung der U 5 bis Hönow am 1. Juli 1989 ein Video gekauft habe, um alles vor dem häuslichen Fernseher nachvollziehen zu können.

Cottbusser Platz: Wie schön, daß der Bahnhofsname so geschrieben wird wie die Stadt in der Lausitz, also richtig, und nicht so hirnrissig falsch wie beim Kottbusser Tor. Doch so kann man die beiden Stationen wenigstens nicht so leicht miteinander verwechseln, kommt man von Brechhausen an der Runze zum ersten Mal in die Hauptstadt der Deutschen. Am 5. Dezember 1995 bin ich hier ausgestiegen und bei der Suche nach der Buchhandlung, in der ich aus ›Brennholz für Kartoffelschalen‹ lesen sollte, bei hohen Minusgraden und eisigem Wind fast erfroren. Doch das wäre nicht so tragisch gewesen, da sich nur fünf bis sieben Gäste eingefunden hatten.

Hellersdorf: Obwohl ich meinen Kriminalkommissar Hans-Jürgen Mannhardt seit dem von mir als ersten veröffentlichten Kriminalroman ›Zu einem Mord gehören zwei‹, also seit 1971, ständig in mir trage und jederzeit um Rat fragen kann, war es uns beiden nicht möglich, die Wohnung von Edith und Herbert in der Stendaler Straße zu finden, ohne vorher mindestens acht Leute um nähere Informationen gebeten zu haben. 18 Uhr war es erst, aber schon stockfinster. »Keine Ahnung. Gibt es hier nicht.« – »Die Adresse stimmt aber.« – »Rufen Sie doch mal an und lassen sich hinlotsen, wie'n Pilot im Nebel.« – »Danke. Wo ist denn hier 'ne Telefonzelle?« – »Keine Ahnung, da müssen Sie mal Ihre Bekannten fragen.« Die Hausnummern waren nach irrwitzigen Systemen angebracht, zumeist auch unbeleuchtet, breite Straßen waren nur nach Umwegen von hundert Metern zu überwinden.

Louis-Lewin-Straße: Läßt mich erschrocken feststellen, daß ich nicht weiß, wer dieses war. ›Lewins Mühle‹ von Johannes Bobrowski kenne ich, aber das wird es nicht sein. Der ›Kleine Brockhaus‹ hilft mir auch nicht weiter.

Hönow: Nun bin ich in Hönow. What's now? Ich bin in einer Stimmung, die mich an einen Dialog mit meinem Sohn Sascha denken läßt. Frage beim Nachhausekommen: »Du, hat ein Herr Jagsthausen angerufen und mich grüßen lassen?« – »Nein.« – »KeinWunder: Ich kenne gar keinen Herrn Jagsthausen.« Das Dorf Hönow liegt schon im Brandenburgischen, gesäumt von einer Seenkette. Hier müßte man mal wandern. Auf dem anderen Gleis steht der Zug zurück zum Alexanderplatz. Ich steige ein und sehe einen Mann, der meinem 1968 verstorbenen Vater ein wenig ähnlich sieht. Sofort habe ich seine Stimme im Ohr. »Du, Vati, ich hab' Langeweile ... Was soll ich'n machen?« – »Zieh deine Sachen aus, leg sie auf die Straße und paß auf, daß sie dir keiner klaut.« Das kann man machen, man kann aber auch mit der U-Bahn nach Hönow fahren.

U 6 Alt-Tegel – Alt-Mariendorf

In meiner Erinnerung ist und bleibt das die alte Linie C, lila in den Streckenplänen, zwischen Grenzallee und Seestraße beziehungsweise später auch Kurt-Schumacher-Platz. 1957 noch war das die C I, während die C II von Mehringdamm nach Tempelhof (Südring) ging. Sie ist auch die Heimatstrecke meiner geliebten Tunneleule, also für mich die U-Bahnlinie in Berlin schlechthin. Unvergessen sind auch die 28 Jahre, in denen es – mit Ausnahme von Friedrichstraße – zwischen Kochstraße und Reinickendorfer Straße nur Geisterbahnhöfe gab. Starten wir da, wo ich in meiner Kindheit und Jugend, wenn es nach Tegel zu Tante Martha und Onkel Erich oder in die Hatzfeldallee zum Wettkampf ging, nur mit der Straßenbahn hinkam ...

Alt-Tegel: Hier steige ich des öfteren um, wenn ich mit dem 125er Bus aus Frohnau ankomme, habe das auch schon getan, als der Bus noch die Nummer 15 trug und die Station schlicht und einfach Tegel hieß. Als der S-Bahnhof wieder eröffnet wurde, ist sie, weil die beiden einige hundert Meter voneinander entfernt sind, zusätzlich Alt geworden. Hier in der Nähe wohnen Petra und Helmut, deren Sohn Moritz uns immer wieder entzückt. Sein Ausruf »Kacka-Besen-Dampf«, als er Augenzeuge war, wie ein BSR-Mitarbeiter frische Pferdeäppel be-

221

seitigte, ist in unseren Sprachschatz übergegangen. Früher, als ich noch in Neukölln wohnte, war das meine Umsteigestation, um zu Curt und Bärbel nach Hermsdorf zu kommen. Da auch mein Kriminalkommissar Hans-Jürgen Mannhardt in Tegel wohnhaft ist (»Besser wohnhaft als Einzelhaft«, würde er sagen), kommen Tegel und seine U-Bahn öfter in meinen Romanen vor, so auch in »Ein Mann fürs Grobe«, wo Mannhardt den mutmaßlichen Mörder eines mutmaßlichen Taxifahrers jagt und mit dem Zug von AltTegel bis Borsigwerke fährt:

Da stand er an der Tür, beide Griffe in der Hand, und wartete darauf, auf der nächsten Station davonspritzen zu können. Mannhardt überlegte einen Augenblick, ob es Sinn machte, die Notbremse zu ziehen. Nein, denn die neuen Sicherheitsvorschriften ließen es nicht mehr zu, den Zug im Tunnel halten zu lassen, sondern erst auf der nächsten Station.

Woher der Kripomann solch Wissen nur hat? Was neu ist an Alt-Tegel, sind die Sechs-Wagen-Züge, die jetzt auch auf dieser Linie eingesetzt werden können, da die ehemals zu kurzen Bahnsteige im Mittelteil der U 6 verlängert worden sind.

Zu meinem Entsetzen sind im Herbst 1998 die alten Fahrkartenschalter verschwunden. Sie hatten so schön stabile metallene Rollos, als würden sich dahinter die Schätze von Fort Knox verbergen, und stand man in der Schlange, wurde man wohltuend von frischer Zug-Luft umfächelt. Der Fahrausweisausgabebeamte hinter dem Schalter war stets unmutig, a) generell wegen der Störung seiner innerdienstlichen Kontemplation und b) wegen meiner immer irgendwie unvollständigen Angaben zu dem gewünschten Ticket. Aber das eben war ein integraler Bestandteil des echten Fahrgastgefühls. Wenn nun heute am Ort dieser altehrwürdigen Schalter ein »Shop« zu finden ist, dann kann ich nur aufschreien: »Mein Gott, ich will meine Umweltkarte AB zu 99 Mark und keine Schokoriegel und kein Überraschungsei!«

Borsigwerke: Hier zeigte sich lange Jahre die ganze Improvisationskunst der bettelarm gewordenen Berliner: Da, wo die alten gelben Kacheln von der Wand gefallen waren, hatte man sie nicht wieder angeklebt, sondern lediglich die Betonwand gelb gestrichen. Inzwischen aber hat die BVG ihren Nachhilfekurs in Philosophie – »Alles fließt« (Heraklit) – erfolgreich absolviert, und seit November 1998 ist der Bahnhof neu gefliest. Die Firma Borsig gibt es hier schon lange nicht mehr, und was soll da noch die alte Berliner Arbeitnehmerweisheit »Wer noch nicht war bei AEG, bei Siemens und bei Borsig, der hat das ganze Elend noch vor sich«. Unter Einbeziehung der alten Hallen entsteht ein neues Einkaufs-Center. Nur Tote kaufen nicht. Wir fahren auf einer Rampe ins Freie. Der Zug kommt aus dem Tunnelmund. Gleitet er hinein und gleitet er hinaus, so hat das für manche Zeitgenossen etwas Erotisches, andere erinnert es an ihre Geburt (siehe ganz oben). Ich weiß nicht so recht . . .

Holzhauser Straße: Aussteigen zur Justizvollzugsanstalt (JVA) Tegel in der Seidelstraße. Wenn ich im Hörsaal und anderswo sage »Ich war selber schon öfter im Knast«, dann glaubt mir das kaum einer. Stimmt aber, denn immer wieder besuche ich mit den Studenten meines Kurses ›Kriminalität und ihre Ursachen‹ das Tegeler Gefängnis, obwohl das derzeit wegen diverser Ängste – vor allem vor AIDS-verseuchten Spritzen, die wie Geschosse heranfliegen könnten, und vor einer möglichen Geiselnahme – nicht mehr so einfach ist. Ende der siebziger Jahre haben wir ganze Tage in Tegel verbracht, um deutsche und ausländische Gefangene für eine vergleichende Studie zu interviewen. Man sitzt in der Zelle, starrt auf die Hände eines Mörders, fragt »Wie zufrieden sind Sie mit der Gefängniskost?« und bekommt einen selbstgemachten Schnaps gereicht. Wenn da nun K. o.-Tropfen drin sind . . . und der sich deine Sachen anzieht, und du dann . . . Aus diesen meinen Ängsten habe ich den Roman ›Ich lege Rosen auf mein Grab‹ gemacht.

Von den Bahnhöfen **Seidelstraße** und **Scharnweberstraße** ist nichts weiter zu berichten, als daß man auf diesem Streckenabschnitt der U 6 einen schönen Ausblick auf den Flughafen Tegel hat. Ich freue mich immer, daß ich in der U-Bahn sitze und nicht im Flugzeug. Schön, man bekommt nichts zu essen und zu trinken und kann sich auch nicht am Anblick attraktiver Stewardessen erfreuen, dafür aber gibt es auch keine Clear-Air-Turbulenzen, und ein Absturz beim Landeanflug ist eher unwahrscheinlich. Zumal es jetzt wieder in den Tunnel geht.

Kurt-Schumacher-Platz: Hier steige ich nicht gerne aus, denn wenn, dann geht es immer zum Röntgen. Meine sieben Gallensteine sollten eigentlich längst herausoperiert werden, doch ich möchte, wenn es ans Organspenden geht, auch den Zweitbesitzer meiner Galle zum steinreichen Manne machen.

Afrikanische Straße: Das erinnert mich an mein »Sanella«-Album Afrika, einen Schatz aus frohen Kindertagen. Für eine Pfanne Bratkartoffeln habe ich einen halben Würfel Marga-

Die berühmte »Tunneleule«: Triebwagen 98 der Bauart B 1, fotografiert im Frühjahr 1969 während der letzten Einsätze auf der Linie 6.
(© Werner Gesche)

rine genommen, um nur ja schnell wieder in den Laden laufen und neue »Sanella« kaufen zu können, denn nur so war an weitere Bilder zu kommen ... Und sei es, um sie am nächsten Tag in der Schule zu tauschen.

Rehberge: Die zweitbesten Freunde meiner Eltern wohnten in den Rehbergen, und im dortigen Stadion habe ich am 7. Mai 1955 den 100-Meter-Lauf der A-Jugend in sagenhaften 12,3 Sekunden gewonnen. Später hat mein Sohn hier seine Wettkämpfe bestritten, insbesondere im Hochsprung. »Horstie, kommst du bitte nicht mehr mit ...« – »Wieso?« – »Wenn du mir deine Ratschläge gibst, dann reiße ich garantiert die Anfangshöhe.« Das war zu der Zeit, als man sagte, auch Ratschläge seien Schläge.

Seestraße: Wenn ich an die Tunneleule denke, habe ich sie nur mit dem Schild Seestraße »vorne dranne« in Erinnerung, denn von meinen ersten U-Bahn-Erinnerungen zu Beginn der vierziger Jahre bis zum 3. Mai 1956 war dies die Endstation der Linie C, meiner Heimatlinie (siehe Rathaus Neukölln, 15 Stationen »weiter unten«). Heutzutage ist sie von dort aus allerdings nur mit Umsteigen am Mehringdamm zu erreichen, denn der alte Stammabschnitt der Linie C zur Grenzallee ist nun Bestandteil der Linie 7. In den sechziger Jahren war ich »Finanzminister« der GSG, der Gewerkschaftlichen Studenten-Gemeinschaft, und hatte jeden 17. Juni auf dem Friedhof Seestraße zum »Kranzabwurf« aufzukreuzen, das heißt zur feierlichen Kranzniederlegung zum Gedenken an die Opfer des Volksaufstandes. Ärgerlich wäre es gewesen, wenn mich diese Pflicht daran gehindert hätte, den »Bundesbadetag« zu nutzen und nach Schmöckwitz »rauszufahren«, um dort mein Faltboot zu satteln. Aber dank der Mauer war ja mein Paradies eh nicht erreichbar. Da sage noch einer, die »Staatsgrenze West« hätte keine positiven Aspekte gehabt ... Kommt man aus der anderen Richtung, sieht man hinter dem Bahnhof die Gleise zur großen Werkstatt abgehen.

Leopoldplatz: Hier leert sich der Zug, alles steigt um in Richtung Zoo, in die U 9 also. In den Jahren, als Frohnau ohne S-Bahn war und sich die Fachhochschule für Verwaltung und Rechtspflege noch im Kudamm-Karree befand, habe ich mehrmals in der Woche diesen Weg genommen, fluchend natürlich, denn die Treppen sind für solche Menschenmengen viel zu knapp bemessen. Wenn die Herren (Damen werden es ja kaum gewesen sein), die diese Station entworfen haben, selber hier umsteigen müßten, wären die Auf- und Abgänge sicherlich so breit wie die Treppe über dem Marathontor im Olympiastadion. Bleibt der Trost, daß es Zoo, Berliner Straße und, was die S-Bahn betrifft, Ostkreuz noch viel schlimmer ist. Wie zur Weide getriebenes Vieh kommt man sich vor.

Wedding: Früher konnte hier in die Ringbahn umgestiegen werden, und so etwa um das Jahr 2002 soll diese als S 4 zwischen Jungfernheide und Gesundbrunnen wieder verkehren – bereits zwölf Jahre nach der Wende (in Ziffern: 12)! Und wenn man bedenkt, wie lange die Amerikaner für ihre Eisenbahn vom Atlantik zum Pazifik ohne jegliches Hightech-Equipment gebraucht haben, sechs Jahre nämlich (in Ziffern: 6), vom ersten Spatenstich am 8. Januar 1863 bis zum berühmten Lückenschluß am 10. Mai 1869 (Rossberg 1984, S. 153), dann ist das eine phantastische Leistung, die man gar nicht genug würdigen und bejubeln kann. Unsere politische Elite, um nicht zu sagen: Kaste, wird das schon tun, hören Sie mal rein. In Indien steht die Kaste der Unberührbaren ganz unten, bei uns ganz oben, das ist eben der kleine Unterschied.

Reinickendorfer Straße: »Letzter Bahnhof im Westsektor.« Zug für Zug dieselbe Lautsprecherdurchsage. Noch immer habe ich sie im Ohr, wenn wir Reinickendorfer Straße halten. Auch 1998 noch, denn für 28 lange Jahre kam nun die Strecke mit den Geisterbahnhöfen. »Was willst du eigentlich, früher, als die Züge im Osten nicht gehalten haben, ist man doch viel schneller in der Kochstraße gewesen«, sagt ein Mensch zu mir, der nicht namentlich genannt werden möchte. Ich sehe in den alten Fahrplänen nach: Richtig, 1988 hat man von Reinickendorfer Straße bis Kochstraße acht Minuten gebraucht, heute sind es zehn. Das ist doch nun wirklich ein verdammt hoher Preis für die (Wieder-)Vereinigung, finden Sie nicht auch ...? Und dann heißen die beiden Bahnhöfe, die nach dem Mauerbau zuerst geschlossen wurden, auch noch ganz anders als früher. »Fürchterlich, daß die Wessis alles umbenennen müssen!«

Schwartzkopffstraße: Eröffnet 1923 unter diesem Namen, dann von 1951 bis 1973 Walter-Ulbricht-Stadion, anschließend bis 1991 Stadion der Weltjugend) und **Zinnowitzer Straße** (eröffnet 1923 als Stettiner Bahnhof, von 1951 bis 1991 Nordbahnhof) habe ich nur als Geisterbahnhöfe in Erinnerung. Nein, Irrtum, Zinnowitzer Straße bin ich doch schon einmal ausgestiegen, vor drei Jahren vielleicht, als mich mein Freund Jürgen Dittberner gebeten hatte, bei der Vorstellung seines hochinteressanten Buches über seine Zeit als Staatssekretär in Berlin und Brandenburg ein paar passende Worte zu sagen. Möglicherweise sind es auch ein paar unpassende geworden, denn als ich auf seine große Affinität zur Mark Brandenburg zu sprechen kam, konnte ich dem Publikum natürlich nicht vorenthalten, wie überaus innig er der märkischen Heide und dem märkischen Sand bei unseren Wanderungen mitunter doch verbunden ist. Öfter nämlich rutscht er aus und dreht beim Fallen eine Pirouette, die lebhaft ans Eiskunstlaufen denken läßt und uns dahin gebracht hat, diese Figur – in Anlehnung an den allseits bekannten Rittberger – einen »Dittberner« zu nennen (siehe oben).

Oranienburger Tor: Nur einmal bin ich hier ausgestiegen, vor sechs Jahren etwa, als ich mit meinem Sohn unterwegs war, um Michael Gonzales aus Santa Monica (Kalifornien) unsere Stadt zu zeigen. Er war an die Spree geeilt, um so ein richtig authentisches Berlin-Gefühl zu bekommen ... Wozu? Um ein Drehbuch zu schreiben, und zwar nach meinem Roman »Von oben herab«. Ich oder andere Deutsche könnten das nicht, meinte der Münchener Produzent, der eine deutsch-amerikanische Co-Produktion im Auge hatte. Mittels U- und S-Bahn fuhren mein Sohn und ich eine Woche lang mit Michael kreuz und quer durch Berlin und Brandenburg. Da mein Englisch auf dem Stand eines Viertkläßlers stehengeblieben ist, engagierte der Produzent meinen Sohn, der ein Jahr in Columbus (Ohio) zur Schule gegangen ist, als Dolmetscher. Worum geht es in »Von oben herab«? In den leerstehenden Hallen auf dem Flughafen Tempelhof dreht man einen Film, in dem es um den rätselhaften Tod des Papstes Johannes Paul I. geht. War es ein natürlicher oder ein psychogener Tod – oder ist er gar von einer bestimmten Interessengruppe ermordet worden? Letzteres wird im Buch behauptet, und ein katholischer Fundamentalist, der in Tempelhof als Flugzeugmechaniker beschäftigt ist, sieht das als Blasphemie an und will die kleine Maschine, mit der das Filmteam zu Außenaufnahmen nach Düsseldorf startet, abstürzen lassen. Ein vergleichsweise guter Plot, wie ich finde. Und was ist daraus in der 21. Drehbuchfassung von Michael Gonzales geworden: Ein Film, in dem die russische Mafia per Flugzeug Rauschgift nach Deutschland bringt ...

Friedrichstraße: »Hast du alles eingesteckt?« Mein Vater sah mich und meine Mutter prüfend an. »Passierschein, Ausweis, Zollerklärung?« – »Ja.« – »Und alles eingetragen?« – »Ja.« Natürlich nicht, denn die nicht eben billige Strickjacke für meine Oma trug ich unter dem Oberhemd und wirkte plötzlich geradezu fett. Wenn das man gutging ... Ebenso trug meine Mutter zwei Kleider übereinander. »Ich friere immer so ... Wenn sie mich fragen sollten.« Wir schwitzten also nicht nur aus Angst. Viel war von uns beiden zu schleppen, da mein Vater als Schwerbeschädigter nichts weiter tragen konnte als die Verantwortung für das ordnungsgemäße Ausgefülltsein unserer Papiere. Die Trommel mit dem Waschpulver, der Kaffee, die Büchsen mit Ananas, die Cognacflaschen – das wog alles. Wir waren mit der Linie C vom Platz der Luftbrücke aus losgefahren, wohin uns eine Taxe gebracht hatte. Von der Treptower Brücke bis zum Bahnhof Karl-Marx-Straße war es zu weit zum Laufen. Wie vor einer schweren Prüfung fühlten wir uns – oder vor einer Zahnextraktion, vielleicht auch ein bißchen wie vor einer Hinrichtung. Mag sein, daß da Frontstadthysterie und Angstlust mitgespielt haben, dennoch... Der U-Bahnhof Friedrichstraße war zu DDR-Zeiten so düster, grau und karg, daß man sich schon von vornherein in einer Gefängniszelle wähnte. Durch diverse Maulwurfsgänge schleppten wir uns bis zu den ersten Grenzern. Noch hätten wir zur S-Bahn laufen und unseren Versuch abbrechen können. Nein. Tapfer schwammen wir weiter im Strom, und nach knapp einer Stunde Wartezeit (den Willy-Brandt-Spruch im Ohr: »Wir lassen uns nicht auf kleiner Flamme gar kochen!«) begann dann auch das altgewohnte Ritual. Von der Aufforderung, das Ohr freizumachen, über den Zwangsumtausch bis zur Kontrolle aller Taschen und Behältnisse. Endlich war man durch und fühlte sich erlöst, wenn auch nicht frei. Bloß nicht Passierschein und Ausweis verlieren. »Steht Franek schon da?« fragte meine Mutter. Das war ihr Schwager. »Ja.« Man lag sich in den Armen.

Französische Straße: Auch dies ein früherer Geisterbahnhof. Steigt man heute hier aus, steht man auf einer schmalen Insel mitten zwischen den beiden Fahrbahnen und muß auf einen Gnadenakt der Autofahrer hoffen, will man ans rettende Ufer. Auf zum Gendarmenmarkt und zur Inaugenscheinnahme der neuen Friedrichstraße. Ein Einkaufsmuffel wie ich muß sich seine zivilisatorischen Orgasmen woanders holen; ich kann da nicht mitreden, sondern nur in ein »Dann macht mal schön!« ausbrechen, nicht ohne den Lieblingsspruch meiner Kohlenoma hinzuzufügen: »Mir geht das nichts an.« Ausgestiegen bin ich hier, als der Verlag Das Neue Berlin noch in der

Kronenstraße saß und ich nach der Wende liebend gern einmal in der berühmten DIE-Reihe vertreten sein wollte, nachdem man zu DDR-Zeiten zwei Krimis von mir nachgedruckt hatte (›Ein Toter führt Regie‹ und ›Zu einem Mord gehören zwei‹). Der Band 157 der Nach-WendeDIE-Reihe ist es dann geworden: ›Mit dem Tod auf du und du‹. Ein schöner Titel, gefunden von der Lektorin, weil mir nichts Rechtes eingefallen ist.

Stadtmitte: Da waren wir ja schon bei unserer Fahrt mit der U 2. Zitieren wir diesmal Diether Huhn:

Ich komme von der U 6. Diese U-Bahn hat nicht nur einen Bahnhof »Stadtmitte«, sie führt überhaupt unter der mittigsten Mitte von Berlin hindurch. Mittiger kann man nicht sein als diese U-Bahn. Die Bahnhöfe – je renovierter sie sind – machen um so mehr den Eindruck reziproker Häuser … (1997, S. 28)

Da ich nicht verstehe, was damit gemeint ist, hoffe ich, mein Buch damit etwas aufgewertet zu haben.

Kochstraße: Hier bin ich nicht gerade unzählige Male ausgestiegen, aber doch etliche. Nicht immer, um mir den Checkpoint Charlie anzusehen oder am Mahnmal für Peter Fechter die zu verfluchen, die ihn auf dem Gewissen haben, sondern auch zu Interviews mit der ›Morgenpost‹ – als die Zeiten vorüber waren, wo sich der aufrechte Linke den Springer-Blättern verweigerte. Meist aber, um zur Besselstraße zu laufen, wohin die Firma Schaudin & Co. ihren Büromöbelhandel verlagert hatte und wo mein Freund Gerhard an jedem 20. Dezember seinen Geburtstag feierte. Als Chef im Kreise vieler Mitarbeiter/innen. In seinem Imperium kam ich mir als kleiner Soziologie-Student immer sehr armselig und verloren vor, freute mich aber, daß ich als Möbelträger für acht Mark die Stunde – bar auf die Hand – aushilfsweise tätig werden durfte. Die Profis spotteten wenig über mich, den »linken Spinner«, denn schließlich waren Gerhard und seine Eltern ihre Brötchengeber. Dank meines Hanteltrainings in früheren Zeiten hatte ich auch genügend Kraft und Kondition, um so halbwegs mitzuhalten. Nur einmal gab es eine Panne. Da hatte ich mit einem der angestammten Schaudin-Leute den überdimensionalen Schreibtisch des Berlinale-Leiters ins Europacenter zu schleppen. Aus dem Fahrstuhl raus, einen endlosen langen Gang hinunter. Das Ungetüm wurde schwerer und schwerer, doch ich kämpfte verbissen. Schließlich ging es um meine Ehre – und eine Menge Geld. Urplötzlich machte mein linker Arm nicht mehr mit, klappte weg wie der eines Hampelmannes, wenn man die Strippe losläßt, und der Schreibtisch krachte mit der oberen Kante in eine Rigipswand. Das Loch war so groß, daß man hindurchkriechen konnte. In den nächsten Semesterferien mußte ich dann wieder mit viel weniger Lohn bei Siemens an der Rechenmaschine sitzen und Kabel kalkulieren ... Die Firma Siemens gibt es heute noch, Schaudin & Co. dagegen nicht mehr.

Hallesches Tor: Hatten wir weiter oben bei der Linie 1 schon, ich weiß, aber bei Umsteigebahnhöfen treffen halt per Definition zwei oder mehr Linien aufeinander. Tief unten sind wir jetzt, sogar noch unter der Sohle des Landwehrkanals. Jetzt ein Wassereinbruch und ... wo ich so schlecht schwimmen und tauchen kann. Auszusteigen ist hier zur AGB, der Amerika-Gedenkbibliothek. Tue ich nicht. Obwohl ich mir eigentlich meine Kriminalromane aus den siebziger und auch schon achtziger Jahren ausleihen müßte, um zu wissen, was ich damals alles geschrieben habe. Mehr als den Plot und die Protagonisten kenne ich zumeist nicht mehr, und es ist immer wieder peinlich, wenn ich bei Lesungen nach etwas gefragt werde, was ich als Autor wirklich wissen müßte. Unwillkürlich kommt da ein Verdacht auf: »Haben Sie das wirklich alles selber geschrieben?« Peinlich, peinlich. Ja, ich habe, nur beim Recherchieren für die dicken Wälzer der letzten Zeit hat mir der Dr. Lindner geholfen (und manchmal habe ich auch ein wenig von anderen abgeschrieben, dies aber immer deutlich angemerkt). Oben höre ich auch heute noch die 95 rumpeln, jene Straßenbahn, mit der ich in meiner Neuköllner Zeit oft vom Halleschen Tor nach Hause fahren durfte.

Mehringdamm: Schöner war der alte Name, den ich als Kind beim Lesenlernen so faszinierend fand: Belle-Alliance-Platz. 1947 war es aus damit, und Franz Mehring kam zum Zuge, laut Brockhaus: *dt. Schriftsteller, * 1846, † 1919; erste wiss. Darstellungen der dt. Arbeiterbewegung vom sozialist. Standpunkt.* Sehr bewundernswert der Mann, aber diese verdammte Berliner Umbenneneritis an sich und als solche regt mich auf. Ich warte nur auf den Tag, wo man den Bahnhof Stadtmitte nach Karin Tietze-Ludwig benennt, die dreißig Jahre lang die deutschen Lottozahlen gezogen hat. Verdient hätte sie es, steht sie doch im kollektiven Bewußtsein unseres Volkes längst auf einer Stufe mit Frauen wie Hildegard von Bingen, der Heiligen Elisabeth, Königin Luise und Mutter Beimer.

Mehringdamm, fällt mir ein, wäre ich um ein Haar... Der Reihe nach. 1992 sitze ich in der U6, komme von Tegel und will mich auf dem Bahnhof Mehringdamm mit der Gefährtin meines Lebens treffen, um mit ihr erst etwas zu essen und dann ins BKA zu gehen. Nicht ins Bundeskriminalamt, sondern in ein Kabarett beziehungsweise kleines Theater hoch oben in einem Fabrikgebäude an der breiten Straße, die auch Mehringdamm heißt. Ich sitze da und lese in ›Psychologie heute‹. Oranienburger Tor steigt ein junger Mann ein, der ganz so aussieht wie ein Hausbesetzer aus Mitte, der sich zum Gedankenaustausch mit einem Hausbesetzer aus Kreuzberg treffen will. Einen Zopf hat er und solche rot-weiß gestreiften Hosen an, wie sie die Mannen des Florian Geyer im Bauernkrieg von 1515 getragen haben. Natürlich liest er die ›taz‹. Klischee Nr. 1. Friedrichstraße nun steigen zwei junge Männer ein, die von ihrem Aussehen und ihrer Mundart her – Klischee Nr. 2 – aus einer kleinen märkischen Gemeinde zu stammen scheinen, Mahlow oder Dolgenbrodt vielleicht. Sie führen einen gelbgrünen Gartenschlauch mit sich, den sie auf einer Trommel aufgewickelt haben. Ihre kurzgeschnittenen flachsblonden Haare und ihre schwarzen Springerstiefel lassen vermuten, daß ihre Bräute abends unter der Dorflinde das schöne Lied anstimmen: »Braun, braun, braun sind alle meine Kleider, braun, braun, braun ist alles, was ich hab ... weil mein Schatz ein Neonazi ist.« Kaum sehen sie den Hausbesetzer, da fangen sie – Klischee Nr. 3 – auch schon zu pöbeln an. Mit der »linken schwulen Sau« geht es los und steigert sich langsam. Der Hausbesetzer hört nicht hin, wählt die Taktik toter Käfer. Ich sehe mich um. Im Zug sind Rentnerinnen, Frauen mit kleinen Kindern, Schüler, niemand, der eingreifen würde und könnte. Und im nächsten Augenblick werden die beiden Springerstiefel anfangen, auf den Hausbesetzer einzuschlagen. Sie blicken mich an. Ich zittere vor Angst, versuche aber wie Clint Eastwood zurückzublicken. Zumindest so, wie ich es von der AG Gruppengewalt gelernt habe: »Den Eindruck erwecken, daß man sich die Gesichter ganz genau merkt und die Typen wissen, daß sie vor Gericht wiedererkannt werden.« Aber bis dahin haben sie uns, den Hausbesetzer wie mich, wenn ich denn eingreife, zusammengeschlagen. Sie hauen ihm schon so kräftig aufs Knie, daß es verdammt weh tun muß. Da habe ich eine Idee. Ich ziehe meinen alten Dienstausweis von 1973 aus der linken Reißverschlußtasche meiner schwarzen Lederweste und halte ihn hoch. So, daß man zwar das Logo Berlins und den Schriftzug »Der Senator für Inneres« erkennen kann, aber nicht das FHSVR und den Professor. Dann murmele ich etwas von »Zivilfahnder« und »paßt bloß auf ...« Und tatsächlich: Es wirkt. Die beiden lassen ab von ihrem Opfer und spielen fortan mit ihrem Gartenschlauch. Ich weiß aber, daß das nur so lange anhalten wird, wie ich im Zug sitze. Mehringdamm aber muß ich aussteigen. Was dann? Glücklicherweise erhebt sich, als wir in den breiten Bahnhof einfahren, auch der Hausbesetzer. Der Zug hält, er springt hinaus, ich hinterher. Was ich nun erwarte, das ist klar: daß er sich bei mir bedankt, mich sogar umarmt. Mich, seinen Retter. Doch was tut er? Nichts. Beachtet mich nicht im allergeringsten, sondern wendet sich wort- und grußlos zum Ausgang Yorckstraße. »Arschloch«, brumme ich und gehe zur anderen Seite, um zu sehen, ob meine große Liebe schon dasteht und wartet. Nein. Wie immer kommt sie an die zehn Minuten zu spät. Oder ... sollte ich sie nicht gesehen haben? Während ich sie suche, höre ich einen Schrei. Die beiden Springerstiefel sind ebenfalls ausgestiegen und schlagen nun auf den Hausbesetzer ein. Ich renne zum Stationsvorsteherhäuschen und schreie: »Schnell, die Polizei, da schlagen sie einen zusammen.« Zwei BVGler haben heute Dienst, ein Mann und eine Frau. Der Mann verkrümelt sich und sagt, er werde die Polizei anrufen. Die Frau stürzt los und schwingt ihr Funksprechgerät wie eine Waffe. Ich folge ihr. Sie wirft sich zwischen die Kämpfenden, ich ziehe den kleineren der Springerstiefel von seinem Opfer weg. Der Hausbesetzer blutet, offenbar haben sie ihm einen Zahn ausgeschlagen. Noch immer sagt er kein Wort. Ist es ein Ausländer, ist er taub-stumm? Polizeibeamte kommen herangestürmt. Sie durch-schauen die Situation nicht gleich und denken, ich sei einer der Täter. Als das geklärt ist, machen sie wenig Anstalten, die Sache aufzunehmen, damit Anzeige gegen die beiden Schlä-ger erstattet werden kann. Ich muß sie förmlich dazu drän-gen, zumal der Hausbesetzer offensichtlich auch nicht will, daß man seine Personalien festhält. Bullen, nein danke. Ich halte den Beamten meinen Personalausweis hin und will so schnell wie möglich weg, zumal ich jetzt Heike auf dem an-deren Bahnsteig sehe. »Ihr könnt mich alle mal«, denke ich. Der eine Beamte notiert meine Aussage, der andere prüft mei-nen Ausweis, dann kann ich endlich gehen. Täter und Opfer stehen so friedlich beieinander, daß man glauben könnte, sie würden sich zu einer Skatrunde verabreden wollen. Ein paar Tage später ruft die Kripo zu Hause bei mir an. Ich solle in die Dienststelle kommen, um alles noch einmal zu Protokoll zu geben. Ich weigere mich. Das könne man doch wohl auch per Telefon erledigen, und außerdem hätte ich doch bereits auf dem Bahnhof alles... Man belehrt mich, daß ich müsse. »Kann ich bitte einmal Ihren Vorgesetzten sprechen.« Nach diversen Umschaltversuchen ist der Mann in der Leitung. »Wenn Sie mir bitte noch einmal schildern würden, worum es eigentlich geht.« Ich tue es und erwähne natürlich auch den Bluff mit dem Dienstausweis, weil ich darauf ganz besonders stolz bin. Da hakt er ein und eröffnet mir, daß ich mich damit wohl strafbar gemacht habe. Ich verliere die Contenance. »Jetzt habe ich aber die Nase voll! Wenn Sie wollen, daß die Sache morgen in der Zeitung steht, dann... Auf Wiederhören!« Ich lege auf – und zittere abermals am ganzen Leibe. Wie zuvor in der U-Bahn, denn ich bin mir ziemlich sicher, daß sie gleich mit einem Streifenwagen anrücken werden. Doch nichts geschieht. Danke, Ihr Freunde von der vierten Gewalt, daß Ihr so abschreckend seid! Zu einem Gerichtsverfahren gegen die beiden Schläger von der U 6 ist es meines Wissens allerdings auch nicht gekommen. Wahrscheinlich gilt ein ausgeschlagener Zahn als Bagatelle.

Platz der Luftbrücke: Dieser Bahnhof hatte schon zwei andere Namen: Kreuzberg und Flughafen. Erst seit dem 1. September 1975 heißt er so wie heute. Von seiner Höhe her scheint er für die Landung und Wartung kleinerer Maschinen konzipiert zu sein. Will man ins Polizeipräsidium, zur Polizeihistorischen Sammlung oder ins LKA, ist hier auszusteigen. Früher, als sich die FHVR noch im Kudamm-Karree befand, bin ich mit den Studenten meines Kurses in Kriminalsoziologie immer hier gewesen, von Friedrichsfelde aus schaffen wir das zeitlich nicht mehr. Und bei meinen Recherchen zu »Wie ein Tier« hat mir hier Frau Dr. Schönefeld sehr geholfen. Direkt unter der Schautafel des Serientäters Paul Ogorzow habe ich dann auch aus meinem S-Bahn-Mörderroman gelesen, vor echten und hochrangigen Polizeibeamten. Unfaßbar irgendwie. Mein erster Kriminalhauptkommissar Hans-Jürgen Mannhardt hat dabei in der ersten Reihe gesessen.

Im Januar 1998 hat man die schmutzigen Fliesen an den

Wänden überpinselt, um dem anreisenden Bundesinnenminister eine saubere U-Bahn zu zeigen. Die einsturzgefährdete Decke wird inzwischen an einigen Stellen mit einem Baugerüst gesichert. Berliner, macht eines Tages wieder ganz, was euch derzeit kaputtgespart wird!

Paradestraße: Spielt in meinem Leben keine Rolle, ärgert mich nur wegen der scheußlichen neuen Kacheln und der damit verbundenen Grenander-Schändung; **Tempelhof** (früher mit »Südring« in Klammern) steige ich nur ganz selten in die S-Bahn um, und in **Alt-Tempelhof** bin ich nur einmal ausgestiegen, um zu einer Hochzeit, nicht meiner, in eine nahe gelegene Kirche zu eilen. Nein, Irrtum, den habe ich in guter Erinnerung, denn hier ist auszusteigen, wenn ich zu einer Lesung in der Tempelhofer Stadtbibliothek eingeladen bin. Dort ist es im Amphitheater immer sehr stimmungsvoll. **Kaiserin-Augusta-Straße** ist nahe dem Wenckebach-Krankenhaus gelegen; und vom Bahnhof **Ullsteinstraße** kommt man gut zur Ufa-Fabrik; vom **Westphalweg** ist gar nichts zu berichten; und **Alt-Mariendorf** ist die Fahrt zu Ende. Ohne jeden weiteren Höhepunkt. Man sollte auch beim Öffentlichen Personennahverkehr (ÖPNV) nicht zuviel erwarten.

U 7 Rudow – Rathaus Spandau

Obwohl die U 7 meine frühere Heimatlinie C zwischen Grenzallee und Mehringdamm okkupiert hat, also auch die Station Rathaus Neukölln, ist sie mir fremd geblieben. In Alfred Gottwaldts schon mehrfach erwähnter Sammlung von Streckenplänen taucht sie erst auf der Seite 54 auf (1968), und zwar senffarben als Linie 7 zwischen Britz-Süd und Mehringdamm (»im Bau« schon bis Zwickauer Damm und Fehrbelliner Platz). Fünf Seiten später (1987) reicht sie dann schon hellblaugrau von Rudow nach Spandau. Die modernsten Wagen hat sie immer gehabt, und voll ist sie wie keine andere Linie. From coast to coast ist man in ihr 59 Minuten an Bord, und schon eine Fahrt von Berliner Straße bis Rathaus Spandau kommt mir ewig lange vor, jedoch keineswegs langweilig. Schauen wir mal ...

Rudow: Bad Rudow sagt man spöttisch. Der 1. Juli 1972 war der große Tag, an dem Rudow seine U-Bahn bekam. Vordem konnte per Schiene nur mit den legendären »Panzerzügen« der Linie 47 angereist werden. Nette Leute wohnen in Rudow, so ein Kollege, Jurist, und gute Freunde. Beider Behausungen von der U-Bahn aus ohne Frust und Tränen zu erreichen, ist indessen schwierig. Wollen wir zur ersten Adresse, so ist bei mir im Kopf eingespeichert: Glashütter Weg. Doch als wir den erreicht haben, hört er lange, bevor wir die gesuchte Hausnummer gefunden haben, wieder auf. Mitten auf den Feldern. »Ach, Gott, ja: Der war ja zweigeteilt, und die andere Hälfte heißt jetzt anders ...« Wie, das vergesse ich immer wieder von neuem. »Mann!« ruft die Frau, die mein Leben »gefährtet«. »Irgend etwas Österreichisches ...« – »Wiener Straße.« – »Die ist in Kreuzberg. Nein, das ist was mit dem ›Weißen Rößl‹ ...« – »Wolfgangseeweg.« – »Nein ...« Ich überlege bis zum völligen Einbruch der Dunkelheit, dann hab' ich's: »Benatzkyweg.« Gott sei Dank. Aber noch sind wir nicht beim Kollegen Prof. Dr. W., denn wir verlaufen uns erst einmal und landen auf der Rudower Höhe. Heike schimpft. Ich lache: »Freu dich doch, daß wir endlich mal beide auf der Höhe sind.« Einer klagt sonst immer. »Frag mal nach dem Weg«, weist sie mich an. Sie ist Gruppenleiterin in einer Behörde und versteht sich darauf. Ich weigere mich unter Berufung auf das Grund- und das Beamtengesetz. »Die Würde des Menschen ist unantastbar, und ich fühle mich in meiner verletzt, wenn ich jemanden fragen muß. Ich habe so viel Mannhardt in mir, daß ich selber auf die Lösung komme.« Mannhardt ist der Kriminalkommissar in vielen meiner Kriminalromane. Wir irren weiter umher. »Wo ist denn bloß dieser Scheiß-Benatzkyweg!?« Als wir – Stunden später, wie mir scheint – fast in den Teltowkanal fallen, fragt Heike schließlich einen Hundebesitzer. Der weiß es, und wir gelangen wirklich noch ans Ziel.

Der zweite Fall: Sabrina wohnt seit kurzem am anderen Ende Rudows, am Geflügelsteig, und ist sowohl Heikes Freundin als auch eine ehemalige FHVR-Studentin. »Da kommt ihr ganz einfach hin«, erklärt sie uns, »gleich an der U-Bahn hält der 271er.« Tut er auch. Wir kommen die U-Bahn-Treppen hochgerannt und springen hinein. Ab geht es. Nach ein paar Stationen stutze ich. So gut kenne ich mich hier im Südosten doch aus, um zu wissen, daß der Geflügelsteig im Süden der U-Bahn liegt, wir aber mit Kurs Nord/ Nordost durch die Botanik brettern. »Das ist der falsche Bus!«, rufe ich. »Es *ist* der 271er, hab' ich doch beim Einsteigen ganz deutlich gesehen.« – »Hast du beim Einsteigen ganz deutlich das Falsche gesehen. Das wird der 172er sein und nicht der 271er.« Zahlendreher dieser Art kenne ich von meiner Siemens-Lehre her. Die alten Hasen in der Buchhaltung haben in solchen Fällen mit ihrer Fehlerdiagnose immer richtig gelegen. Ich springe auf und laufe zum Fahrer. »Sind wir hier im 172er...?« Nein, es ist in der Tat der 271er. »Ha-ha-ha!«, höhnt Heike. Und der 271er fährt wirklich zum Geflügelsteig, ist aber eine Ringlinie, das heißt, wir bewegen uns ganz programmgemäß erst einmal eine Viertelstunde lang in genau die Richtung, die unserem Ziel entgegengesetzt ist, und fluchen gewaltig. Bis ich schreie: »Da ist ja der Benatzkyweg!« Nun kommt Freude auf.

Bei **Zwickauer Damm** und **Wutzkyallee** habe ich bedauerlicherweise keine anderen Assoziationen als »Zurückbleiben bitte!«, wobei die Eingeweihten wissen, wie schwierig es war, das BVG-Personal auf diese Bitte einzuschwören. Es würde den Betriebsablauf stören, hieß es, unnötig Zeit kosten. Inzwischen sind wir aber von Beförderungsfällen zu Fahrgästen geworden. Oder...? »Wer Oder sagt, muß auch Oder-Spree-

Kanal sagen«, habe ich meinem Sohn immer beizubringen versucht. Kein Wunder, daß er in eine andere Kultur ausgewandert ist.

Lipschitzallee: Im Spätherbst 1996 steige ich hier aus, allerdings aus der anderen Richtung kommend, und weiß noch nicht, daß ich bald etwas erleben werde, was so richtig Horror ist. Dabei war es schon eben in der U-Bahn nicht gerade gemütlich, als sich zwischen Neukölln (Südring) und Johannisthaler Chaussee zwei multikulturelle Jugendgangs in meinem Wagen eine kleine Schlacht geliefert haben. Zum Glück noch ohne Messer und andere Kuschelwaffen. Genervt und ein wenig schweißbedeckt steige ich also zum Lichte empor, das allerdings kaum noch eines ist, sondern mehr schon Dämmerung, und suche nach dem Gemeinschaftshaus der Gropiusstadt, wo sich hoch oben auf dem Dache ein kleiner, aber feiner Saal befinden soll, den die Mieter für ihre Feiern nutzen können. Ilona, eine Ex-Studentin aus der FHVR, wird vierzig, und ihre Eltern haben mich gebeten, als Überraschungsgeschenk in die Gropiusstadt zu kommen. Um nicht wieder so durch die Gegend zu irren wie beim Benatzkyweg, habe ich vorsichtshalber vorher in die Karte geschaut und weiß nun, wo es langgeht. Trotzdem habe ich Mühe, ans Ziel zu kommen, denn ein orkanartiger Wind fegt durch die Straßen und droht, einen in die Luft zu wirbeln, als wäre man ein Blatt. Ich kämpfe mich jedoch tapfer Meter um Meter durch eine kleine Grünanlage, durch die sich der Weg etwas abkürzen läßt. Nur zwei falsche Landeanflüge, dann stehe ich vor dem Eingang mit der Nummer, die ich mir aufgeschrieben habe. Es ist ein sehr hohes Hochhaus, und als ich in den Fahrstuhl steige, werden mir die Knie weich. Bei Windstärken wie diesen schwankt das Haus an seiner Spitze bestimmt um einiges ... und der Fahrstuhl wird sich ganz sicher verklemmen. Eine Nacht im Fahrstuhl. Was habe ich denn in meiner Aktentasche ...? Einen Mars-Riegel als Notration und die Stullenbüchse, in die ich vor dem Blasenkrampf ... Das kann also angehen. Vielleicht bleibt noch eine junge Dame mit mir stecken. Es ist keine in Sicht, ich steige also solo ein und fahre nach oben. Die Stockwerke zähle ich schon gar nicht mehr. Als der Lift endlich hält, sehe ich so alt und faltenreich aus, daß ich mich gleich liften lassen sollte. Ich steige aus und halte Ausschau nach Wegweisern, Pfeilen, Piktogrammen und ähnlichen Informationshilfen. Nichts. Mag auch sein, daß ich einiges übersehe, denn a) ist es ziemlich düster im Labyrinth der Treppen und Gänge hier oben und b) kann ich ohne Brille nicht alles erkennen. Die Brille aus der Tasche zu holen wage ich nicht, denn wenn sie hier auf den Betonboden fällt, bin ich angeschmiert. Ich komme an Türen vorbei, die fremden Leuten gehören, gerate durch Notausgänge in irgendwelche Versorgungsschächte und sehne mich nach einer Ariadne und ihrem mitgegebenen Faden. Langsam ergreift mich ein panikähnliches Gefühl, und ich will schon gar nicht mehr zur Geburtstagsfeier, sondern nur noch zum Fahrstuhl zurück, um wieder nach unten zu fahren und auf ortskundige Gäste zu warten. Ein Anlauf noch, da muß es sein. Ich drücke eine schwere Stahltür auf und trete auf eine Art Balkon hinaus, eine Galerie. Ah, hier gehen bestimmt Wohnungen ab... und wo Wohnungen abgehen, da muß auch ein Fahrstuhl sein. Tief unter mir glitzern die Lichter Neuköllns wie Milchstraßensterne. Ein Flugzeug mit eingeschalteten Scheinwerfern befindet sich im Anflug auf Schönefeld. Während ich mich sekundenlang in dieser Märchenwelt verliere, packt mich eine Böe, reißt mich weg und drückt mich gegen die Wand. Der Sog bei diesen Hochhäusern... Er wird mich hochreißen und in die Tiefe schleudern. Jetzt ist die Panik vollkommen, schlimmer als bei jeder Flugzeugturbulenz. Nur weg von hier! Ich will die Tür wieder auffetzen. Zu! Ich rüttele daran, ich reiße am Knauf. Alles umsonst. Ich schreie. »Hallo, ist da jemand!?« und »Hallo, aufmachen!« Aber der Sturm heult derart, daß das witzlos ist. So gehe ich erst einmal in die Knie, um dem Wind weniger Angriffsfläche zu bieten. Wie lange kann man es hier oben aushalten? Wie tief sinken die Temperaturen? Wann wird Heike mich vermissen und nach mir suchen lassen? Bei Geburtstagsfeiern bleibt man lange ... Wenn ich um ein Uhr nachts nicht zu Hause bin, wird sie unruhig werden und das Geburtstagskind anrufen. Aber sie hat die Nummer nicht. Es wird ewig dauern, bis sie jemanden erwischt hat. »Nein, der Herr Bosetzky ist hier nicht aufgetaucht.« Auch wenn sie jetzt die Polizei benachrichtigt, vergehen noch Stunden, bis die auf die Idee kommen, hier im Hochhaus zu suchen. Bestenfalls haben sie mich gegen Mittag befreit. Nur Heike selber kann ahnen, was passiert ist. Ich schicke Wellen zu ihr hin, ohne an ihre Wirkung zu glauben. Was tun? Ich kauere am Boden wie ein zweijähriges Kind, das Papa und Mama verloren hat. Es ist wirklich zum Heulen. – Du mußt was machen! Ja, was denn: mich hinunterstürzen ...? Lieber ein Ende mit Schrecken. Nur nicht auf die Brüstung schielen! Auf den Knien krieche ich weiter. Vielleicht geht hinter der Ecke doch noch eine Wohnung ab, und ich kann dort klingeln. Nein. Da ist aber eine zweite Tür. Zeit zum Beten. Und in der Tat: Sie läßt sich öffnen. Ich bin gerettet!

Johannisthaler Chaussee: Hier steige ich immer aus, wenn es in die Gropius-Passagen zur Lesung geht. Das Publikum in der Buchhandlung »SoSch« ist immer phantastisch, und wenn hier über hundert Menschen sitzen und auf mich warten, dann entschädigt das für jene Veranstaltungen, wo sich neben den beiden Veranstaltern noch drei bis vier Einheimische im Saal verlieren. Das macht schon depressiv, nicht nur mich, sondern auch andere Literaturschaffende. Friedhelm Werremeier hatte einmal bei einer Lesung in einem waldreichen deutschen Mittelgebirge nur einen einzigen Zuhörer: den Oberförster. »Kommen Sie: Ich schenke Ihnen mein Buch und Sie können zu Hause selber alles über Trimmel lesen. Dafür trinken wir zusammen 'n Bier.« – »Nein danke, Herr Werremeier, dazu bin ich nicht zehn Kilometer durch den Wald gelaufen. Ich will Sie selber lesen hören.« Und da der Mann eine

Flinte bei sich hatte, mußte sich Werremeier hinsetzen und ihm eine Stunde lang, Auge in Auge, aus dem »Taxi nach Leipzig« alles vorlesen, was spannend war. Anders dagegen Jürgen Alberts aus Bremen. Bei den Lausitzer Krimitagen soll er in der Autobahnraststätte Klein Beuchow lesen. Als er hinkommt, ist der Saal gerammelt voll. Das überrascht ihn nicht, denn er weiß, daß er ein blendender Interpret seiner Werke ist. Er nimmt also Platz, stellt sich vor und beginnt zu lesen. Daß die Leute dabei essen, wundert ihn nicht, war das doch mit den Veranstaltern so abgesprochen. Plötzlich aber steht eine ältere Dame auf, reißt wütend ihren Mann vom Stuhl und ruft in breiter hessischer Mundart: »Erwin, müsse mer uns das antue!« Alberts war bei null einheimischen Krimi-Interessenten in eine Gruppe hessischer Spreewaldtouristen geraten ... Meine absolute Nullnummer hatte ich am 5. Mai 1990 oben in Schwerin, wo sich weder für Steffen Mohr noch für mich, noch für uns beide, noch für unseren Roman »Schau nicht hin, schau nicht her« eine/einer erwärmen wollte.

Mit **Britz-Süd, Parchimer Allee** und **Blaschkoallee** verbindet sich nichts bei mir, und ich bitte alle die, die dort wohnen, um Vergebung.

Grenzallee: Grenzallee gehört bei mir zur Tunneleule, verlief doch die Linie C in den entscheidenden Jahren meiner kindlichen Prägung zwischen Grenzallee und Seestraße. Grenzallee büßte erst am 28. September 1963 seinen herausgehobenen Endbahnhofstatus ein.

Neukölln: Früher stand da immer noch, wie bei Tempelhof auch, in Klammern Südring dahinter, was dann wohl nach dem Mauerbau am 13. August 1961 und dem S-Bahn-Boykott nicht mehr opportun erschien. Umgestiegen in den S-Bahn-Südring bin ich dort nur selten, denn das brachte nichts. Was die S-Bahn betraf, war Sonnenallee näher für uns, und in die U-Bahn stiegen wir woanders besser ein.

Karl-Marx-Straße: Nach unserem Umzug von der Ossa- in die Treptower Straße 1954 war Karl-Marx-Straße der nächstgelegene U-Bahnhof. Immerhin aber hatten wir von der Wohnungstür bis zur Bahnsteigkante an die anderthalb Kilometer zu laufen, was für meinen gehbehinderten Vater eine Menge war. Also arbeiteten wir beide detaillierte Pläne aus, wie der Neuköllner Schiffahrtskanal trockenzulegen und eine Einschnitt-U-Bahn – gleich der nach Krumme Lanke – zu bauen sei. Sie sollte als D II vom Kottbusser Tor zum S-Bahnhof Sonnenallee gehen und die »Unterwegsstationen« Hobrechtbrücke, Pannierstraße, Weichselplatz und Treptower Brücke aufweisen. Ab und an träume ich noch heute davon.

Stieg man Karl-Marx-Straße aus, konnte man gleich ins »aki« springen, das Aktualitäten-Kino, das in der Vorfernsehzeit ein »integraler Bestandteil« unseres Alltags war. Mehrere Wochenschauen gab es da, Sportreportagen, Kultur- und Zeichentrickfilme. Und wer lieber lesen wollte, der hatte gegenüber seine »Bickhardt'sche Buchhandlung«.

Rathaus Neukölln: Dies nun ist mein eigentlicher Heimatbahnhof. Hier bin ich 16 Jahre ungezählte Male ein- und ausgestiegen und habe auf die Züge wie auf abzuholende Freunde und Verwandte gewartet. »Mutti, wann kommt denn der Zug?« – »Gleich.« Und bis zu zehn Minuten lang dieselbe Frage, dieselbe Antwort. Blaugrau und düster ist der Bahnhof gewesen und immer zugig. Aber lang wurde das Warten eigentlich nie. Vieles war zu studieren, siehe oben. Und hier hat sich unter Garantie im Februar 1938 meine erste Begegnung mit der Tunneleule abgespielt, und es war Liebe auf den ersten Blick. Der Bahnhof Rathaus Neukölln ist auch der Schauplatz, an dem mein Vater sein großes Schauermärchen »Mein Vati ist weg« angesiedelt hat. Elf Jahre war ich schon, da kommen wir eines Nachmittags hier an, und ich verliere ihn aus den Augen. Im Zug hat er mir gesagt, daß ihm »irgendwie so trieselig im Kopfe sei«. Auch weil er keinen Schlüssel bei sich hat, suche ich ihn ziemlich verzweifelt und spreche dabei auch zwei zufällig vorüberkommende Neuköllner Nachbarn an. »Mein Vater ist weg, haben Sie den zufällig irgendwo gesehen?« Hatten sie nicht. Ich finde ihn dann in der Fuldastraße, wo er mit Onkel Albert, dem Bruder meiner Schmöckwitzer Oma, steht und plaudert. Natürlich bin ich erleichtert, und er bekommt ein Küßchen auf die Backe. Er, der Schelm, erzählt aber nun mit der ernstesten aller ernsten Mienen überall herum, ich sei weinend umhergelaufen und hätte gerufen: »Mein Vati ist weg!« Und je mehr ich das dementiere und mich darüber aufrege, um so mehr glauben ihm die Leute, daß es wirklich so gewesen ist.

Wenn Sie am südlichen Ende des Bahnsteigs ein zugeschmiertes Loch entdecken sollten, dann ist das auf meine Mutter zurückzuführen. Es muß so 1952 gewesen sein, da kommt sie vom Dienst bei der AOK hier an, steigt aus, zerknüllt ihren Fahrschein, wirft ihn in den Papierkorb und strebt dem Ausgang zu – um dort Fahrscheinkontrolleuren, die es damals auch schon gab (!), in die Arme zu laufen. »Ihren Fahrausweis, bitte.« (Der Mann meinte »Fahr*schein*«, aber diese Verirrung der Amtssprache hat die BVG ja bis heute nicht korrigiert.) – »Meinen Fahrschein ...? Den habe ich da in den Papierkorb geworfen.« – »Seinen Fahrausweis hat man bis zum Verlassen des Bahnsteigs aufzubewahren.« – »Beim nächsten Mal, ja.« – »Dann bekomme ich jetzt zehn Mark von Ihnen.« – »Wieso denn: Ich habe doch bezahlt. Und außerdem bin ich Beamtin und habe es nicht nötig, die U-Bahn zu betrügen.« Damit hat sie das Herz des Mannes erweicht, er leert den Papierkorb auf den Bahnsteig aus – und beide knien nun da und suchen nach dem zerknüllten Fahrschein beziehungsweise -ausweis. Ohne Ergebnis. Als meine Mutter nach Hause kommt, reden mein Vater und ich ihr ein, sie sei nun vorbestraft. Und ich glaube schon, daß sie's geglaubt hat ... Als ihr der Freund und Kollege Herbert N. erklärt, daß es mitnichten so sei, fällt ihr ein Stein vom Herzen. Daher das Loch auf dem Bahnsteig.

Hermannplatz: Das war als Kind für mich – nach Alexander-platz – die faszinierendste Unter-der-Erde-Station, noch vor Belle-Alliance-Platz und Stadtmitte. (Die Hochbahnhöfe sind ein Kapitel für sich.) Der Bahnhof der Linie C beziehungs-weise 7 ist eine Mischung von Kathedrale und Sportarena und würde als Moschee »die gelbe« heißen. Unten, mitten durch diese Riesenhalle hindurch, zieht sich nun der Bahn-steig der Linie D beziehungsweise 8, hängt da unter der Decke wie eine riesige Röhre, wenn auch eckig. Dann lockten natürlich auch die Rolltreppen, noch mehr aber die Treppen des direkten Zuganges zum Karstadt-Kaufhaus. Nach der Zerstörung in den letzten Kriegstagen war dieser Eingang nicht mehr in Betrieb. Heute, da man wieder aus dem Zug steigen und nach ein paar Schritten direkt im Kaufhaus sein kann, ist die Frage, ob das nicht auch die Mäuse tun, die man hier mehr als anderswo über den Schotter huschen sieht. Bei den Delikatessen ein Stückchen weiter oben ... Zur Albert-Schweitzer-Schule, die ich von der achten Klasse bis zum Abi-tur besuchte und die gleich am Hermannplatz gelegen ist, bin ich immer zu Fuß gelaufen. Daß man eine Schule *besucht*, das ist wirklich sehr schönfärberisch und harmonisierend ausgedrückt und wäre auch ein Fall für eine umfassende Sprachreform, denn Besuch assoziiert ja Freude und frohe Er-wartung, Schule aber eher das Gegenteil. Immerhin sind wir einmal von der Schule aus mit einem Sonderzug der U-Bahn in die Innenstadt gefahren, um im Kollektiv den Film »Es wird Mitternacht, Dr. Schweitzer« zu sehen.

Südstern: Südstern, Südstern ...? Es kommt mir so vor, als hätte diese Station früher einen anderen Namen gehabt. Ich schlage nach, und siehe da: Ich hatte recht. Bis 1933 Hasen-heide, was wegen des nahe gelegenen Volksparks auch logisch ist, dann bis 1939 Kaiser-Friedrich-Platz, bis 1947 Gardepio-nierplatz, was wegen der vormals in der Nähe gelegenen Ex-erzierplätze der Gardepioniere auch etwas für sich hatte, und danach erst Südstern. Sicherlich nicht benannt nach dem

früher ganz passablen Fußballverein Südstern 08. Auch Nord-
stern gibt es ja als Kickertruppe, nur von Ost- und Weststern
ist mir nichts bekannt.

Gneisenaustraße: In meiner Jugend sah es hier ganz anders
aus. Da gab es nur grünen Putz und keine Kacheln, und auf
dem Rücken der U- fuhr die Straßenbahn, die Linie 3. Zwischen Gneisenaustraße und Mehringdamm finden wir die
engste Kurve im Berliner U-Bahnnetz, und es quietscht mitunter so nervenzerreißend, daß man auf der Stelle aussteigen möchte. Aber Gneisenau steht ja für Durchhalten, wie
es mein Zigarettenbilder-Album zeigt – mit seinen Num-
mern 114 (»Gneisenau und Nettelbeck auf den Wällen des
unbesiegten Kolberg. 1807«) und 151 (»Gneisenau. 1760–
1831. Diesem kühnen Strategen und genialen Organisator
verdankt Preußen in erster Linie seinen Wiederaufstieg.«)
Wie der Fußballverein Hertha BSC den seinigen Jürgen Rö-
ber verdankt.

Mehringdamm: Auch hier sah es früher anders aus, wie man
am besten bei Sabine Bohle-Heintzenberg (1980, S. 170)
nachlesen kann. Ansonsten ist über diese Station bei unserer
Fahrt mit der Linie 6 schon alles gesagt worden. Außer daß
man hier aussteigen muß, will man ins Rathaus Kreuzberg eilen. Früher, auf der alten Linie C, ging es nun weiter Richtung Seestraße, die U 7 aber macht einen Schlenker nach
links, stößt dort auf den Landwehrkanal und prallt wie die
Kugel beim Billard – Einfallwinkel gleich Ausfallwinkel –
nach Südwesten zurück.

Möckernbrücke: Umsteigen zur U 1. Kommt man aus der
Tiefe, ist man erstaunt, daß man auf einen brückenähnlichen
Gang gerät und in die trüben Wasser des Kanals hinunter-
starrt. Ab und an kommt ein weißes Schifflein angeschwom-
men, und die Leute winken herauf. Da kann man nicht
möckern.

Yorckstraße: Hier befinden wir uns noch immer im Krieg gegen Napoleon, denn der Namenspatron dieser Station ist der preußische Feldmarschall Ludwig Graf Yorck von Wartenburg (* 1759, † 1830), der im Feldzug gegen Rußland ein Hilfskorps befehligt hat, das die Preußen Napoleon I. zur Verfügung stellen mußten, und der am 30. Dezember 1812 mit dem Neutralitätspakt von Tauroggen quasi zu den Russen übergegangen ist. Wir können nur zur S-Bahn übergehen, in Fahrtrichtung vorn zur S 1 (Wannsee – Oranienburg), die eigentlich am Bahnhof Großgörschenstraße hält (auch das ein Schlachtenort), und »hinten raus« zum genuinen Bahnhof Yorckstraße und den Linien S 2 (Blankenfelde – Waidmannslust) und S 25 (Lichterfelde Süd – Hennigsdorf), was nicht nur Auswärtige verwechseln. Viele schreiben auch York (Stadt in England, Herzogstitel einer Nebenlinie des englischen Königshauses) statt Yorck.

Kleistpark: Zur Besatzungszeit war hier das Alliierte Kontrollratsgebäude für Groß-Berlin, heute steigt man aus, wenn man zur BVG-Hauptverwaltung will oder zum Shop der Souvenirs (beispielsweise um dieses Buch zu kaufen), **Eisenacher Straße** fährt man nur so durch, es sei denn, man feiert irgendwo Geburtstag, wie wir jeweils am 16. Dezember bei H. St. in einer der originellsten Wohnungen Berlins, und auf der Station **Bayerischer Platz** steigt man um in die U 4, was jedoch kaum einer tut.

Berliner Straße: Hier hingegen wird massenweise umgestiegen, nämlich in die U 9 (Osloer Straße – Rathaus Steglitz). Dies ist ein Genuß für all jene, die gerne Rugby oder American Football spielen wollen, es aber noch nicht gewagt haben, bei einem der Vereine vorzusprechen. Da es keinen Ball gibt, muß man dessen Funktion gleich mit übernehmen, und das große Glück eines Touch Down hat man dann, wenn man sich selber hinter der zuschnappenden Tür eines überfüllten Zuges abgelegt hat.

Blissestraße: Hier sehen Sie, wie eine U-Bahnstation in statu nascendi aussieht, im Rohbau nämlich, bevor man die Wandfliesen anbringt, denn die sind auf einer Seite sämtlich abgefallen. Und anstatt die alte und kostenaufwendige Minimalmethode anzuwenden und den nackten Beton in der alten Kachelfarbe zu streichen, irgendwie grau, hat man hier gewartet, bis sich Staub und Dreck abgesetzt haben und das authentische Flair eines existenzialistischen Kellerlochs verbreiten – und dies völlig kostenlos. Ich bin hier öfter ein- und ausgestiegen, weil ich gern noch eine Steuer zahlen wollte: die Zweitwohnsteuer. Da ich immer davon spreche, noch einen dritten Daueraufenthaltsort beziehungsweise Lebensmittelpunkt zu haben, nämlich die Berliner U- und S-Bahn, wird mich bald die Drittwohnsteuer erreichen. Vielleicht kann ich Blissestraße einmal aus meinen Schlüsselkinderinnerungen lesen. Hier hat man wirklich das Gefühl, der Krieg sei eben erst zu Ende gegangen.

Fehrbelliner Platz: Umsteigen zur Linie 1, die den wesentlich schöneren Bahnhof hat. Hält mein Zug Fehrbelliner Platz, so springe ich immer vom Sitz und reiße die Arme jubelnd hoch wie bei einem Hertha-Siegestor, um die Meisterleistung an dialektischer Chuzpe zu würdigen, welche die eine hier bis kurz nach der Wende ansässige Fachaufsicht meiner Fachhochschule zustande bringt: Bemüht man sich einerseits ständig und hingebungsvoll, aus der fortschrittlichsten und reformorientiertesten Institution der Bundesrepublik wieder eine Beamtenkadettenanstalt altpreußischen Stils werden zu lassen, fordert man andererseits lauthals und zugleich eine gründliche Verwaltungsreform.

Zu **Konstanzer Straße** fällt mir nichts ein; in der Nähe der Station **Adenauerplatz** gab und gibt es auffallend viele Firmen der TV-Filmproduktion, und ich bin hier öfter klopfenden Herzens ausgestiegen, wenn eine Drehbuchbesprechung anstand (zum Beispiel für ›Die Klette‹, ›Happy End durch drei‹

und meine beiden Folgen in Hubys ›Mona Moretti‹-Serie); **Wilmersdorfer Straße** geht es nicht nur zum Einkaufen, sondern auch zum »Kant-Kino«, und des öfteren bin ich von hier aus zum Signieren im Karstadt-Kaufhaus gelaufen, das nun auch geschlossen worden ist; **Bismarckstraße** ist umzusteigen in die Linie 2 (Ruhleben – Vinetastraße); **Richard-Wagner-Platz** ist neu gebaut worden und nicht zu verwechseln mit der Station, von der aus ich früher zu meiner Tante Gerda gelaufen bin (siehe oben); **Mierendorffplatz** ist für mich nur erwähnenswert als einer der Rainer-G.-Rümmler-Bahnhöfe, die hier an der U 7 so gehäuft auftreten wie sonst nur am nördlichen Ende der U 8; **Jungfernheide** kann neuerdings in die S 4 umgestiegen werden, auch kann man schnell die Spree überqueren und sich von Norden her dem Park des Charlottenburger Schlosses nähern; **Jakob-KaiserPlatz** ist umzusteigen in den Flughafenbus; **Halemweg** ist eine Quantité negliable und **Siemensdamm** kann nicht umgestiegen werden, denn die alte S-Bahnlinie zwischen Jungfernheide und Gartenfeld, die sogenannte »Siemensbahn«, wird es wohl nie wieder geben.

Rohrdamm: Hier wäre ich 1957 ausgestiegen, um zur Siemens-Werkschule zu eilen, wenn es denn da die U-Bahnlinie 7 schon gegeben hätte. So bin ich mit der S-Bahn angereist und habe über diese Fahrten und meine Leiden als Lehrling schon in »Einsteigen bitte, Türen schließen!« berichtet. So sitze ich vierzig Jahre später ganz ruhig im Zug, zucke aber doch zusammen, als ich beim Hinweis auf die Ausgänge *Nonsensdammallee* lese. Wie …? Nonnendammallee natürlich.

Paulsternstraße: Liegt zwar im weiten Laubenpieperland und inmitten der Industrielandschaft zwischen Spree und Berlin-Spandauer Schiffahrtskanal, und dennoch steige ich hier ab und an mal ein, dann nämlich, wenn ich schnell von Frohnau nach Kladow will, mir in Tegel aber der 133er Bus vor der Nase weggefahren ist und ich die Strecke bis zur U 7 per Taxe überbrücke.

Haselhorst: Dort steige ich immer ein, wenn ich mit dem 133er Bus nach Spandau will, oben in der ersten Reihe sitze und sehe, daß es auf der Straße am Juliusturm zur Staubildung kommt. Dann schnell rausgesprungen und in die U-Bahn rein, den Stau unterfahren.

Zitadelle: Gott, was zittere ich da immer, wenn ich aus der U-Bahn steige, denn das Ersteigen des Juliusturmes ist für einen Menschen wie mich, der mit einer fast behandlungsbedürftigen Höhenangst gesegnet ist, eines der letzten großen Abenteuer der Menschheit. Anfangs, immer an der Wand entlang, geht es ja noch, wenn dann aber ganz oben der Laufsteg kommt, der quer durch die Rundung geht, dann brechen mir die Knie fast weg, und am liebsten würde ich auf allen vieren der Öffnung entgegenkriechen, die hinaus ins Freie führt, auf die Plattform oben. Geschafft. Gerettet. Aber kaum stehe ich dort oben, so denke ich schon wieder an die Schrecken des Rückweges. Nix da mit Genießen des weiten Blickes übers Havelland bis hin nach Ribbeck. Am liebsten würde ich mich für immer einnisten hier oben, der Horst in seinem Horst. Am schlimmsten aber war es an einem schönen Maientag des Jahres 1981, als Freund Thomas Diebold, Sportlehrer seines Zeichens, auf der Brüstung Handstand machte. Ganz cool stand Ingrid, seine Frau, daneben, beider Sohn im Arm: »Patrick, gleich wirst du keinen Vater mehr haben.« Nun, objektiv gesehen war Thomas dem Tod nicht so nahe wie ich der Ohnmacht. Zwar bekam ich mich wieder in den Griff, als er einen tadellosen Abgang von der Brüstung hingelegt hatte, Note 9,85, dann beim Abstieg jedoch kam ich nur zentimeterweise voran, hätte schreien können vor Absturzangst, mußte aber der Kinder wegen heldenhaft tun. Es waren wirklich Minuten des Schreckens. An die muß ich wohl auch im Mai 1997 gedacht haben, als zur Lesung aus meinem historischen Roman ›Der letzte Askanier‹ über zweihundert Gäste im alten Gemäuer der Zitadelle Platz genommen hatten und mir der Satz entfuhr: »Mit so vielen Menschen hätte ich erst bei meiner Beerdigung gerechnet.«

Altstadt Spandau: Aussteigen zum Weihnachtsmarkt, dem schönsten in Berlin, sofern man Spandau als Teil Berlins verstehen will. Hier sind wir ausgestiegen und haben die dickste meiner Westen gekauft, die später meinem Sohn im besetzten und folglich unbeheizten Haus in der Ackerstraße so gute Dienste leisten sollte. Hier, an der Nikolaikirche, ist besagter Thomas Diebold eines Nachts fast festgenommen und als Sittenstrolch gelabelt worden. Wie das – ist er doch als guter und stets hilfsbereiter Mensch weit und breit bekannt, als der gute Samariter. Eben deswegen. Geht er also des Nachts auf dem Wege zur letzten U-Bahn hier entlang und hört im Dunkel neben der Kirche eine Frau fürchterlich stöhnen. Ein Überfall, schießt es ihm durch den Kopf, das Opfer im Sterben. Oder ein Herzinfarkt. Nichts wie hin. Er spurtet los und sieht die Schemen einer Frau, wohl an der Kirchtür lehnend. Thomas zieht sie hoch, will Polizei und Feuerwehr rufen. Da haut ihm das Opfer gewaltig eine runter und setzt an, um Hilfe zu rufen. Die Gute war weder überfallen worden, noch hatte sie einen Kreislaufkollaps erlitten, sondern sich nur mit vollen Gedärmen eben mal neben die Kirche gehockt und dann aufstöhnend alles fahren lassen ...

Rathaus Spandau: Von Rudow bis hierher hat es 59 Minuten gedauert. Nicht schlecht, wenn man bedenkt, daß man es in dieser Zeit im Flugzeug von Berlin bis nach Frankfurt/Main gebracht hätte. Oft bin ich hier hinausgelaufen, um mit dem 134er Bus zu Max oder mit dem 135er zu Jürgen Dittberner nach Kladow zu fahren. Die einmal geplante U-Bahnstrecke nach Kladow, die F III, wird es ja nach menschlichen Ermessen vor dem Jahre 2098 nicht geben. »Alles ausscheiden, Zug verendet hier!« Wie ...? Irgendwie muß ich mich verhört haben! Oder ...? Auf welchem Wahnhof bin ich hier ...? »Nach Nonsensdammallee vom gegenüberliegenden Warnstreik.« Ich glaub', ich spinne.

U 8 Hermannstraße – Wittenau

Die U 8 ist im Bewußtsein der meisten Berliner immer eine der weniger wichtigen Linien gewesen und hat vom Mythos U-Bahn wohl am wenigsten abbekommen. Vielleicht mag das daran liegen, daß ihre Bauten geprägt sind von »Sachlichkeit und deutlich funktionsbezogener Gestaltung, die rein emotional ... eine gewisse Kälte vermittelt«, so in den »U 8 – Geschichte(n) aus dem Untergrund« (S. 15). Die Geschichte dieser Linie – von der Idee einer Schwebebahn in der Brunnenstraße über den Bau der GN-Bahn (Gesundbrunnen – Neukölln) bis zur angedachten Verlängerung nach Mittenwalde im Süden und Groß-Schönebeck im Norden – läßt sich hier genau nachlesen. Die U 8 ist zudem immer häppchenweise verlängert worden (vgl. Meyer-Kronthaler/Uwe Poppel 1994), und wo immer etwas angestückelt wird, das kann nicht so bedeutsam sein. Auch daß sie immer noch nicht ins Märkische Viertel führt, wird ihr angelastet, obwohl ja für diese Lachnummer andere verantwortlich sind, womöglich sogar diejenigen unserer wackeren Kommunalpolitiker/innen, die nun keine Bahnhöfe haben, die nach ihnen benannt werden können.

Wittenau (Wilhelmsruher Damm): Erst seit dem 24. November 1994 ist dies der nördliche Endpunkt der Linie 8. Ich steige oft hier um, wenn ich mit S-Bahn, Bus oder Taxe von Frohnau komme, und seine gelbgrünen Farben erinnern mich immer ein wenig an die brasilianischen Fußballer, obwohl deren Hosen ja mehr ins Bläuliche gehen und Gelbgrün mehr auf Südafrika oder Australien hindeuten sollte. Aber die spielen keinen so zauberhaften Fußball. Ansonsten heißt diese Station bei mir nur »der 9-Minuten-Bahnhof«, weil mir beim Nur-alle-zehn-Minuten-Takt die Züge immer gerade vor der Nase wegfahren und ich ewig hier zu warten habe. Und sehr anregend ist dies nicht. Der Blick auf die Abstellgleise entschädigt ein wenig, aber dennoch: Hier ist es immer irgendwie öd und leer. Man hat das Gefühl, die Strecke ist noch gar nicht eröffnet, sondern nur mal eben zur Besichtigung freigegeben. Es riecht auch noch alles so neu und wirkt wie ein Musterhaus, das zwar recht hübsch ist, in dem man aber auf keinen Fall jemals wohnen möchte. Dafür bekommt man im Zug immer einen wunderschönen Sitz- und Fensterplatz.

Auch **Rathaus Reinickendorf, Karl-Bonhoeffer-Nervenklinik** und **Lindauer Allee** sehen so aus, als hätte man die Reinickendorfer Abiturienten im Kunstunterricht anhand eines schönen Baukastens mal so richtig kreativ sein lassen, ohne ihnen zu sagen, daß in ihren Bauwerken einmal U-Bahnzüge fahren würden. »Det is allet zu schön für den Zweck, wa!«, möchte man ausrufen. Aber das Geld dafür haben wir ja. Wenn nicht, läßt es sich bei der Bildung und den Kindertagesstätten leicht wieder einsparen. Bin ich da ungerecht? Wenn ja, werde ich in der zweiten Auflage, so es sie gibt, gegenteiliger Meinung sein und über den alten Grenander herfallen, der für mich schlechthin die Berliner U-Bahn ist. Außerdem ist es auf dieser Strecke so leer, daß ich mich frage, ob dieses Fahrgastaufkommen nicht auch mit einem Doppeldeckerbus zu bewältigen wäre. Immerhin eröffnet mir die Leere die Chance, durch den Zug zu wandern, ohne aufzufallen. »Tür-Notöffnung. Bei Türstörung Griff ziehen, dann Tür von Hand öffnen.« Das beruhigt, denn statt der altbekannten Griffe gibt es ja an den Türen des Wagens 3012, in dem ich reise, nur grüne Druckknöpfe.

Paracelsus-Bad: Hier war vor Wittenau die Endstation der von Süden her anrollenden Züge. Der richtige Berliner sagt übrigens Paracels*i*us-Bad; so stand es gleich nach der Wende auch auf manchem improvisierten Pappschild auf den ehemaligen Geisterbahnhöfen (Bernauer bis Heinrich-Heine-Straße).

Über **Residenzstraße** ärgere ich mich zufälligerweise einmal nicht, dafür über **Franz-Neumann-Platz (Am Schäfersee)** um so mehr, denn dieser Franz Neumann war der Vordermann der rechten Keulenriege in West-Berlins Frontstadt-SPD – aus der ich seit 1964 immer noch nicht ausgeschlossen worden bin –, in meinen Augen dumpf und bieder bis zum geht nicht mehr, ein Funktionär der schlimmsten alten Schule. Hier steige ich aus Prinzip nie ein noch aus. »Herrschaft *ist* im Alltag Verwaltung«, heißt es bei Max Weber, und die Verwaltung legt die Stationsnamen fest.

Osloer Straße: Damit jeder merkt, daß Oslo etwas mit Norwegen zu tun hat, zeigen die Wände x-mal hintereinander die Flagge der Nordländer. An dieser Station ist umzusteigen in die orangefarbene U 9, die hier ihren Anfang nimmt, und die neue Niederflurstraßenbahn, die wieder durch West-Berliner Straßen rauscht. Oft steige ich hier um und bin dennoch ein jedes Mal so orientierungslos wie damals als Kind beim Blindekuhspielen, wenn sie mich, die Augen verbunden, mehrmals um mich selbst gedreht hatten.

Pankstraße: Ist nur auszusteigen, wenn man Möbel kaufen will.

Gesundbrunnen: In meiner Kindheit war das der nördliche Endpunkt der Linie D, blau in der Netzspinne. Gesundbrunnen – Leinestraße, so und nicht anders kannten wir das und waren der Ansicht, daß es auch bis in alle Ewigkeit so bleiben würde. Umsteigen zu den S-Bahnlinien 1, 2 und 25. In den neunziger Jahren hatten sie den direkten Verbindungstunnel zur S-Bahn wieder halbwegs hergerichtet und freigegeben für uns Beförderungsfälle, bald aber wegen Wassereinbruchs wieder schließen müssen. Seit Anfang März 1998, mit Fertigstellung des neuen Bahnsteigs der S-Bahn, ist es nun wieder soweit. Mit den zwei Säulenreihen ist diese Station dem Meister Grenander ein wenig mißraten. »Alfred, setzen, Fünf!« Aber wir sind ja hier noch unter der S-Bahn, die ihrerseits schon in Tieflage gebaut worden ist. Darum hat Gesundbrunnen auch eine so wunderschöne lange Rolltreppe. Steht man oben, fühlt man sich wie ein Skispringer auf der Schanze. Damit die Kids nicht wirklich hinunterrasen, hat man kleine Messingkegel aufs blanke Aluminiumblech zwischen den beiden rollenden Treppen geschraubt.

Voltastraße: Früher bin ich hier ausgestiegen, um zum Frühstücksfernsehen des RIAS-TV zu eilen, heute geht es noch zur DW, zur Deutschen Welle, aber auch zu Ottomar, meinem Augenarzt und gelegentlichen Wandergenossen, wie seine Frau aus Neukölln stammend.

Bernauer Straße: Läßt automatisch an die Mauer denken und war lange Zeit kachellos, erstrahlt nun aber wieder im Glanze neuer Fliesen.

Rosenthaler Platz: Zweimal nur bin ich in meinem langen Leben hier ausgestiegen. Einmal, um mit Jan Eik zusammen in der nahen Ackerstraße im Rahmen einer Fortbildungsveranstaltung jungen Autor/innen zu sagen, wie man einen Krimi schreibt (als ob wir das wüßten), und ein zweites Mal, um in der Buchhandlung Starick etwas vorzulesen.

Weinmeisterstraße: In meinem Roman ›Brennholz für Kartoffelschalen‹ spielt diese Station eine entscheidende Rolle. Da kommt mein Held Manfred Matuschewski im Sommer 1947 mit seiner Oma aus Schmöckwitz und trifft seine Mutter auf dem Bahnhof Jannowitzbrücke. Ihr Ziel ist das St.-Hedwigs-Krankenhaus in der Großen Hamburger Straße, wo sein Vater liegen soll, gerade heimgekehrt aus sowjetischer Kriegsgefangenschaft. Jannowitzbrücke sind sie von der S- in die U-Bahn gestiegen. Manfred hat aber Angst, daß das nur ein Trick ist, damit er ohne großes Theater in eine »Erziehungsanstalt« gebracht werden kann.

Seine innere Erregung wurde dadurch etwas gemildert, daß er die U-Bahnlinie D (Gesundbrunnen – Leinestraße) wenig benutzte und folglich die hier eingesetzten Wagen vom Typ C tüchtig bestaunte. Mit ihrer hochgesetzten Zielanzeige und den kleinen Lampenrundungen hatten sie ein sehr hochmütiges Gesicht, und er mochte sie nicht sonderlich. Es waren nur zwei Stationen. Nach Alexanderplatz kam schon Weinmeisterstraße, blau gekachelt wie ein Schwimmbad. (S. 273)

Krankenhauserinnerungen … Nach einer schweren Bandscheibenoperation im Oktober 1991 bin ich oft mit der U 8 von Gesundbrunnen bis Boddinstraße gefahren, und gerade hier zwischen Weinmeisterstraße und Alexanderplatz hat es so schlimm gerüttelt und geschüttelt, daß ich oft vor Schmerz aufgestöhnt habe und aufstehen mußte.

Alexanderplatz: Vermittelt einem, was den Bahnhof der U 8 betrifft, das Gefühl, sich in einem großen Schwimmbecken zu befinden, aus dem man gerade das Wasser abgelassen hat. Speisen kann man hier, sich mit Geprintetem eindecken und den U-Bahnern zusehen, wie sie da in ihrer Kanzel sitzen, die Bildschirme beobachten und die Züge abfertigen. Zur Geisterbahnhofzeit, erinnere ich mich, war der nördliche Teil des Bahnsteigs mit Rüdersdorfer Kalksteinen zugemauert. Umsteigen zu den Linien 2 (rot) und 5 (braun). Kompaß nicht vergessen! Eine kleine Geschichte fällt mir wieder ein. Da bin ich Mitte Januar 1998 am späten Nachmittag mit der U 5 von Friedrichsfelde gekommen, um Alexanderplatz in die U 8 umzusteigen. Auf der Rolltreppe nach oben werde ich von fünf Jugendlichen eingekesselt, die allesamt so aussehen wie jene, die ich bei meinen Interviews in der Jugendhaftanstalt Plötzensee kennengelernt habe. Nähere Angaben zu ihnen mache ich nicht, weil das multikulturelle Orientierungen konterkarieren würde. Allen Ängsten, Klischees und Prognosen zum Trotz habe ich, als wir oben angekommen sind, weder ein Messer im Rücken noch den Verlust meines Geldes schmerzvoll zu registrieren. Die Gruppe zieht weiter und sieht an der nächsten Treppe, abwärts zur U 8, wie zwei schmächtige Frauen Mühe mit einem übergroßen Kinderwagen samt Inhalt haben. Meine Freunde schwärmen nun um die beiden Frauen herum, und ehe die sich versehen haben, bieten sie schon ihre Hilfe an, heben den Kinderwagen hoch und machen sich mit schnellen Schritten auf den Weg nach unten. »Den Kleenen siehste nich mehr wieda!« ruft die eine Frau, die sicherlich in einer der volksbildenden Illustrierten etwas über Kinderhandel gelesen hat. Doch brav wird der Wagen abgesetzt, und dann nimmt die Gruppe im Zug ganz in meiner Nähe Platz. Und wieder kesselt sie jemanden ein, diesmal eine Frau von etwa vierzig Jahren. Gespannt beobachte ich die Szene, schon darauf vorbereitet, später vor Gericht einmal einen guten Zeugen abzugeben, ein wenig schwitzend auch, denn wenn ich mit meinen fast sechzig Jahren gezwungen wäre, da einzugreifen ... Doch die Frau entschärft die Situation, indem sie sich plötzlich lächelnd an den Boß der Gruppe wendet: »Dich kenne ich.« – »Woher...?« – »Vom Gericht ...« Und dann schildert sie die Verhandlung, in dem der Jugendliche wegen einer Messerstecherei angeklagt gewesen ist. Friedlich sind alle, als ich Osloer Straße aus- und umsteige. P. S.: Das Ganze ist, wie im Film, von einem Querflötenspieler eingerahmt beziehungsweise begleitet worden, dem ich aber keine Mark geben konnte, da ich dies hier alles notieren mußte. Daß uns ein Obdachloser während dieser Fahrt auch noch seine ›Motz‹ verkaufen wollte, unterschlage ich ebenfalls. Das wissen Sie ja, daß das ein Selbsthilfeprojekt ist, der Verkäufer die Hälfte der zwei Mark bekommt und daß man das Geld benötigt, um eine weitere Unterkunft herzurichten.

Jannowitzbrücke: Als Geisterbahnhof ist er mir in seinen schmutziggelben Farben in Erinnerung und dann, 1989, als eine der ersten neuen Grenzkontrollstellen. Im Zwischengeschoß saßen die Grepos an schnell hingestellten Tischen, und die Zugänge waren säuberlich getrennt nach EINREISE und AUSREISE. Steht man am südlichen Bahnhofsende, so sieht man, wie die Gleise tief in eine Mulde gehen: Die Spree muß unterfahren werden. Wenn in diesem Augenblick die Tunneldecke bricht und die Flutwelle angeschossen kommt ... Wenn Sie dieselben Ängste haben, dann lesen Sie vorher den Artikel ›Wehrkammeranlagen der U-Bahn‹ von Jürgen Meyer-Kronthaler in den ›Berliner Verkehrsblättern‹ vom November 1995 (S. 219).

Heinrich-Heine-Straße: Bis 1960 war das Neanderstraße, und nachdem ich in den klugen Büchern meiner Schmöckwitzer Oma aus dem sozialdemokratischen Arbeiterbildungsverein etwas über die Neandertaler gelesen hatte, glaubte ich zeitweilig, diese Vorläufermenschen hätten auch hier in Berlin gesiedelt. Und warum man ausgerechnet diese selten häßliche Straße oben, eine Unstraße eigentlich, nach Heinrich Heine benannt hat, ist nur mit einem lauten »Ha-ha« zu kommentieren. Welche Absichten mögen da dahinterstecken ...?

Moritzplatz: Als Vierjähriger bin ich da ab und an ein- und ausgestiegen, weil meine Mutter in der nahe gelegenen Kommandantenstraße in der Büromöbelhandlung von Schaudin & Co. gewirkt und mich oft zur Arbeit mitgenommen hat. In meiner Erinnerung sieht der Platz so aus, wie Plätze heutzutage nur noch in Wien, London, Paris oder Madrid aussehen, beherrscht vom Komplex des Wertheim-Kaufhauses, dessentwegen die U-Bahn, die eigentlich über die Dresdener Straße zum Kottbusser Tor geführt werden sollte, extra verlegt worden war. Später war hier – oder Kottbusser Tor – auszusteigen, wenn ich meine Mutter an ihrer neuen Arbeitsstelle, der AOK am Oranienplatz, aufsuchen wollte oder mußte.

Kottbusser Tor: »Haste ma 'ne Mark?« Die Ausgänge waren und sind fast immer verstellt. Hier bin ich zu Beginn der neunziger Jahre oft ausgestiegen, um meine große Liebe von ihrer Dienststelle abzuholen, die Adalbertstraße hoch. Einmal gehen wir essen, zum Italiener in der Nähe, und ich habe auf dem Oberschenkel dicke Flohstiche, die ich ihr unbedingt zeigen muß. Von meinem Hund oder von dem Stadtstreicher vorhin in der Bahn, das ist die Frage. Egal. »Kennst du dich da aus?« Wir sind allein im Ristorante. Ich knöpfe meine Hose auf und lasse sie herab, um H. (Name ist der Redaktion bekannt) die vom Kratzen geröteten Flatschen begutachten zu lassen. Sie beginnt sie abzutasten, da steht plötzlich der Wirt, aus einer Art Tapetentür gekommen, vor uns, scheinbar außerordentlich sittenstreng, denkt sofort das Falsche und . . . Lassen Sie mich lieber fortfahren.

Schönleinstraße: Steigen wir, H. und ich, jetzt öfter aus, um ihre Eltern zu besuchen. Blumen gibt es im Zwischengeschoß in einem Laden, der früher so klein war, daß man draußen warten mußte, während man seinen Strauß gebunden bekam. Sie wissen schon, daß ich etwas gegen Umbenennungen habe, und wie mußte ich da wieder toben, als man 1951 aus Schönleinstraße Kottbusser Damm machte, was besonders hirnrissig war, da diese Straße ja ewig lang ist und eine Station, die so heißt, keinerlei Orientierungshilfe gibt. Seit 1992 heißt Kottbusser Damm nun wieder Schönleinstraße, wie schön.

Hermannplatz: Siehe oben unter Linie 7. Nur ist der Bahnsteig der U 8 viel niedriger und quirliger. U-Bahn-Narren, nicht vergessen: In Fahrtrichtung rechts kann man kurz vor Hermannplatz die Verbindungskurve zur U 7 deutlich erkennen.

Boddinstraße: Bin ich öfter mit klopfendem Herzen und – nein, das ist ein jugendfreies Buch – ausgestiegen, um in die Wohnung besagter H. zu eilen, einmal so schnell, daß ich über die letzte Treppenstufe stolperte, lang hinschlug und fast mit dem Kopf auf die Fahrbahn geriet.

Leinestraße: Südlicher Endpunkt der Linie D beziehungsweise 8, solange ich denken kann. Stieg man hier zu Blockadezeiten ans Tageslicht, sah man oben die »Rosinenbomber« im

Anflug auf Tempelhof. Die Warthestraße hinauf geht es zum Neuköllner Stadion, das damals im Bezirk ein Mythos und eine Kultstätte war: zuerst wegen der Radrennbahn und Fahrern wie Benno Funda, dem kleinen Wunder, Wüste Hoffmann, Grigat oder Schöpflin, dann wegen Tasmania 1900 mit Helden wie Posinski, Peschke oder Mauruschat. Auszusteigen war und ist aber auch zu Beisetzungsfeiern auf einem der vielen Friedhöfe hier oben. Einmal bin ich bis hierher gefahren, weil das ZDF mein Drehbuch ›Happy End durch drei‹ angenommen hatte und man an der Oderstraße drehen wollte. An sich sollte die Dreiecksgeschichte in einem traumhaften Restaurant auf einer wunderschönen Insel in der Ägäis spielen, und als Höhepunkt des Ganzen sollte dieses Restaurant dann am Schluß in Flammen aufgehen. Aus Kosten- und anderen Gründen ist aus diesem Restaurant dann eine kleine blau-weiß gestrichene Holzbude in der Einflugschneise des Flugplatzes Tempelhof geworden ...

Hermannstraße: Da gab es in meiner Neuköllner Kindheit und Jugend keinen U-, sondern nur einen S-Bahnhof. Zwar reichte der Tunnel im Rohbau an den heutigen Bahnhof heran, doch eröffnet wurde der Endpunkt der U 8 erst am 13. Juli 1996. Im Zweiten Weltkrieg hatte der nördliche Teil des Bahnhofs als Luftschutzkeller zu dienen, die Aufschrift »Zu den Schutzräumen« ist heute noch zu sehen, unter Glas. Wieder einmal heißt es »Endstation, alles aussteigen«, und ein BVGler schreitet den Zug ab, um zu sehen, ob es auch alle getan haben.

U 9 Osloer Straße – Rathaus Steglitz

Starten wir zu unserer letzten Fahrt, denn die Linie 10 (Lichterfelde – Weißensee) gibt es ja noch nicht und wird es wohl in den nächsten Jahrzehnten auch nicht geben. Die U 9 wirkt immer ein wenig schmuddelig und kann als Nachweis dafür gelten, daß Berlin New York immer ähnlicher wird, ja werden muß, wenn es als Metropole gelten will. Sie ist irgendwie der Zoo-Zubringer-Shuttle. »Nach Rathaus Steglitz ...« – dramaturgisch wichtige Pause – »... einsteigen bitte ...« Ich sitze im Wagen 2591. Über meinem Kopf stehen die Anweisungen für mein »Verhalten bei Betriebsstörungen«. Schade, daß hier keine Stewardeß erscheint und mir sagt, wo sich die Notausgänge befinden und wann die Atemmasken ... Warum gibt es diese Begleiterinnen im U-Bahnwagen nicht, siehe Tunnelbrände. Beruhigt lese ich aber, daß das »Erlöschen der Zugbeleuchtung« keine Gefahr bedeutet. Was dann, was ist der Gegensatz von Gefahr? »Außerhalb der Bahnhöfe nicht eigenmächtig aussteigen. Lebensgefahr!« Das leuchtet mir ein. Außerdem freut es mich, daß ich einmal Macht in meinem Leben habe. Wenn auch nur über mein Eigen, also mich. »Bahnpersonal übernimmt Führung zum nächsten Bahnhof.« Ich sehe mich an die Hand genommen, und wie damals im Kindergarten laufen wir immer zu zweit auf den Schwellen entlang. »Ruhe bewahren. Bei außergewöhnlichen Vorkommnissen Anweisungen des Bahnpersonals abwarten.« Ich sehe meinen alten Schulfreund Gert R. nach Jahren wieder. Ein außergewöhnliches Vorkommnis, ganz zweifellos. Darf ich nun auf ihn zugehen und ihn umarmen – oder muß ich erst die Anweisungen des Bahnpersonals abwarten ...? Und das, wo heute kaum noch welches anzutreffen ist ... »Notruf – wenn Notbremse gezogen.« Bitte, ziehen Sie nicht, lesen Sie weiter. Und immer daran denken, daß die mißbräuchliche Benutzung der Notbremse strafbar ist. Ziehen Sie sie im Bahnhof, bleibt der Zug im Bahnhof stehen. Wo bleibt er aber stehen, wenn Sie sie im Tunnel ziehen? Nein, nicht im Tunnel, sondern auch erst im Bahnhof, im nächsten. Warum? Nicht, damit Sie in aller Ruhe ermordet werden können, sondern damit Sie nicht im Tunnel ersticken, wenn es brennen sollte. Auf was ist noch zu achten, wenn ich auf meiner letzten Reise bin ...? »Bei Türstörung ...« – dies rot und unterstrichen – »Klappe öffnen. Lufthahn schließen. Tür von Hand betätigen.« Nun, manchmal scheinen nicht alle Fahrgäste ihren (Ab-)Lufthahn geschlossen zu haben. Sicherheitshalber klappe ich ein Fenster auf. Mein Nebenmann schlägt es wütend wieder zu. Auch ein beliebtes Spielchen in unseren U-Bahnzügen. Jetzt geht's aber wirklich los.

Osloer Straße: Kommt man von der U 8 herauf, erwischt man fast immer die Bahnsteigseite mit dem gerade angekommenen und nun aussetzenden Zug. Nicht einsteigen. Und dies in Rot. Ist man zur anderen Seite hinüber gehastet, hört man von dort gerade die liebliche Türschließmelodie des Zuges nach Steglitz. Aber der Einblick in die geheimnisvolle Welt der Abstellgleise entschädigt dafür. Der nächste Zug kommt immer, auch wenn man Osloer Straße Mo–Do den um 0 Uhr 39 verpaßt hat. 4 Uhr 19 fährt der erste am folgenden Morgen.

Nauener Platz: Weiß ich gar nicht, daß es den gibt. Doch, steht so im Plan, und wir halten in der Tat noch einmal zwischen Osloer Straße und Leopoldplatz.

Leopoldplatz: Hatten wir schon bei unserer Fahrt mit der U 6 und in anderen Zusammenhängen. Oft bin ich hier auch ausgestiegen, als wir im Weddinger Rathaus eine größere empirische Untersuchung zum Thema »Organisationskultur« durchgeführt haben. »Wedding vorn« war damals das Motto des Bezirks, dem nun die Vereinigung mit Mitte und Tiergarten angetan wird. Das letzte Mal bin ich Leopoldplatz ausgestiegen, um bei Karstadt ›Capri . . .‹ zu signieren. Da sitzt man dann da und wartet auf Kunden und kommt sich ein wenig vor wie eine Prostituierte auf St. Pauli. Geraucht hat mein Kugelschreiber nicht, und jeder zweite, der an meinen Tisch gekommen ist – sofern man sieben durch zwei teilen kann –, fischte sein Buch, das er vorab woanders gekauft oder aber geschenkt bekommen hatte, verschämt aus einer Plastiktüte.

Amrumer Straße: Da bin ich immer ausgestiegen, wenn es mit meinen Allergien (Gräser, Beifuß, Schimmelpilz) ganz schlimm geworden und die Allergologen des RVK um Rat zu fragen waren. Der alte Kalauer zu diesem Thema lautet: »Ich weiß gar nicht, warum ich eine Allergie habe, ich bin doch nicht an der Aller, sondern an der Spree geboren worden.« Also nicht in Verden, sondern in Köpenick. Früher, als der Hinweis auf die hier in der Nähe ansässige Schweißtechnische Versuchsanstalt noch mit Aluminiumbuchstaben erfolgte, fehlte da immer das *w*. Ich fand das witzig, Fachleute aber halten das für eine behandlungsbedürftige anale Fixierung. Bitte, nehmt's in die Annalen auf.

Westhafen: Früher hieß diese Station Putlitzstraße, und das fand ich viel sympathischer, denn es erinnerte mich an die Edlen Gänse von Putlitz, insbesondere den Caspar Gans zu Putlitz, der mit den Quitzows zusammen um 1414, was leicht zu merken ist, den Guerillakrieg der märkischen Adligen gegen die imperialistischen Hohenzollern und ihren Burggrafen Friedrich IV. von Nürnberg mit angeführt hat. Vergeblich, wie wir wissen. Leider...? Auch das Schloß in Groß Pankow (Prignitz) gehörte dem Putlitz-Clan – und gehört ihm heute wieder. Es beherbergt eine renommierte Augenklinik, deren Giebel immer noch vom Wappen mit den weißen Gänsen geschmückt wird, wie auch das Rathaus im nahen Städtchen Putlitz. Wir waren, ich erwähnte es wohl schon, zum Kriegsende in Groß Pankow evakuiert, und früher habe ich immer davon geträumt, Horst Edler zu Putlitz oder Horst v. Quitzow zu heißen. Aber bitte nicht weitersagen, es schädigt meinen Ruf.

Birkenstraße: Birken hier im tiefsten Moabit, man will es nicht glauben. Der Name klingt eher nach Modelleisenbahn, wo die Stationen auch immer Talheim oder Moosbach heißen.

Turmstraße: Hier wohnt mein Scheidungsanwalt, und es gibt schönere Gefühle, als ich sie an den Tagen habe, wo ich hier aus- und einsteige.

Hansaplatz: Stichwort Grips-Theater. Mit meinem Sohn Sascha bin ich öfter hier ausgestiegen, natürlich auch zur legendären »Linie 1«. Rainer Hachfeld habe ich bei seinem Stück ›Spaghetti mit Ketchup‹, als Berater für't richtije Berlinan jedient, und Volker Ludwig hat uns geholfen, das nach meinen Jugendkrimi »Heißt du wirklich Hasan Schmidt?« entstandene Musical auf die Beine beziehungsweise die Bühne zu bringen. Aussteigen Hansaplatz. Auch wenn man in den Tiergarten will, was man öfter wollen sollte.

Im Sommer 1965, erinnere ich mich, hat es hier den zweiten größeren U-Bahnunfall – mit einem Toten – gegeben, als zwei Züge nach einem Fehler eines Signalmonteurs aufeinander aufgefahren waren.

Zoologischer Garten: »Weeßte, det is der Bahnhof mit die Tiere uff de Kacheln.« Richtig. Und wenn man mit den Kindern in den Zoo will, den nördlichen Ausgang benutzen. Vorne, wo man in die Linie 2 und zur »Fernbahn«, wie es durchgesagt wird, »übergehen« kann, isset imma proppenvoll. Außerdem scheint hier mehrmals die Woche der Weltkongreß der Kleinkriminellen stattzufinden. »Alle wollen leben«, pflegte meine Schmöckwitzer Oma immer zu sagen. Hier ist 1988 im schon erwähnten Kriminalroman ›Schau nicht hin, schau nicht her« Julian auf der Flucht vor einem DDRler, Zeiske, der ihn des Mordes überführen will. Zoo, Spichernstraße, Wittenbergplatz, Fehrbelliner Platz, Bismarckstraße, Zoo, Leopoldplatz. Dort steigt er in den Zug nach Alt-Mariendorf und bemerkt als Autofahrer viel zu spät, daß Reinickendorfer Straße der letzte West-Berliner Bahnhof ist …

»*Laßt mich raus!*« *schrie Julian, als steckte er in einem Schiff, das gerade unterging, wie ein Ertrinkender in Todesangst, denn, das war ihm schlagartig ins Bewußtsein gelangt, von nun an rollte der Zug kilometerweit durch östliches Gebiet …* (S. 199)

Zeiske brauchte auf einem der Geisterbahnhöfe nur die Notbremse zu ziehen und den Grenzposten zuzurufen, daß

264

sie ihn festnehmen sollten. Lange Passagen dieser Jagd in der U-Bahn sind sogar im Berlin-Special des ›Straßenbahn-Magazins‹ abgedruckt (S. 4–6).

Kurfürstendamm: Zu den Zeiten, als ich hier fast allmorgendlich ausgestiegen bin, um zur Fachhochschule zu eilen, damals noch im Kudamm-Karree, war es hier doch düster, und die Süchtigen kauften sich ihren Stoff vom kleinen Dealer. Heute ist alles clean, und man kann ohne Ekel, Angst, Mitleid und schlechtem Gewissen zu C&A nach oben eilen oder umsteigen zur Linie 15, um die paar Meter bis Uhlandstraße zu fahren.

Spichernstraße: Früher gab es hier schöne große graue Kacheln, dem Stil der U 9 voll angemessen, heute sieht alles sehr unruhig aus und bestenfalls nach einer mit »3 minus« bewerteten Jahresarbeit der Linda-Uer-Grundschule. Schnell umsteigen in die Linie 1. Früher eilte, wer Krimifreund/in war, in die Motzstraße zur Buchhandlung »Tatort«. Oft bin ich hier – oder noch Nürnberger Platz (geschlossen 1959) – mit meinem Vater ausgestiegen, um in die Freie Volksbühne in der Schaperstraße zu gehen. Aus der U 2 allerdings (siehe oben), damit nicht wieder Leserbriefe an den Verlag geschrieben werden, denn die U 9 gibt es hier ja erst seit dem Jahr des Mauerbaus, 1961 also. Und zehn Jahre lang war Spichernstraße Endstation, bis es dann 1971 zum Walther-Schreiber-Platz und 1974 schließlich bis zum Rathaus Steglitz weiterging. Doch zurück zur Volksbühne. Meine Eltern hatten dort ein Abonnement, und immer wenn meine Mutter nicht konnte, durfte ich an ihrer Stelle ins Theater gehen. Theaterbesuche waren in dieser Zeit etwas ganz Außergewöhnliches, und sie wurden zelebriert wie Feiern, wie ein Hochamt fast. Unmöglich, ohne Anzug ins Theater zu gehen. Die Plätze wurden nicht zugeteilt, sondern vor jeder Veranstaltung ausgelost, das heißt, die Karten waren zusammengerollt und wurden aus einem Sektkübel gezogen. »Hurra, dritte Reihe!« klang es dann durchs Foyer, oder aber »So ein Mist: Rang ganz an der Seite«.

Höhepunkt war Hochhuths »Stellvertreter« mit Dieter Borsche als Papst. Und natürlich ging es dann nicht im eigenen Auto oder in einer Taxe nach Hause, sondern mit der U-Bahn: von Nürnberger Platz beziehungsweise Spichernstraße bis Wittenbergplatz, weiter bis Hallesches Tor und dann mit der Linie C bis Rathaus Neukölln beziehungsweise Karl-Marx-Straße.

Güntzelstraße: Von hier aus kann man den ADAC besuchen, was ich als Nichtautofahrer allerdings noch nie getan habe, aber auch zum »Baby-Korb« laufen, weswegen ich schon öfter Güntzelstraße ausgestiegen bin.

Berliner-Straße: Umsteigen zur Linie 7, aber Vorsicht, denn wer unter einer ausgeprägten Klaustrophobie leidet, sollte diesen Bahnhof unbedingt meiden, denn wegen der neben dem Bahnsteig im Untergrund verlaufenden Autotunnel ist hier alles um viele Meter zu eng geraten, und immer wieder sieht man U-Bahnbauer aus aller Welt Berliner Straße stehen und im Chorgesang rufen: »So wie hier, so sollen wir keinen Umsteigebahnhof bauen!«

Bundesplatz: Dies ist heute mein Heimatbahnhof, und auch hier sorgt ein Autotunnel dafür, daß das Ambiente nicht anders als trist geraten konnte. Da er den Bundesplatz in der Mitte zerstört, äh: durchquert, gibt es hier zwei Seitenbahnsteige, fürchterlich zugige Röhren. Jetzt, wo der S-Bahnhof nicht mehr Wilmersdorf, sondern auch Bundesplatz heißt und direkte Zugänge existieren, ist es auch noch voll hier, und wenn die Massen von oben kommen, muß man aufpassen, nicht auf die Gleise gespült zu werden. Die Seitenbahnsteige verhindern auch jede Form höherer Bahnsteigkultur, siehe Imbißstände und dergleichen. Geht man zur Detmolder Straße die Treppen hinauf, findet sich unter jeder zweiten Stufe Reklame. Das erinnert mich an Kindheitstage, wo ich anhand dieser Werbung Lesen gelernt habe: »Mutti, was heißt'n das?«

Friedrich-Wilhelm-Platz: Hier bin ich früher immer ausgestiegen, um von Dr. B. in Friedenau meine Herzneurose behandeln zu lassen. Das ist, wenn man öfter anfallsweise Angst hat, daß einem das Herz stehenbleibt. Bei jedem kleinen Hüpfer ist man sicher, in der nächsten Sekunde zu sterben. Obwohl man organisch kerngesund ist. Jedem zu empfehlen, der gern alle wichtigeren Krankheiten ausprobieren möchte. Auch zu Diebolds, siehe oben, ging es früher vom Friedrich- Wilhelm-Platz aus. In letzter Zeit bin ich hier nur ausgestiegen, um mit Alfred Behrens über das Drehbuch zu reden, das er nach meinem S-Bahn-Mörderroman ›Wie ein Tier‹ (dtv 20021) geschrieben hat, ein phantastisches Drehbuch.

Walther-Schreiber-Platz: Walther Schreiber ist in den Chroniken als Regierender Bürgermeister Berlins vermerkt (1953 bis 1955), ist aber so unbedeutend wie der nach ihm benannte Platz, der eigentlich gar keiner ist.

Schloßstraße: Ist, weil schon für die angedachte Linie 10 mitgebaut, mit zwei übereinander liegenden Bahnsteigen viel zu groß für den heutigen Normalbetrieb. Im Mai habe ich einmal einen Kinderwagen von der untersten Ebene zur Straße hochtragen helfen ... und bin deswegen noch heute in ärztlicher Behandlung. Ist hier die Rolltreppe entzwei, helfen nur – wie auch Gesundbrunnen und Kottbusser Tor – Seil und bergsteigerisches Training.

Rathaus Steglitz: Wir sind am Ende unserer U-Bahnfahrten angelangt. Um ins »Schloßpark-Theater« zu gehen, ist es noch zu früh. Was soll ich jetzt machen, wo alle Strecken abgefahren sind ...? Ich gerate in eine nie gekannte Panik. Alles dreht sich nun im Leeren. Mein Herz! Ich schnappe nach Luft. Kann es für mich noch ein Leben nach der U-Bahn geben ...? Nein. Ich beschließe, bis in alle Ewigkeit im U-Bahnnetz zu kreisen.

»Bitte Ansage beachten!«

Oder: Ein Nachwort

»Man kann nicht zweimal in denselben Fluß treten«, sagte Heraklit vor fünfundzwanzig Jahrhunderten – und wir fügen hinzu: »Man kann in Berlin nicht zweimal vom selben Fahrplan ausgehen.« Andauernd gibt es Änderungen in den Abfahrtzeiten und Streckenplänen. Seit Erscheinen des Straßenbahn- und des S-Bahn-Buches (beide Berlin 1997), aber auch des U-Bahn-Buches (Berlin 1999) ist da so viel geschehen, daß wir an dieser Stelle nur die wichtigsten Veränderungen festhalten können. Dies unter der Überschrift »Bitte Ansage beachten!«, weil die signalisiert, daß etwas eingetreten ist, was im Fahrplan nicht vorgesehen war (wie zum Beispiel das vorliegende Buch).

Bei der **Straßenbahn** bzw. **Tram** begann es mit der Eröffnung der zweiten Neubaustrecke im Westen Berlins: Seit dem 25. Oktober 1997 geht es vom Louise-Schroeder-Platz 2,7 Kilometer weiter bis zum Rudolf-Virchow-Klinikum im Wedding. Die Linien 23 und 24 rollen nun dort, wo früher die legendäre Ringlinie 3 gefahren ist, und der Mittelstreifen der Osloer und der Seestraße gehört nun wieder der Straßenbahn und nicht mehr den MIV-Parkern. Noch bedeutsamer aber war der 30. Dezember 1998, wo es allenthalben hieß: »Die Straßenbahn kehrt auf den Alexanderplatz zurück!«. Noch immer reibt man sich staunend die Augen, wenn die modernen GT6-Niederflur-Gelenktriebwagen von der Otto-Braun-Straße kommen und sich zum Hackeschen Markt schlängeln. Mit ihren Farben (gelb-schwarz) werben sie tapfer für Borussia Dortmund und nicht für Hertha BSC (weiß-blau), aber Borussia ist ja mit Preußen zu übersetzen und weiß-blau stünde für München, so daß auch das Sinn macht. Damit man alles in aller Ruhe genießen kann, lassen Senat und BVG die Bahnen in der Innenstadt nur schleichen. Im IGEB-Pressedienst vom 4.11.1999 wird darum auch kräftig genörgelt: »Citytram langsamer als die Pferdebahn zu Kaisers Zeiten!« Den dritten Höhepunkt hat es Ende Mai 2000 gegeben, als die Linie 20 vom bisherigen Endpunkt Revaler Straße zum U-Bahnhof Warschauer Straße verlängert worden ist und – weil dort die Anlage einer Wendeschleife nicht möglich ist – zum ersten Mal moderne Zweirichtungszüge (GT6-98 ZR) eingesetzt werden. In den nächsten fünf Jahren ist mit den folgenden Verlängerungen und Neubaustrecken zu rechnen: Buchholz Kirche – Buchholz West, Prenzlauer Tor – Alexanderplatz, S-Bahnhof Adlershof – Wissenschaftsstadt, Invalidenstraße – Lehrter Bahnhof und Alexanderplatz – Spittelmarkt – Potsdamer Platz – Kulturforum. »Noch jemand ohne Fahrschein?«

Auch von der **S-Bahn** ist viel Neues zu vermelden. Seit dem 15. Dezember 1998 geht es nun wieder von Tegel über Schulzendorf und Heiligensee nach Hennigsdorf, also ein wenig ins Brandenburgische hinaus (früher – d.h. bis zum Mauerbau – war hier der Endpunkt noch viel weiter weg, nämlich in Velten). Noch größer war der Jubel vierzehn Tage später, denn seit dem 30. Dezember 1998 fährt die S-Bahn endlich wieder nach Spandau und baggert die Menschenmassen zum Messegelände und zum Eishockey (Eichkamp), zum Fußball und zum ISTAF (Olympiastadion) und zur Waldbühne (Pichelsberg). Kurz vor Überqueren der Havel erleiden ältere Berliner allerdings einen leichten Schock (»Wer bin ich, wo bin ich!?«), wenn der Zug den Bahnhof Stresow erreicht. Den gab es früher nicht, da hieß die Station Spandau Hbf., Berlin-Spandau oder auch nur Spandau (und das heutige Spandau war Spandau West). Kluge Berliner nehmen aber, wollen sie zum Zoo, lieber die Regionalbahn: die braucht 10 Minuten weniger als die S-Bahn (11 zu 21 Minuten). Auf dem neuen

Bahnhof (Berlin-)Spandau mit seinen verglasten Gewölbebögen fühlt man sich wie in der ersten menschlichen Siedlung auf dem Mond. Da is nischt mehr mit dit alte S-Bahn-Jefühl. Der Top-Event der Bahnbesessenen war jedoch das 75. Jubiläum des elektrischen S-Bahnbetriebes in Berlin, begangen am 7. und 8. August 1999 mit einem großen Fest auf dem S-Bahnhof Olympiastadion. Das ›Straßenbahn-Magazin‹ gratulierte mit einem Sonderheft (›Die Berliner S-Bahn. 75 Jahre elektrisch‹), zu dem ich einen innerstädtischen Reisebericht beisteuern durfte (›S wie Sitzen, Sehen und Sinnieren. Mit der S 7 von Ahrensfelde nach Potsdam Stadt‹). Potsdam Stadt ist nun auch schon wieder falsch, Potsdam Hauptbahnhof lautet heute (seit dem 30. April 2000) die korrekte Zugzielbezeichnung. Im Jahre 1999 durfte aber noch einmal laut gejubelt werden, denn am 19. Dezember wanderte der Ring (die S 4) wieder ein paar Kilometer weiter nach Osten und zwar von Jungfernheide über Beusselstraße zum Westhafen (umsteigen zur U 9). »Häh?« werden da viele fragen, und man muß hinzufügen: früher Putlitzstraße). Jetzt geht es von Westhafen über Westkreuz, Schöneberg, Papestraße, Ostkreuz, Schönhauser Allee, Bornholmer Straße und Pankow nach Bernau, was älteren Berlinern irgendwie absurd erscheint. Am Vollring fehlt jetzt nur noch das Stück zwischen Westhafen, Wedding, Gesundbrunnen und Schönhauser Allee. Nur noch ... Zehn Jahre nach der Wiedervereinigung. Wo sind die Hinterteile der Verantwortlichen, in die Tausende gerne treten möchten. Aber, aber: Wo bleibt das Positive? Daß der Lückenschluß im Jahre 2002 endlich erfolgen soll. In der Planung ist die Linie 21 mit dem lange geforderten Bhf. Kolonnenstraße und der kühnen Verbindung Westhafen – Lehrter Bahnhof. Auch nach Teltow soll es in diesem Jahrtausend noch gehen.

Bleibt uns noch die **U-Bahn**, über die man in Berlin wohl am meisten meckert. Aber über was meckert man an Spree und Havel nicht. Gerade das unterscheidet den hier ansässigen Volksstamm ja von vielen anderen. Einen Beinahe-GAU gab es am 8. Juli 2000, als am Tag der Love Parade auf dem Bahnhof Deutsche Oper (U 2) zwei Wagen in Brand gerieten und 350 Menschen nur durch Verkettung glücklicher Umstände, das heißt, wie durch ein Wunder, mit dem Leben davongekommen sind. Seitdem fragen sich die Kritiker, um wieviel sich wohl die Fluchtgeschwindigkeit der Fahrgäste erhöht, wenn man, wie BVG und Senat es planen, feste Bahnhofssperren installiert.

Ich möchte mich aber positiv von den ewigen Miesmachern abheben und zwei Neuheiten der BVG nicht nur loben, sondern als geradezu genial bezeichnen. Beginnen wir mit *tick.et*, dem elektronischen Fahrausweis. Bis jetzt ist der Zustand außerordentlich be…, denn ich habe nichts als meine Monatskarte und muß damit so ganz ohne alles in Busse oder Bahnen steigen, also ohne die Chance zu erhalten, meinen Fahrausweis in Westen-, Brust-, Hosen-, Jackett-, Akten-, Rucksack- oder anderen Taschen suchen zu dürfen, auch nicht bei Regen und Kälte mit Schirm und/oder Handschuhen in den Händen, was meine Karriere als Zirkusartist ernsthaft gefährdet. Und generell: macht man einem Menschen das Leben zu leicht, führt das mit der Zeit zu übergroßer Bequemlichkeit und zu pathologischer Rigidität, kurzum: zu Verkalkung und Verblödung. Nie werde ich auch, was das Hinnehmen von Widrigkeiten betrifft, die Qualitäten eines buddhistischen Mönches erreichen können. Mit dem *tick.et* aber bin ich gezwungen zu kramen und zu wühlen, denn überall, auf den Bahnsteigen wie in den Bussen, sind kleine Kästen angebracht, an denen ich meine Plastikkarte vorbeiziehen muß. Bei jedem Ein-, Aus- und Umsteigen. Und das in Berlin beim täglichen Andrang und Aufstand der Massen. Das macht hart, das macht flexibel, das sichert meine Chancen im Überlebenskampf. Danke! Und wer nicht dazulernen will, kann sich ja immer noch ins Auto setzen.

Die zweite wunderbare Neuerung auf den Berliner U-Bahnhöfen heißt: *DAISY*. Das steht für das Dynamische Auskunfts- und Informationssystem und ist gemeinsam mit dem BAOB entwickelt worden, dem Bundesverband der Augenärzte, Optiker und Brillenhersteller und hilft in solidarischer Weise, bestehende Arbeitsplätze zu sichern und neue zu schaffen, denn steht man vor bzw. unter einem dieser neuartigen Zugzielanzeiger, so sieht man alles so verschwommen, daß man sich sofort um eine (neue) Brille kümmert. Die Techniker erreichen diesen Effekt ganz einfach dadurch, daß sie nur wenige orangefarbene Leuchtdioden in etwa wie Buchstaben und Zahlen anordnen und auf dunkelgrauem Grund anbringen. Das Ganze wird von den Berliner Universitäten auch als Einführung in die Philosophie I empfohlen, denn wozu braucht man noch, lautet die Sinnfrage, wenn man zum Beispiel »U 2 Ruhleben in 2 min« mühsam entziffert hat, dicht darunter die Information »U 2 Ruhleben 7 min« ...? Soll ich den ersten Zug fahren lassen und 5 Minuten lang auf Godot warten ...? Soll ich mich über die Gewißheit freuen, daß mein Zug nicht der letzte sein wird ...? Soll ich darüber nachdenken, ob nicht in Wahrheit der zweite Zug der erste ist und ich lieber diesen nehme ...? Ist das nun Reduktion oder Erhöhung von Komplexität? Herrlich. Ebenso dient es dem Gehirntraining älterer Mitbürger wie der generellen Förderung zwischenmenschlicher Kommunikation, dem berühmten Sich-öffnen, denn stünden statt des eigentlich ja hirnrissig redundanten »U 2 Ruhleben 7 min« die wichtigsten Umsteigebahnhöfe auf dem Display, bräuchte man ja den anderen nicht anzusprechen, und eine so inhaltsreiche Handlungskette wie die folgende würde sich nie ergeben: 1. Sequenz: »Fährt dieser Zug über Kotzbusser Tor?« – 2. Sequenz: »Nein. Übrigens ohne z ... Nur Kott« – 3. Sequenz: »Wohnen Sie da?« – 4. Sequenz: »Ja.« – 51. Sequenz: »Aaaah, weiter so, aaah, schön so, jaaa ...!« Dies alles und viel mehr bringt uns also *DAISY,* und die Millionen, die es gekostet hat, sind gut angelegt. Danke auch hier, danke zudem im Namen aller farbenblinden Mensch, die sich bislang immer diskriminiert gefühlt haben, wenn sie die Linie 1 gleich grün nicht von der

Linie 2 gleich rot unterscheiden konnten, denn jetzt hat von 1 bis 9 alles dieselbe Farbe.

Genießen wir die U-Bahn weiterhin in den schönen neuen H-Wagen. Die alten »Stahlwagen« vom Typ D werden nicht mehr eingesetzt und sind zum Teil nach Nordkorea verkauft worden. Die Verlängerungsstrecke der U 2 von Vinetastraße nach Pankow (Anschluß zu den S-Bahnlinien 4, 8 und 85) soll in diesem Jahr eröffnet werden. Das freut die Berliner, ein wenig unheimlich ist ihnen dagegen der vollautomatische und fahrerlose Zugbetrieb, wie er auf Teilen der U 5 unter dem Projektnamen *STAR* (= **S**ystemtechnik für den **a**utomatischen **R**egelbetrieb) erprobt wird. In der Öffentlichkeit am heftigsten umstritten ist aber die sogenannte »Kanzler-U-Bahn«, die Verlängerung der U 5 vom Alexanderplatz zum Lehrter Bahnhof mit den Unterwegs-Stationen Berliner Rathaus, Spreeinsel, Unter den Linden und Brandenburger Tor, die parallel zur S-Bahn verläuft und an vielen prominenten Stätten störende Baugruben zur Folge hätte. Meine Meinung dazu ist ein eindeutiges Sowohl-als-auch.

»Bitte alles aussteigen, Zug endet hier.« Tun wir das, sonst landen wir noch auf dem Abstellgleis.

Herzlichen Dank dafür, daß Sie mit mir mit- und auf die Berliner Bahnen abgefahren sind.

Anmerkungen

1 Vgl. das Angebot an Straßenbahnmodellen der Fa. Wolfgang Fröwis im Katalog Straßenbahnen in Berlin der Fa. Hobby-Schult-Technik, Klosterstraße 13a, 13 581 Berlin, sowie den Katalog von Fredi Woytnik, Beifußweg 68A, 12357 Berlin.

2 Dies nach meiner Erinnerung und nach Wolfgang Kramer/Heinz Jung, Linienchronik der elektrischen Straßenbahnen in Berlin bis 1945, Arbeitskreis Berliner Nahverkehr e.V., Schriftenreihe Band 3, Berlin 1994.

3 Vgl. Sigurd Hilkenbach, Wolfgang Kramer, Claude Jeanmaire, Berliner Strassenbahnen. Die Geschichte der Berliner Strassenbahn-Gesellschaften, Brugg/Schweiz 1973; dies., Berliner Strassenbahngeschichte II. Ein Bericht über die Entwicklung der Strassenbahn in Berlin nach 1920, Villigen 1977; Wolfgang Kramer, Sigurd Hilkenbach, Claude Jeanmaire, Die Strassenbahnlinien im westlichen Teil Berlins. Der Wiederaufbau ab 1945 und die Stillegung im Westteil der Stadt bis 1967, 2 Bände, Erster Teil: Linien 1–54 und Zweiter Teil: Linien 55–199, Villigen 1986; Hans D. Reichardt, Die Straßenbahnen Berlins. Eine Geschichte der BVG und ihrer Straßenbahnen, Düsseldorf 1974; Berliner Verkehrs-Betriebe (BVG), 50 Jahre BVG (Redaktion Hans D. Reichardt), Berlin 1979; Straßenbahn Archiv 5 (Autorenkollektiv unter Leitung von Dr.-Ing. Gerhard Bauer), Berlin und Umgebung, Berlin 1987; Sigurd Hilkenbach und Wolfgang Kramer, 125 Jahre Straßenbahnen in Berlin, Düsseldorf 1990.

4 Vgl. Matthias Vollstedt, Straßenbahn im Modell, Alba-Modellbahn-Praxis Spezial, Düsseldorf 1996.

5 Siehe MIBA-Verlag, Nürnberg, Video-Vertrieb, Verkehrsknotenpunkt Berlin, Teil 3, Straßenbahn und U-Bahn.

6 Jan Gympel, Letzte Boten des bürgerlichen Zeitalters. Zur Ästhetik der Reko-Wagen, in: SIGNAL 3–4/96, 14. Als weitere Lektüre sei empfohlen: Denkmalpflege-Verein Nahverkehr Berlin e.V., Rekowagen. Die etwas härtere Art, Straßenbahn zu fahren.

7 Straßenbahn-Magazin 5/96, 7.

8 Vgl. die Festschrift 1910–1990. 80 Jahre Straßenbahn Schöneiche, hrsg. von der Straßenbahn Schöneiche, sowie Berliner Verkehrsblätter, 42. Jahrgang, Nr. 11 (496), 11/95, 226, und SIGNAL 9–10/95, 10–13.

9 Vgl. neben den beiden letzten Veröffentlichungen unter 8 noch: Uwe Poppel und Wolfgang Kramer, 80 Jahre Woltersdorfer Straßenbahn, in: Berliner Verkehrsblätter, 40. Jahrgang, Nr. 5 (466), Mai 1993, 97.

10 Gerald Ramm. Als Woltersdorf noch Hollywood war, Woltersdorf 1993.

11 Vgl. neben SIGNAL 9–10/95, 11, noch Uwe Kerl, Neuer Straßenbahntriebwagen in Strausberg, in: Berliner Verkehrsblätter, 42. Jahrgang, Nr. 8 (493), August 1995, 147.

12 Vgl. Straßenbahn-Magazin Nr. 92 (April–Juni 1994), 92–120, und Nr. 101 (3/96), 22.

13 SIGNAL 5/96, 24. Vgl. auch Heft 5/94, 14–15.

14 -ky, Wie ein Tier, Berlin 1995; (dtv 20021). Horst Bosetzky, Paul Ogorzow, der S-Bahn-Mörder, in: 100 Jahre Karlshorst. Hrsg. vom Bezirksamt Lichtenberg von Berlin, Berlin 1995, 123–130.

15 SIGNAL 1/94, 8.

16 S. 70. SIGNAL 1/95, 17.

17 Peter Strehlau, Die Mittenwalder Verjüngungskur für Straßenbahnen, in: Berliner Verkehrsblätter, 41. Jahrgang, Nr. 8 (481), August 1994, 152–154.

18 Uwe Kerl und Jürgen Meyer-Kronthaler, Die neuen Straßenbahnwagen vom Typ GT6N, in: Berliner Verkehrsblätter, 41. Jahrgang, Nr. 10 (483), Oktober 1994, 201–202.

19 IGEB, Niederflur-Tram, in: SIGNAL 7/94, 15–16.

20 Helmut Walter, Ausbau bei S-Bahn, U-Bahn und Tram, in: Straßenbahn-Magazin 2/96, 27–31.

21 Friedrich Dürrenmatt, Der Tunnel, in: Renate Nagel (Hrsg.), Abfahrt auf Gleis elf. Die schönsten Eisenbahngeschichten, München 1980; (dtv 1539, 23–36).

22 SIGNAL 9–10/92, 4.

23 SIGNAL 2–3/94, 9.

24 SIGNAL 9–10/94, 18.

25 Straßenbahn Magazin/Nahverkehr, Special, Ausgabe I: Berlin, Nr. 9601, München 1996, 72–104.

26 Vgl. SIGNAL 8/92, 9–10/92 und 2–3/94.

27 Der Tagesspiegel, Nr. 15769, 9.10.1996, 8.

Literatur

Adtranz, U-Bahn Berlin Baureihe H. Die U-Bahn der Zukunft, Hennigsdorf 1996

Armanski, Gerhard, Hebold-Heitz, Wolfgang (Hrsg.), Züge aus der Vergangenheit – Die Berliner S-Bahn, Transit, Berlin 1981

Autorenkollektiv, Berlin und seine S-Bahn. Ein Bildband über die Bahn und ihre Menschen, transpress, Berlin 1987

Behrens, Alfred, Noth, Volker, Berliner Stadtbahnbilder, Ullstein, Berlin 1981

Berliner Fahrgastverband IGEB e. V. (Hrsg.), S-Bahn nach Teltow, Signal-Sonderausgabe, Verlag Gesellschaft für Verkehrspolitik und Eisenbahnwesen (GVE) e. V., Berlin 1995

Berliner Fahrgastverband IGEB e. V. und Berliner S-Bahn-Museum GbR (Hrsg.), Strecke ohne Ende. Die Berliner Ringbahn, Signal-Sonderausgabe, Verlag Gesellschaft für Verkehrspolitik und Eisenbahnwesen (GVE) e. V., Berlin 1993

Berliner S-Bahn-Museum, Das Berliner S-Bahn-Museum stellt sich vor, in: Signal 7/96, 11–14

Berliner S-Bahn-Museum, Die Berliner S-Bahn vor 50 Jahren. Ein Rückblick auf das Kriegsende, in: Signal 3–4/95, 17–19

Berliner S-Bahn-Museum, Die Stadtbahn. Ein Viadukt mitten durch Berlin. Baugeschichte von 1875 bis heute, Signal-Sonderausgabe, Verlag Gesellschaft für Verkehrspolitik und Eisenbahnwesen (GVE) e. V., Berlin 1996

Berliner S-Bahn-Museum, 70 Jahre elektrisch. Zur Entwicklung der Berliner S-Bahn, Verlag Gesellschaft für Verkehrspolitik und Eisenbahnwesen (GVE) e. V., Berlin 1994

Berliner Verkehrs-Betriebe (BVG), 50 Jahre BVG – 1929–1979, Berlin 1979

Bilder Deutscher Geschichte, hrsg. vom Cigaretten-Bilderdienst, Hamburg-Bahrenfeld 1936

Bley, Peter, Berliner S-Bahn, 4. Aufl., Alba, Düsseldorf 1989

Bock, Peter, Vor 35 Jahren: Reichsbahn und Mauerbau in Bildern und Dokumenten, in: Verkehrsgeschichtliche Blätter 4/1996, 74–79

Bohle-Heintzenberg, Sabine, Architektur der Berliner Hoch- und Untergrundbahn. Planungen – Entwürfe – Bauten bis 1930, Verlag Willmuth Arenhövel, Berlin 1980

Bosetzky, Horst, Brennholz für Kartoffelschalen, Argon, Berlin 1995; (dtv 20078)

Bosetzky, Horst, Capri und Kartoffelpuffer, Argon, Berlin 1997

Bosetzky, Horst, und Berliner S-Bahn-Museum, Einsteigen bitte, Türen schließen! S-Bahn-Erinnerungen, Jaron, Berlin 1997

Bosetzky, Horst, Gottwaldt, Alfred (Reineck, Klaus), Noch jemand ohne Fahrschein? Straßenbahn-Erinnerungen, Jaron, Berlin 1997

Bosetzky, Horst, Poppel, Uwe, u. a. Tegel – Zurückbleiben bitte! U-Bahn-Erinnerungen, Jaron, Berlin 1999

Bosetzky, Horst, Schulz zur Wiesch, Jochen (Hrsg.), Mythos S-Bahn und anderes über die Alternativen zum MIV, Publikationen der Fachhochschule für Verwaltung und Rechtspflege Berlin, Heft 71, Berlin 1990

Braun, Michael, Der Vorortverkehr auf der Ostbahn. Teile 1, 2 und 3, in: Berliner Verkehrsblätter 2/93, 23–30, 3/93, 47–55, und 4/93, 87–96

Braun, Michael, Entwicklung der Türen bei der Berliner S-Bahn. Teile 1 und 2, in: Berliner Verkehrsblätter 1/97, 5–12, und 2/97, 28–38

Braun, Michael, S-Bahn-Tangente am Außenring. Teile 1, 2 und 3, in: Berliner Verkehrsblätter 2/94, 19–25, 3/94, 51–58, und 4/94, 69–74

BVB = Berliner Verkehrsblätter 12/93, 11/94, 11/95

BVG – Berliner Verkehrsbetriebe, Zahlenspiegel 1995/96

BVG – Berliner Verkehrsbetriebe, Bahnhofsmanager und Bahnhofsaufsicht: Das mobile Fahrgast-Serviceteam der BVG, Oktober 1996

BVG – Berliner Verkehrsbetriebe, Berliner U-Bahn: Wir bringen Sie sicher ans Ziel, o. J.

BVG – Berliner Verkehrsbetriebe, Berliner U-Bahn – gestern, heute, morgen, Oktober 1995

BVG – Berliner Verkehrsbetriebe, pro line '95. Shopping mit dem öffentlichen Nahverkehr. Linie 9 Rathaus Steglitz–Osloer Straße, 1995

Denkmalpflege-Verein Nahverkehr Berlin e. V., U 8. Geschichte(n) aus dem Untergrund, Verlag Gesellschaft für Verkehrspolitik und Eisenbahnwesen (GVE) e. V., Berlin 1994

Denkmalpflege-Verein Nahverkehr Berlin e. V., U 1. Geschichte(n) aus

dem Untergrund, Verlag Gesellschaft für Verkehrspolitik und Eisenbahnwesen (GVE) e.V., Berlin 1995

Denkmalpflege-Verein Nahverkehr Berlin e.V., U2. Geschichte(n) aus
dem Untergrund, Verlag Gesellschaft für Verkehrspolitik und Eisenbahnwesen (GVE) e. V., Berlin 1995

Der Tagesspiegel, 16.3.1997

Der Tagesspiegel, 24.3.1997, »Wie die Grünen beinahe die BVG ruiniert
hätten«, S. 7

Der Tagesspiegel, 5.3.1998

Deutsche Reichsbahn/Reichsbahndirektion Berlin, Auszug aus den
wichtigsten Dienstvorschriften für den Berliner Triebwagenzugdienst,
Berlin, April 1948

Die Berliner S-Bahn. Gesellschaftsgeschichte eines industriellen Verkehrsmittels. Katalog zur Ausstellung der Neuen Gesellschaft für Bil-
dende Kunst (NGBK), 28.11.1982–12.1.1983, Verlag für Ästhetik
und Kommunikation, Berlin 1982

Dittberner, Jürgen, Neuer Staat mit alten Parteien? Westdeutscher Verlag, Köln 1997

eisenbahn illustrierte special, Schwerpunkt: Eisenbahnkreuz Berlin,
BahnProfil 1/IV, Quartal 1996

eisenbahn kurier, »EK-Special 7«, Eisenbahnmetropole Berlin, Berliner
S-Bahn – 60 Jahre Stadtbahnwagen, o.J. (1987), 56–63

Gottwaldt, Alfred, Das Berliner U- und S-Bahnnetz. Eine Geschichte in
Streckenplänen, Argon, Berlin 1994

Gottwaldt, Alfred, Kuom, Hermann, Risch, Karsten, Die S-Bahn in Berlin – Ende und Neubeginn eines legendären Verkehrsmittels, Kohl-
hammer, Stuttgart 1984; Hiller, Mathias, Frakturschriften bei der Berliner S-Bahn, in: Signal 9–10/95, 15–16

Gympel, Jan, Mit – oder ohne, Der Tagesspiegel, 17.1.1998

Gympel, Jan, Köhler, Ivo, Koschinski, Konrad, Strowitzki, Bernhard,
und Wolf, Winfried, »Tunnelmania«. Licht & Schatten im Untergrund, Neuer ISP Verlag, Köln, und GVE, Berlin, Köln 1996

Huhn, Diether, Neunundneunzig Berliner Spaziergänge, Verlag des Be-
zirksjournals Berlin, Berlin 1997

IGEB, Bald wieder von Westend nach Jungfernheide, in: Signal
9–10/96, 4–6

IGEB, 31. Mai 1992: Wieder »klassisch« von Wannsee bis Oranienburg, in: Signal 5/92, 9–10

IGEB, S-Bahn in Charlottenburg – ein Rückblick, in: Signal 4/88, 11

IGEB, Schienenverkehrsknoten Nordkreuz, in: Signal 2/95, 4–5

IGEB, Neue S-Bahn: Der nächste Versuch oder das Fahrzeug der Zukunft, in: Signal 3–4/96, 4–6

IGEB, S-Presso – Mehr als Imbißverkauf, in: Signal 7/96, 10

Interessengemeinschaft Eisenbahn und Nahverkehr Berlin (IGEB) e. V., Nord-Süd-Bahn. Vom Geistertunnel zur City-S-Bahn, Signal-Sonderausgabe, Verlag Gesellschaft für Verkehrspolitik und Eisenbahnwesen (GVE) e. V., Berlin 1992

Jacob, Manuel, Erfahrungen mit der Duo-S-Bahn, in: Berliner Verkehrsblätter 11/ 1996, 209–211

Knobloch, Heinz, Geisterbahnhöfe. Westlinien unter Ostberlin, Ch. Links Verlag, Berlin 1992

Kramer, Wolfgang, Viertelzug 481 001/482 001, in: Berliner Verkehrsblätter 4/96, 75–76

Kuhlmann, Bernd, Die Zugsicherungsanlagen der Berliner S-Bahn, Teil 1, in: Berliner Verkehrsblätter 11/92, 223–228

-ky, Blut will der Dämon, rororo-thriller 3091, Reinbek 1993

-ky, Da hilft nur noch beten, rororo-thriller 2883, Reinbek 1988

-ky, Ein Deal zuviel, rororo-thriller 3065, Reinbek 1992

-ky, Fendt hört mit, Berlin Crime 11, Schwarzkopf & Schwarzkopf, Berlin 1994

-ky, Geh doch wieder rüber! rororo-rotfuchs 415, Reinbek 1986

-ky, Ich wollte, es wäre Nacht, Reinbek 1991

-ky, Macht sie alle! In: Deutschland einig Mörderland, hrsg. v. Karin Meyer, Verlag Das Neue Berlin, Berlin 1995, S. 7–34

-ky, Mongo, in: Auf und davon, rororo-rotfuchs 664, Reinbek 1992, 231–241

-ky, Ohrringe. In: Heyne Krimi Jahresband 1990, 190–205

-ky, Sonst gibt's den großen Crash!, Patmos, Düsseldorf 1997

-ky, Wie ein Tier, Berlin 1997

-ky, Wie ein Tier. Der S-Bahn-Mörder. Dokumentarischer Roman, Argon, Berlin 1995; (dtv 20021)

Lemke, Ulrich, und Poppel, Uwe, Berliner U-Bahn, Alba Publikation Alf Teloeken GmbH und Co. KG, 4. überarb. Aufl., Düsseldorf 1996

Meyer, Karen, Die Flutung des Berliner S-Bahntunnels in den letzten Kriegstagen. Rekonstruktion und Legenden, Verlag Gesellschaft für Verkehrspolitik und Eisenbahnwesen (GVE) e. V., Berlin 1992

Meyer-Kronthaler, Jürgen, Berlins U-Bahnhöfe. Die ersten hundert Jahre, be.bra verlag, Berlin 1995

Meyer-Kronthaler, Jürgen, und Kramer, Wolfgang, Berlins S-Bahnhöfe. Ein dreiviertel Jahrhundert, be.bra verlag, Berlin 1998

Meyer-Kronthaler, Jürgen, Der Nordring im Frühjahr 1996, in: Signal, 6/96, 107

Meyer-Kronthaler, Jürgen, und Poppel, Uwe, Mit der U 2 ab durch die Mitte! In: BVB, 40. Jg., 12/1993, S. 242–244

moderne eisenbahn, me-spezial, S-Bahn Berlin, 10. Jahrgang, August 1971

Neubacher, Friedrich, Wieder Frohnau – Hohen Neuendorf, in: Berliner Verkehrsblätter 7/92, 146–148

Neubacher, Friedrich, Wiederinbetriebnahme des Nord-Süd-S-Bahn-Tunnels, in: Berliner Verkehrsblätter 4/92, 76–78

Pro Bahn e. V. Landesverband Berlin (Hrsg.), S-Bahn ins Havelland, Signal-Sonderausgabe, Verlag Gesellschaft für Verkehrspolitik und Eisenbahnwesen (GVE) e. V., Berlin 1993

punkt 3, Bahn-Informationen für Berlin/Brandenburg, Ausgabe 22. 11. 1996

punkt 3, Bahn-Informationen für Berlin/Brandenburg, Ausgabe 23. 1. 1997

punkt 3, Bahn-Informationen für Berlin/Brandenburg, Nr. 2/97

Reichardt, Hans D, Berliner S-Bahn, Alba, Düsseldorf 1974

Reichardt, Hans D, Berliner U-Bahn, Alba Buchverlag GmbH und Co KG, Düsseldorf 1974

Reichsbahndirektion Berlin, Verwaltung S-Bahn (Hrsg.), 50 Jahre Berliner S-Bahn – 1924–1974, Berlin (DDR) 1974

Rossberg, Ralf Roman, Geschichte der Eisenbahn, Künzelsau 1984

Schmidt, Hartwig, Eilhardt, Eva-Maria, Die Bauwerke der Berliner S-Bahn. Die Stadtbahn, Arbeitshefte der Berliner Denkmalpflege, Wissenschaftsvertrag Volker Spiess, Berlin 1984

Schmidt, Hartwig, Tomisch, Jürgen, Die Bauwerke der Berliner S-Bahn. Die Vorortstrecke nach Zossen, Arbeitshefte der Berliner Denkmalpflege 2, Wissenschaftsverlag Volker Spiess, Berlin 1985

Schreck, Meyer und Strumpf, S-Bahnen in Deutschland. Planung, Bau, Betrieb, 2. Aufl., Alba, Düsseldorf 1979
Signal 8/93, 9–10/93, 2–3/94, 7/94, 7/95, 8/95, 5/96, 6/96
Stinde, Julius, Die Familie Buchholz, Mosaik, Hamburg 1962
Straßenbahn Magazin/Nahverkehr, Nr. 99, 1/96
Straßenbahn Magazin/Nahverkehr, Special – Ausgabe I: Berlin, Nr. 9601, München 1996

U-Bahn. Ein Lesebuch, Stattbuch und Verlag Gerald Leue, Berlin 1985

Weiland, Louis-André, S-Bahn-Rollbänder, in: Berliner Verkehrsblätter 4/95, 63–64

Videos

Dieter Bohrer Filmproduktion, Alexanderplatz – Hönow. Dienstfahrt
Dieter und Uwe Bohrer, U-Bahn Berlin. Nächtliche Besichtigungsfahrten, Berlin 1997
MIBA, Berliner U-Bahn, Die U 2
MIBA, Berliner U-Bahn, Führerstandsmitfahrt U 2
MIBA, Verkehrsknotenpunkt Berlin, Teil 3, Straßenbahn und U-Bahn
SFB, Führerstandsmitfahrt Krumme Lanke – Warschauer Straße

Modellbauadressen

W. Fröwis, Wunderwaldstraße 9, 13583 Berlin
F. Woytnik, Beifußweg 68 A, 12357 Berlin

Bildnachweise

Abb. S. 13:   © Deutsches Technikmuseum Berlin,
                 Historisches Archiv
Abb. S. 29:   © BVG, Sammlung Alfred Gottwaldt
Abb. S. 36:   © Deutsches Technikmuseum Berlin,
                 Historisches Archiv
Abb. S. 71:   © Sammlung Berliner S-Bahn-Museum
Abb. S. 77:   © Werner Gesche
Abb. S. 120:   © Michael Klinec
Abb. S. 139:   © Bodo Schulz
Abb. S. 143:   © Sammlung Uwe Poppel
Abb. S. 148/49: © Sammlung Uwe Poppel
Abb. S. 224:   © Werner Gesche

Wir danken den Bildrechteinhabern dafür, daß sie uns das Foto- und Kartenmaterial zur Verfügung gestellt haben, sowie Herrn Dr. Norbert Jaron für seine Unterstützung bei der Bildbeschaffung.

Henning Mankell im dtv

»Mankell gehört ohne Zweifel auch international zur
Elite der Krimiautoren.«
Svenska Dagbladet

Mörder ohne Gesicht
Roman · dtv 20232

Die letzten Worte der sterbenden Frau waren »Ausländer,
Ausländer!« – Kommissar Wallander weiß, dass diese Information unter gar keinen Umständen an die Presse gelangen
darf. Denn die Möglichkeit, dass Ausländer an der Tat
beteiligt waren, reicht möglicherweise aus, um eine Welle
ausländerfeindlicher Gewalt auszulösen.

Hunde von Riga
Roman · dtv 20294

Die Ermittlungen führen Kommissar Wallander diesmal
nach Osteuropa. Immer tiefer gerät er hinein in ein gefährliches Netz unsichtbarer Mächte, in dem er nicht nur seinen
Glauben an die Gerechtigkeit verliert, sondern fast noch sein
Leben lässt.

Die weiße Löwin
Roman · dtv 20150

Kommissar Wallander steht vor dem kompliziertesten Fall
seiner Karriere. Alles beginnt mit dem spurlosen Verschwinden einer Immobilienmaklerin – doch schon bald ist
klar: hier geht es um ein teuflisches Komplott von interna-
tionalen Dimensionen.

Die fünfte Frau
Roman · dtv 20366

Die Opfer dieser besonders grausamen Mordserie waren
allesamt harmlose Bürger. Warum verfolgt der Mörder seine
Opfer mit so brutaler Gewalt? Kommissar Wallander muss
sich beeilen, bevor das nächste Verbrechen geschieht.

Herbert Rosendorfer im dtv

»Er ist der Buster Keaton der Literatur.«
Friedrich Torberg

**Das Zwergenschloß
und sieben andere
Erzählungen**
dtv 10310

Vorstadt-Miniaturen
dtv 10354

**Briefe in die chinesische
Vergangenheit**
Roman
dtv 10541 und
dtv großdruck 25044
Ein chinesischer Mandarin
aus dem 10. Jahrhundert
gelangt mittels Zeitma-
schine in das heutige
München und sieht sich
mit dem völlig anderen
Leben der »Ba Yan« kon-
frontiert …

**Stephanie und das
vorige Leben**
Roman
dtv 10895

**Königlich bayerisches
Sportbrevier**
dtv 10954

**Die Frau seines
Lebens und andere
Geschichten**
dtv 10987

Ball bei Thod
Erzählungen
dtv 11077

**Vier Jahreszeiten im
Yrwental**
dtv 11145

Eichkatzelried
dtv 11247

**Das Messingherz oder
Die kurzen Beine der
Wahrheit**
Roman
dtv 11292
Der Dichter Albin Kessel
wird eines Tages vom
Bundesnachrichtendienst
angeworben. Allerdings
muss er immer an Julia
denken …

Bayreuth für Anfänger
dtv 11386

Der Ruinenbaumeister
Roman
dtv 11391
Schutz vor dem Weltunter-
gang: Friedrich der Große,
Don Giovanni, Faust und
der Ruinenbaumeister
F. Weckenbarth suchen
Zuflucht.

Herbert Rosendorfer im dtv

Der Prinz von Homburg
Biographie
dtv 11448
Anschaulich, amüsant und
unterhaltend schreibt
Rosendorfer über diese für
Preußen und Deutschland
wichtige Zeit.

**Ballmanns Leiden
oder Lehrbuch für
Konkursrecht**
Roman
dtv 11486

Die Nacht der Amazonen
Roman · dtv 11544
Die Geschichte Christian
Webers – das Satyrspiel
zur Apokalypse der Nazi-
zeit.

Herkulesbad/Skaumo
dtv 11616

Über das Küssen der Erde
dtv 11649

**Mitteilungen aus dem
poetischen Chaos**
dtv 11689

**Die Erfindung des
SommerWinters**
dtv 11782

**... ich geh zu Fuß nach
Bozen und andere
persönliche Geschichten**
dtv 11800

**Die Goldenen Heiligen
oder Columbus
entdeckt Europa**
Roman · dtv 11967
Außerirdische landen in
Deutschland, und unauf-
haltsam bricht die Zivili-
sation, unterwandert von
der Heilssüchtigkeit der
Menschen, zusammen.

**Der Traum des
Intendanten**
dtv 12055

**Ein Liebhaber
ungerader Zahlen**
Roman · dtv 12307 und
dtv großdruck 25152

**Don Ottavio erinnert
sich**
Unterhaltungen über die
richtige Musik
dtv 12362

Die große Umwendung
Neue Briefe in die chinesi-
sche Vergangenheit
Roman · dtv 12694

Christine Nöstlinger im dtv

»Der Mensch soll sich nicht allzu ernst nehmen und über sich selbst lachen können!«

Haushaltsschnecken leben länger
Mit Illustrationen von
Christiana Nöstlinger
dtv 20226

Das kleine Frau
Mein Tagebuch
dtv 11452

Manchmal möchte ich ein Single sein
Mit Illustrationen von
Christiana Nöstlinger
dtv 20231

Streifenpullis stapelweise
Mit Illustrationen von
Christiana Nöstlinger
dtv 11750

Salut für Mama
Mit Illustrationen von
Christiana Nöstlinger
dtv 11860

Mit zwei linken Kochlöffeln
Ein kleiner Kochlehrgang
für Küchenmuffel
Mit Illustrationen von
Christiana Nöstlinger
dtv 12007

Management by Mama
Mit Illustrationen von
Christiana Nöstlinger
dtv 20112

Mama mia!
Mit Illustrationen von
Christiana Nöstlinger
dtv 20132

Werter Nachwuchs
Die nie geschriebenen
Briefe der Emma K., 75
dtv 20049 und
dtv großdruck 25076

Liebe Tochter, werter Sohn!
Die nie geschriebenen
Briefe der Emma K., 75
Zweiter Teil
dtv 20221 und
dtv großdruck 25136

Bei dtv junior sind zahlreiche Kinder- und Jugendbücher von Christine Nöstlinger lieferbar.